成人之美

盐城市盐阜中学发展纪实

王　军　编著

东南大学出版社
SOUTHEAST UNIVERSITY PRESS
·南京·

图书在版编目(CIP)数据

成人之美:盐城市盐阜中学发展纪实 / 王军编著.
—南京:东南大学出版社,2017.6

ISBN 978-7-5641-7212-1

Ⅰ.①成… Ⅱ.①王… Ⅲ.①盐城市盐阜中学-校史
Ⅳ.①G639.285.33

中国版本图书馆 CIP 数据核字(2017)第 132337 号

成人之美:盐城市盐阜中学发展纪实

编 著 者	王 军
责任编辑	陈 淑
编辑邮箱	535407650@qq.com
出版发行	东南大学出版社
出 版 人	江建中
社 址	南京市四牌楼 2 号(邮编:210096)
网 址	http://www.seupress.com
电子邮箱	press@seupress.com
印 刷	江苏凤凰数码印务有限公司
开 本	700mm×1 000mm 1/16
印 张	14.75
字 数	285 千字
版 次	2017 年 6 月第 1 版 2017 年 6 月第 1 次印刷
书 号	ISBN 978-7-5641-7212-1
定 价	56.00 元
经 销	全国各地新华书店
发行热线	025-83790519 83791830

(本社图书若有印装质量问题,请直接与营销部联系,电话:025-83791830)

寻找真实的精彩

盐城市盐阜中学校长　王　军

改革开放三十多年，教育发展的速度可谓惊人，大楼林立，名校辈出，然而发展的质量并不尽如人意。在喧闹的教育浪潮中，“只要我过得比你好”的人生远景及功利的分数追求，仍然占据着学生精神世界的主流。

三十多年的物质满足及独生子女政策也让新生一代的思想迥异于父辈。大多数孩子敏感而抗拒，求知欲、上进心、独立性纷纷挤到“路口”要求开成花；另一方面，情感波动极为频繁，精神振奋却有不少的迷茫和彷徨，渴望挑战又缺乏克服困难的坚定信心和毅力。

蒙田说：“教育孩子是人类最重要而又最困难的学问。”面对成千上万独生子女这个人类教育史上空前绝后的群体，我们太需要研究今天的学生与过去的孩子有何不同，太需要鲜明的作为来改善价值的基座，拒绝对教育流行色及教育形式的追逐。

当然，这一切很难。不少学校在应该特别重视孩子“意义世界”建构的黄金时段，过分狂欢于“知识世界”的盛宴，过分宣扬所谓财富与成功对人生不可替代的意义和作用，过于强调人的基本快乐和基本生活必须得靠“过人的本领”来保障。

而一个正常的社会应该是什么样的呢？作家刘洪波做过这样的遐想：“它本身就是由大多数不具特殊本领的人所组成，这些人不仅将成为社会的主体，而且将成为社会的基石。”

是的，普通的、认真生活的人，才是社会真正的基石。这就需要教育拨开铺天盖地的“成功学”，确立“成人之美”的校园核心价值观，倡导与人为善、爱己怜人、尊重生命、回归诚朴的校园精神，打造适应未来社会发展需要的新型学校。

为此，几年来我和我的同事们进行了不懈的努力。我们聚焦“二课”即课程和课堂，着力构建以“会思考、有担当”为核心素养的“卓越课程”体系；我们以“让学引思”行动方案为引领，认真践行“三簿四强化”课堂教学范式，积极实施分层走班制、云教学（即云平台智慧课堂），打造属于自己的“理想课堂”；我们大力推行以“完美班级”“书香校园”“每月一事”为载体的新教育实验项目，使学校整体的精神面貌焕然一新。“因为认真，所以优秀”，成为校园最醒目的标识。

走进寻常人的寻常世界，分享他们的喜悦，体验生活的艰辛，获得普通人生应有的快乐和意义，是教育重要的内涵之一。从2013年起，学校开设“百业讲坛”社会大课堂，延请导游、司机、商贩、农技师、民间医生，以及一些学者来到学校、走上课堂，为从校园到校园的孩子阐述书本之外关于生活的现实理解。我们的初衷得到社会及广大学生的深切理解和热烈欢迎。孩子们不仅真正了解了社会，懂得什么是真实的优秀，更悟得劳动的价值。

其实，世界各国儿童虽然原始禀赋不一样，起跑时间和起跑方式也不一样，但除了个别禀赋特别的人出类拔萃外，大多数人最终的心智发展水平旗鼓相当。是儿童在学校发展阶段不存在差异？不是。儿童在学校教育期间接受的是一种程式化的成长路径，有人对此适应，也有人不适应，这就有了所谓的优劣与高下。可这只是暂时的，即使完全不适应的人，也不一定要紧，他们中的大多数人在离开程式化的中小学教育甚至大学教育后，会有一个后教育的自我补偿发展，这个补偿发展是社会性的、自发的、蕴含在实践之中的，它没有固定模式，但效用甚巨，能迅速弥补孩子在体制教育期间所拉下的差距，从而达到殊途同归的发展程度。

天下大道，需要的是教育一线“常为而不置，常行而不休”的践行者。凡事不等、不怕、不靠，勇于从自己做起，从脚下做起，从小事做起，我相信学校的明天一定会更加美好。

以此与同仁及所有的教育人共勉！

2017年3月18日

目录
CONTENT

行走篇

书香篇

实践篇

SHIJIANPIAN

“成人之美”，语出《论语·颜渊》：“君子成人之美，不成人之恶。小人反是。”君子总是善于成全别人的好事，小人则完全相反。夫子劝人向善，将“成人之美”上升到君子修身的高度，既是对当时社会成人之恶、掠人之美行为的批判，也是对平等互助人伦关系的一种尊重和弘扬。成人之美是一种美好的心态，更是一份实实在在的行动，具有日常性。

成人之美

——盐城市盐阜中学幸福教育侧记[①]

杨九俊[②]

“教育使人成为人”(康德),教育的天职就是成人之美。但现实生活中的教育越来越异化了,家庭教育中“狼爸虎妈”成群;学校教育则如朋友戏言:填鸭子、赶鸭子、烤(考)鸭子,最后一个个孩子成了板鸭子。为什么会这样呢?因为望子成龙、望女成凤心切,因为学校育才心切,而所谓“龙”“凤”和“才”的标准,却唯分数论。于是,“分分分,成了教育的命根”。一些生源分数较低的学校,犹如陷入灭顶之灾。好在,教育的志士仁人从来不在少数,他们怀揣理想,勇敢突围,唱响“人”这首教育永恒的国际歌。近年来,盐城市盐阜中学将“成人之美”作为学校的核心价值予以践行,使这所处于生源洼地的学校焕发别样新姿。

一、成人之美,是一种教育理解

“成人之美”,语出《论语·颜渊》:“君子成人之美,不成人之恶。小人反是。”君子总是善于成全别人的好事,小人则完全相反。夫子劝人向善,将“成人之美”上升到君子修身的高度,既是对当时社会成人之恶、掠人之美行为的批判,也是对平等互助人伦关系的一种尊重和弘扬。成人之美是一种美好的心态,更是一份实实在在的行动,具有日常性——《大戴礼记》将“君子不先人以恶,不疑人以不信,不说人之过”,都归结为“成人之美”,可见“成人之美”并不一定需要普罗大众以“强烈的

① 本文刊发于《江苏教育研究》,2016年第4期,第4-9页。

② 杨九俊,江苏省教育学会会长,江苏省教育科学研究院研究员,中学语文特级教师。

牺牲、激烈的殉难”来成就。如果拥有这样的一颗平常心,“送人一轮明月”也是莫大的成全！当然,如果我们将“成人之美”上升为一种教育追求,视为一种教育价值,演绎成一种强大的教育生态,应该另当别论。

其实,中国教育历来强调“成人之美”。《学记》所谓“道而弗牵则和,强而弗抑则易,开而弗达则思”,没有逼迫和灌输,只有引导和启迪。当你看惯了当前教育中普遍存在的“跟着老师走是最好的学习方法”一类的 “牵”,“只有听话的孩子才能得到小红花”一类的“抑”,“这个问题应该这样思考”一类的“达”,你就会明白古人是有智慧的,他们对教育的理解要人性得多[1]。只是,现代视界中的“成人之美”教育应该是什么样子？盐城市盐阜中学校长王军如此理解:所谓“成人之美”就是顺应人的天性,催发孩子潜能,诱发人性善美,施与阳光、雨露的一个过程。就盐城市盐阜中学而言,“成人之美”的教育首先是相信每一个孩子都是天使,教育的全部意义和使命是帮助“每一个天使”长成自己“应有的样子”,而不是我们“希望的样子”;其次是不扼杀,不以既有的标准和功利折损孩子的羽翼,埋没、掩盖其固有的光辉,搞“逼人成才”;最后,“以一朵云推动另一朵云”“ 以一颗心摇动另一颗心” ,将“成人之美”的理念植入每一个校园主体的内心深处,让每一个平凡的有幸福能力的人即使走进社会,也能够坚持并传播这一份善良。这不禁使我想起傅国涌先生在浙江大学演讲时说过的一段话:“成人之美就是成全每一个人和他的人格,让每一个人都在教育的过程中得到成长,如同一棵树的生长——这是一个美好的过程,也是一个自然生长的过程,绝不是拔苗助长,不是天上掉馅饼,是一寸一寸往上长。”

王军认为,学校教育的终极目标在于“发现人的价值”“发展人的心智”“发掘人的潜力”。然而“发现人”,不可能是凭空的,要有前提,要承认人的多样性、差异性,尤其是不完整性,然后才能真正认识到每一个人存在的合理性及接受教育的可能性。所谓“发展人”也得有前提,需要研究人、研究生命的生长和成长之于学校存在的意义与价值。面对成千上万独生子女这个人类教育史上空前绝后的群体,搞不清他们与过去的孩子有何不同、大量留守儿童在心智发育中有什么缺失等,这样的教育其实极易盲目。“发掘人”发掘的是人的潜力和种种可能性,其前提是学会尊重,使教育者与被教育者之间形成“生命的相通”。所以,盐阜中学所谓的“成人之美”教育,不是单一抽象的道德呼吁,而是由“承认”“研究”“尊重”和“发现”“发展”“发掘”等教育词汇相辅相成、互为表里构成的立体思维框架。它重在突出教育应有的人本性、柔软性和圆融性，努力“知道、理解、尊重教育对象本身的美好”，而不是外在主体自以为是的培养；它力求从被教育者的身心需要出发，实施鲁迅先生当年倡导的“恰如其分”的“未来之教育”，尽可能地减少强加于人的权利侵害，更避免暴戾恣睢的压迫奴役；它既帮助别人，也是每个视己为君子的个体完成自己、实现自己的一种途径，君子“成全”别人之美，同时也塑就自身的美好。成人之美的校园，成就的并不仅仅是我们习以为常的学生，还包括教师、校长等所有群体：教师成全学生，学生成就教师；校长成全教师，教师成就校长；学校成全校园内的每一个个体、群体，同时成就学校。教育语境中的成人之美，体现的是一种复合主体间多向的对话与成全。

或许正是基于这样一份对教育的理解，王军和他的团队才在学校发展濒临困境之时，不断获得别样的从容和超脱。坦白说，当前全省范围内的三星级普通高中或多或少都遭遇到发展瓶颈。盐城市盐阜中学地处苏北，面临生源越来越少、办学规模逐年缩减、以升学为标志的质量持续滑坡之困境，同样感到发展方向的迷茫。当许多普通三星级高中纷纷将目光转向艺体特色，转型成为所谓的音乐高中、美术高中、传媒高中……盐阜中学也尝试过。每年大约送五六十个艺术生进高等院校，可学校谋求转型升级的努力叫好而不叫座。“生存，还是灭亡，这是个问题”，盐阜中学经大反思、大讨论，慢慢明白所谓的发展之困，表现为学生的升学之困，其实是学校办学思想上的困惑。因为大家已经习惯将学校看成是一个“人才”加工厂、高考流水线，所以在应试教育的残酷竞争中，才万分焦虑。而教育的原点，是为追求分数而出发的？不是。分数诚然十分重要，但不同的学校应该有不同的使命。“不忘初心，方得始终”，普通学校越是在发展困难的时候，越要把“育人”二字做实、写大。为此，学校于两年前提出“遵循常识，朴素最美”的全新办学理念，积极倡导“成人之美”的办学思想，并在此基础上，梳理学校文化传统，调整工作方向和思路，确定新的课程重心和实践模式。我们相信，大道至简，为者常成，即使在一个工具理性大行其道的年代，放平心态做小事，围绕人的成长、成才做实事，实际就是在做大事。一味喟叹教育独立价值的动摇、虚化，声讨肆意扩张没有边际的权力对教育的侵害，有意义，但不大。关于基层教育，日本学者佐藤学所谓“学校的变革不可能从外部来，只能从内部进行自我变革”，看来是有道理的。

有人曾将省内三星高中发展存在的问题概括为三句话：一是社会巨大的升学

期望与学校日渐下降的生源质量之间形成矛盾，二是学校追求特色发展的雄心与自身资源短缺之间形成矛盾，三是学生实际能够接受的文化需求与普通高中传统的课程结构之间形成矛盾。我曾询问王军校长对这些矛盾的看法，他有点犹豫。但是，他很快强调，盐阜中学并不特别在意这些外在的因素。当前教育话语体系中，有许多非常具体的东西校长们绕不过，如知识、能力、品德、创新等，然而盐阜中学认为，这些都是所要成全的“美”，但其中的单一因素本身并不足以构成教育的全部目的。“我们所追求的，既是哲学意义上社会性与自然性的统一、生物性与文化性的统一、个体性与群体性的统一，更是一种通过文化秩序和文化符号所体现出来的个体天性，在规则和限制之下浇灌和绽放出来的自由个性。”这种表述有点诗意，甚至有点奔放，我请王军校长举例佐证，他讲了这样一个故事：2012 年，王军刚从市区另一所普高调至盐阜中学，上班才三天，就有一个社会青年找到校长室，要求学校对其进行赔偿。情况打听清楚后，他陷入了沉默。原来，这个青年是盐阜中学 7 年前毕业的一名初中生，当年他因犯错被学校劝退，学校五十周年校庆纪念册上也没录他的名字，因此学生才登门索赔。“没有感恩，只有愤怒和仇恨”，王军在会上说，“这是什么教育？这是成人之恶的教育。如果让我们的教育仅仅表现为一种技术或技能的实施，教育者没有内心深处对人的一份情怀，就永远别指望学生存有天性中的善良、规范下面丰富的精神自由。”从那年始，盐阜中学专门开出一门新的课程——《离别，是新的出发》，学生们把它简称为“离校课程”。每年，学校花园里都会新添许多挂着学生班级或名册的成长树；一叠又一叠写满青春梦想的心愿卡深埋母校的泥土，等待二十年后重启；当每年毕业的同学从学弟、学妹“无论你走多远，你永远是母校的牵挂”横幅下走过，和所有老师一一握别时，“人之初”的泪水潸潸如溪流划过面颊。听说，现在盐阜中学每一个新学年伊始，总有不舍的孩子自发排成毕业方阵，再次参加母校庄严的升旗仪式。

二、成人之美，是一种教育实践

“君子成人之美”中的“成”字，宋朱熹集注：“成者，诱掖奖劝，以成其事也。”钱穆先生在《论语新解》一书中沿用了这种解释，谓之“诱掖奖劝以助成之”。可见，“逼人成才”，不是成人之美；砍斫删增以求整齐划一的“塑造”，也不是成人之美。建立在尊重人、相信人基础之上的“诱掖”“顺承”“奖劝”才是“成人之美”的做法。

践行“成人之美”，重要的是将“诱掖奖劝”四个字落实到教育教学及学校生活的方方面面。

1. 成人之美，需要整体设计

苏霍姆林斯基说过：“世界上没有才能的人是没有的。问题在于教育者要去发现每一位学生的禀赋、兴趣、爱好和特长，为他们的表现和发展提供充分的条件和正确的引导。”盐城市盐阜中学确立了“成人之美”的教育主旨：“顺应规律做事，秉承善意做人。”这既是对学校长期以来“求和”文化的承继，也是基于对自身现实教育困境的反思，更是对教育正确价值再认识后的必然选择。对学校和教育者而言，“顺应规律做事”，就是进一步以人为本，不断创造更适合学生需要的教育。对学生而言，“秉承善意做人”，首先要做到“己所不欲，勿施于人”；其次是简单干净，诚实做人，与人为善，知行合一。“顺应规律做事，秉承善意做人”，是通过有计划、有组织的教育教学活动，不断弘扬学生成人之美情怀，着力造就被教育者成人之美的本领。其实践取向如下：① 舍繁取简，化复杂的“塑造”为巧妙的成全，坚信“老师不远不近的陪伴比耳提面命的指教更有效，勉励与商量比留堂请家长更有用，宽容学生的异想天开甚至胡思乱想比简单告诉他们何为正确更有价值”；② 正确面对自己、面对他人，擦亮“善良”这一立志立德立人立信的奠基之石，形成自信、自强的珍贵品质；③ 用爱心做事业，用感恩的心做人，以“成就别人”实现“成就自己”。上述理念的具体实践表征是，以“文化引领、内涵发展”为引领，以承认和尊重每个学生的个体需要与独立价值为前提，以研究和发掘学生的发展潜能为目标，以服从服务于全体师生的自我成长为方向，在学校课程、教学改革上全面实施“因材施教”战略；在管理实践和德育创新方面，制订知行合一行动方案，着力“做学生喜欢的老师，办学生喜欢的学校，成社会喜欢的新人”。当然，这种“喜欢”不仅是停留在感性层面的简单情感悦纳，更是师生之间、生生之间哲学层面之上的理解、认可、共鸣和幸福体验。在校园内表现为孩子脸上自然洋溢的喜悦，老师对教育的一份平实的理解、一种可能的追求、一点成全的情怀；在校园外表现为人与人之间的一个微笑、一声问候、一份宽容、一种等待；在队伍建设上，笃信“每个人的自由发展是一切人自由发展的条件”（《资本论》），坚持顺水推舟，锦上添花的原则，追求“如风吹水，自然成纹”的境界。

2. 成人之美，需要制度的保障

良好的制度是无声的号角，引领、激励人最大限度地发挥出自身的正能量。盐阜中学深谙其中门道。在学生成长方面积极尝试和推行学分制改革，不断鼓励更多的学生参加到学校选修课程和校本课程的学习中来。在不断优化"国家课程校本化"的基础上，新开设出许多体验性课程，如"普通人生也精彩"的"百业讲坛"、"中国梦——劳动美"大型劳技活动、"今天我掌勺"校园帮厨活动、"我爱我校"校园亭台题名、摄影竞赛等，它们以喜闻乐见而深得学生接受和欢迎。为了进一步激发同学们学有所乐、学有所长，学校完善了原先的"三好生""优秀学干""优秀团员"评比制度，创新建立了"校园特长生"评比制度，定期举行"三个一"特色工程比赛(即"每人一拍，一手好球；每人一帖，一手好字；每人一本，一手好文")，并根据竞赛成绩为获奖者颁发"特长生证书"。凡是获得特长生证书的学生，不但可以优先推荐参加省市级比赛，还可以期末免考。一个小小举措，不仅促进了学校特色项目的发展，而且收获了许多意外的惊喜。有些学生就从特长项目出发，最终走上了艺考的成功之路。课堂永远是教育教学的主阵地，盐阜中学不断改革传统课堂教学的方式方法，先后推出"目标性管理""检测性教学"和"过程性考核"三大制度，以切实提高学校课堂教学质量。所谓"目标性管理"，强调课堂教学要坚持以问题的解决为核心，力求目标明确、任务驱动、基础扎实、有效达成；"检测性教学"强调高度重视教学中的检测和巩固工作，课堂训练要到位、重难点问题的点评要到位、现场纠错工作要做到位，努力变经验性评价为验证性评价；"过程性考核"强调的是严格执行教学规范和要求，细化教学的常规管理和过程管理。学校还在不断优化练习、作业的设计和后续批阅工作，切实加强日常教学与信息技术的融合；在大数据时代的校内资源库建设与使用方面，建立各种详尽的规章制度；努力践行"适合的教育"，以成就每一个孩子的主体性和幸福感。

当然，学校教育需要宏大的制度铺展，更需要鲜活的细节补充。考察盐阜中学，我们注意到，管理层在关注学校发展方向、课程、项目之外，更有一些精心处理的细节，透射出人文的光泽和温馨。比如保证学校的饭菜可口便宜，保证学生的睡眠、运动时间合理、充足，关注学生座位安排及舒适程度，关注学生自由交往、展示才能的机会是否充分，等等。由于职业的疲惫，现在许多教师的心态也在日复一日的工作中变得日益粗糙、敏感，甚至浮躁。学校在关注教育教学行为及学生的同时，没有忘记教师这个群体。学校“温馨工程”致力关怀每个教职工的生活，总有一些小小的惊喜，让人印象深刻。海子曾在诗中说“今夜我不关心人类”，老实说，现在真正“关心人类”的学校其实不是很多的，这是文化的悲哀，但唯其如此，见得“成人之美”的可爱、可贵和宽广。

3. 成人之美，需要项目的支撑

育人的目标总是相似的，不同的学校有不同的项目。难得的是，盐阜中学在校园活动项目开发和凝练的过程中，特别注重发挥学生的主体参与性。一是项目的形成往往来自学生的创意，学校习惯顺势放大项目的效应。如学校的水培花卉项目，原本只是一些爱好园艺的女生的爱好。她们将自己的“作品”赠送给老师，深受师生们的欢迎。生物老师注意到，这个不受土地、时间、空间限制的植物栽培技术，不仅可以美化环境，也有益于陶冶学生身心，便迅速加以引导，设计出系列活动。水培项目很快蔓延至全校，盐阜中学的教室、办公室、过道，满是学生们心爱的“作品”。它们在各种容器中恣情摇曳，顾盼生姿，蔚为一景。二是努力让项目的形成过程成为促进学生品德生长的重要契机。“阳光跑操”校校有，跑操是小事，但小事中有纪律、有风范、有气魄，孕育着大智慧、大精神。盐阜中学政教处的同志在策划学校“跑操”活动方案时，意识到仅凭行政命令，效果不一定理想，学生的事情不妨让学生自己去完成。他们将任务下达学校学生会，学生会的孩子特别聪明，在全校组织拍摄校园青春片“奔跑的盐阜”。活动方案一公布，从班主任、班委会到全体同学，各班级的主体参与性和荣誉感瞬间被点燃。据说那天，不大的运动场上，一支队伍接一支队伍，步伐整齐，阵容雄壮，意气风发，口号震天。许多同学表示，学校每天的例行“跑操”活动，其实蕴含着一种自强不息的精神。它不仅可以促进同学们身体素质的强壮，还增强团队精神、增强纪律观念、增强班集体的凝聚力和向心力。三是拓展传统项目，努力为更多的孩子创设成功的舞台。如何开好广场课程，让“十八年成人仪式”、每周一次的升旗仪式，成为每个孩子衷心盼望的幸福时光？盐阜中学在这个角度开动脑筋。“今天我是升旗手”“一百年前的今天”“ 孩子，我想对你说”（家长讲话）“特别的爱，给特别的你”“国旗班的故事”等子项目纷纷登陆，不仅吸引了学生，许多家长也参与进来，与孩子“共度美好时光”！

4. 成人之美，需要校园的开放

学校是个小社会，社会是个大学校。然而，我们的中学教育，囿于种种原因，似乎已经封闭很久了,需要开放。教育的开放,首先从开放校园大门始。每个带露的清晨或温柔的黄昏,盐阜中学操场上,晨练、散步的居民总是络绎不绝,有人担心这会影响到校园的卫生状况和安全管理。王军说:学校服务于自己的社区和居民,也是学校成人之美教育的一部分。至于安全和卫生问题,可通过学校的努力予以解决,如遇乱抛乱扔,后面的人无声地捡起来丢到垃圾筒里去,这种"一弯腰的高度"学校必须有,而且每个孩子都要自觉养成这个优秀的习惯;人多人杂,多安排些户外监控就可以了。盐阜中学的开放,不仅仅是大门的打开,更有课程和课堂的开放:学校不仅大胆鼓励学生积极参与各类社会文化艺术活动和社会实践活动,而且每周都邀请一名社会从业人员,登上该校"百业讲坛",为同学们讲述"社会上的故事",促进师生对社会深度的感知和了解。"正常的社会其实是由普罗大众组成的。能否让我们拨开铺天盖地的成功学,走进寻常人的人生,分享那些寻常的艰辛、成功和喜悦;能否避免重复建设以节约资源,让社会上大量闲置的文化设施成为我们校外的课堂和课程基地;能否让那些天天望子成龙的家长走进校园和课堂,一起听课和活动,既切实感知孩子学习的艰辛和困惑,又拉近家校之间的距离,形成教育的合力。"王军校长不断琢磨类似的话题,他想让县处级建制的"盐城市新四军纪念馆"和"盐城市海盐博物馆"成为该校的高中课程基地。"如果这样,既能为学校节约一大笔经费,又可以最大限度地进行革命传统教育和海盐文化教育,校本教材都是现成的,如《盐风古韵》《新四军英雄传》。"王军如此说。

三、成人之美,是一种教育能力

中国佛教中有大乘、小乘之别,一般以为,小乘偏于自度,大乘不仅自度更要度人。教育当然不是宗教,但教育在成人之美的情怀上与宗教应该是一脉相通的。"今天我以学校为荣,明日学校以我为荣",学校把自己办好、办优,成就更多的学生,就等于成就自己。教育中的人,无论是自度,还是度人,都是需要些道法功力的,没有情怀,无以度人;没有能力,不能成人之美,甚至可能误人子弟。盐城市盐阜中学践行成人之美的教育,始终将教师师能的成全前置于学校的工作重心。

1. 让教师获得丰厚的教育底蕴

以前,圈内常说"予人一瓢,须有一桶",现代教师专业发展的范畴较前无疑宽广许多,既包含专业知识、专业能力,更有专业态度的养成。所谓专业知识,一般指学科知识，教育学、心理学知识和广阔的人文视野。学校一般是十分看重教师专业水平的，经常有校长抱怨新进教师水平太差，学科考试还比不上毕业班学生。但考试分数不高，不等于教师的人文视野狭窄。有很多作家语文卷子也做不过学生，但作家依然是作家，因为他有文化底蕴。一个人的人文视野就是我们常常说的文化底气和底蕴。腹有诗书气自华，读书无疑是一个人充实自己获得底气的不二法门。可当前国人读书少了，教师也不例外，谁来引领教师成长？盐阜中学的回答斩钉截铁：学校。既然学校靠教师支撑，学校必须发展教师。盐阜中学从教师进入校门的第一天起，就将这名教师的专业成长和学校的前途未来联系到一起，鼓励教师升学历、评职称、写文章，做到“自上紧”。多年来，盐阜中学一直坚守“学校发展，教师第一”的理念，千方百计促进教师由经验型向学者型过渡。为实现这一目标，学校一方面通过教代会重新修改了学校内部绩效工资分配制度和教科研奖励条例，建构教师自我发展的“情景力场”和“内在力场”；另一方面，实行“请进来”“走出去”，不断优化教师“我要发展”的环境和氛围，拓展广大教师的文化视野。王军说，当前教师发展须突破一个误区，即把教师束缚在课堂上。我们反复强调教育“突围”，其实首先要解放教师出课堂这个圈圈，如果教师对课堂过于独钟，天天猫在这个“责任田”里，他的教育格局必定是有限的。因此，王军十分鼓励教师读闲书，研究一些“无用的知识”，并且成立“诗意盐阜”教师读书沙龙，开办微信读书群，定期组织读书报告会。他相信，只要自己的同事们能够超越学科的舞台，看到教育发展的大背景，甚至整个社会政治经济文化发展的大格局，学校的整体文化底蕴就会深厚，有主题的校园就会成为一部立体的、多彩的、真正富有吸引力的教科书。

2. 让教师拥有莫大的师爱

彭钢同志在论及校园内师生关系时，有一段精彩的陈说：“与孩子生活在一起的教师，不由自主地接受了孩子赠送的另一礼物：教育的责任感，一种牵挂孩子、忧虑孩子、操心孩子的思绪和情感。”[2]“学生唤醒了教师的关心和关切，建构了教师忧虑和操心的师生关系，从而生发出以关切为指向的教育行动，这就是教育日常生活的本质：学生的健康成长表现为教师的关心与关切，表现为教师的操心与忧虑，表现为教师对学生深切的爱和小心的呵护。”[2]可惜，当前市场经济和道德约束背景之下，许多同志已经不肯或不敢承认这种表达和叙述。“也就是一个混饭吃的。”有人以职业心代替事业心，如此来为自己辩护。这就是我们教育令人忧心的地方，感受不到职业的快乐，也没有了职业的担当，更缺失成人之美的情怀。盐城市盐阜中学提出“成人之美”这个教育概念，叫好的人很多，但践行“成人之美”的教育，改变曾经习以为常的教学模式和育人路径，需要付出加倍的努力，犹豫和观望者多了。学校的领导们没有急躁，因为承认并正视不同意见，本身也是“成人之美”的重要内容之一，关键是实施的改革能够“给人信心，给人喜欢，给人希望，给人方便”。大家相信，只要假以时日，“成人之美”的旗帜持续飘扬，“在爱心和耐心之中逐步成长的孩子们，会让教师变得更有爱心、责任感和成就感，从而获得一种发自心灵深处的教育幸福感”。校长室带领全体同志不断回顾学校办学的传统，认真分析当前的校情，学习教育经典文献，反复观摩成功学校的经验，大家慢慢明白，其实教育就是爱，否则也不可能被称作事业，改变学校教育生态，唯有爱心不败，幸福才能永驻心间。两年下来，学校面貌发生了显著的变化：校园文化浓郁，课程结构丰富，人际关系和谐，师生享受教育的幸福感持续上升。

3. 让教师学会做事

优秀是一种习惯，落后有时也会成为一种惰性。相对于名牌高中，平心而论，省内一般高中之所以弱势，自身的不足也很明显。这种不足，不仅表现在学校内部管理的发条始终紧不上，作风粗放，执行力欠缺，更在优秀教师几乎无法从个体的教育细节中，感知幸福教育的存在、获得成长的乐趣。但是，正如“教育者的基本态度是选择适合儿童的教育，而不是适合教育的儿童”，学校也不能永远遇上那些天生优秀、做什么事都力求完美的员工，教会做事就是一个课题。盐城市盐阜中学这一课题命名为“因为认真，所以优秀”，其内涵如下：① “认真”是一种态度。学校强调“今天教师做事的方式，某种程度上，就是学生将来做事的方式”。因此，只有当每一人想做事，愿把事情做好，开动脑筋把事做好，雷厉风行把事做好，教育才会获得基本的存在意义，人格中闪亮的一面才能够得以凸现。② 大力弘扬讲正气、讲奉献、讲秩序的氛围，将公开、公平、公正的“三公”原则落到实处。为调动起校内一切存在的或潜在的资源，激发全体教师对学生的关爱之心、对事业负责之心、对社会的感恩之心，学校大力营造有利于认真做事的公正环境。让那些凡事不等、不怕、不靠的人，从自己做起，从脚下做起，从小事做起，做出事情，做出成绩。校长王军习惯说的一句话就是，“只有努力才能打动人，只有事实才能改变人，只有成绩才能激励人”。③ 树立正面典型，让每一个人学有标兵。学校不断创造条件，鼓励一部分肯做事、善做事、认真做事的同志先“成长”起来，以先进引领后进，给机会成就后进。很快，一支结构合理、作风严谨、勤学善干的队伍迅速成长起来。目前，盐阜中学143名专任教师中，有江苏省特级教师3人，中小学正高级教师1人，盐城市名教师1人，大市级学科带头人、教学能手39人。

4. 让教师勇于接受变革

加拿大著名学者迈克尔·富兰在《变革的力量——透视教育改革》一书中说：“我们有一个从根本上保守的教育系统，教师的培训方式、学校组织形式、教育层级运作习惯以及政治决策者对待教育的态度，都容易导致维持现状和难以变革的制度。”这是世界范围内教育完全变革殊为不易的根本原因。然而，正如爱是一种能力可以养成，快乐是一种能力可以感知，接受变革也是一种勇气需要寻找。那么，变革的力量从哪里来呢？来自我们对教育本质正确的理解，对教育规律科学的把握，还来自教育内部出于道德感和责任心生发出来的自觉力、行动力。改革开放以来，尽管基础教育突围屡战屡败，不断受到质疑，但自下而上的教改典型层出不穷，它们必将“终归大海作波涛”。当然，我们的教育者缺乏的不全是学养和奉献精神，更不是良好的动机，而是缺乏圆融的教育举措和教育智慧。在教学活动中，应将一种菩萨之心与教育智慧有机地结合起来。盐城市盐阜中学人正确认识自己和自己的学校，自觉顺应教育规律和天道人心，放平姿态，成人之美，立足现实，低空飞行，在成就学生的同时，最终成就了自己。学校在应试教育依然炽热的天空下，开出属于自己的教育风景！

参考文献

[1]《人民教育》评论员. 传统文化中的教育精神[J]. 人民教育，2015(10).
[2] 彭钢. 幸福教育的可能性[J]. 江苏教育(管理版)，2014(1).

理想课堂教学范式的三星高中样本

——以盐城市盐阜中学“三簿四强化”为例

王　军

传统课堂如何成功实现向现代课堂的转变,历来是各级各类学校面临的核心课题。三星高中,作为普通高中群体中相对弱势的一类学校,正面临群体性发展方向的迷茫和对前途的集体不自信:以升学率为标志的质量大幅度滑坡,社会影响力急剧下降;转型升级的努力因为偏离社会的功利性期盼,也始终得不到广泛认可。不少三星高中办学规模急遽缩减,生源质量江河日下,部分学校甚至维持生存也勉为其难。在这种边缘化的趋势面前,三星高中发展目标矮化、内部人心涣散,文化发育不良。如何适应形势的变化,及时调整并扭转学生不良的学习状态?近年来,我校以课堂教学改革为抓手,以“三簿四强化”教学范式的实施为引领,积极探寻适合学生学情的“最近发展区”,成功开辟一条“碎花细叶,无处不生长”的课改之路。

一、追问理想课堂的本质特征

老实说,即使在新课程理念深入人心的今天,大多数教师深层次上的课堂教学观以及实际课堂状况并未发生实质性的变化。传统教学超常态稳定,原因众多,除了传统教学理论主要以教师为中心、多从教师教的角度阐释学习行为外,还在于它视知识的传授和技能的训练为主要任务,并提供了较为明确的操作程序。然而,时代毕竟在进步,任何“目中无人”、基本不考虑学生接受性和主观能动性的课堂,都是“没有生命活力的”。

有人问,那“充满生命活力”的课堂是什么样子呢?新课程实施以来,无数的典型用他们精彩的实践已经完满地回答了这个问题。如洋思中学的“先学后教、当堂训练”课堂、东庐中学“讲学稿”支撑的课堂、濮阳四中“三段式开放性教学法”课堂、杜郎口中学“三三六”自主学习高效课堂……典型存在的意义，当然不是为了引导机械的模仿，而是想召唤“更多的能够在多样变幻的社会风浪中把握自己命运、保持自己追求的人”[1]。对这些典型进行理性的分析和价值追问，可以获取许多内蕴的成功密码。

1. 成功的课堂总是面向生命的

朱永新先生领导的“新教育”认为，“课堂是文化传承的核心地带，是课程实施的主要渠道，是学校机体的中枢神经，是师生成长的关键路径”[2]。因此，凡理想课堂都需要教师的生命在场，需要学生的生命参与，教师丰富的生命能量、蓬勃的生命状态是最重要，甚至是必不可少的教育条件，正所谓“谁站在讲台前，谁就决定着教育的品质”[3]。叶澜教授是最早倡导生命教育的专家，她始终从生命的高度，用动态生成的观点看待课堂。她笔下的课堂被看作师、生人生中一段重要的生命经历，是他们生命的有意义的构成部分。号称“课改疯子”的李炳亭提出好课的六个特点，并美其名曰“好课的 DNA”，第一条说，好课是“学生自主学习的课”[4]，“学生的生命是由无数个 45 分钟组合而成，一个无法让学生 45 分钟快乐的教师其实就是在对学生的生命犯罪”[5]！综上所述，以人为本的教育都是从挚爱生命、尊重个体开始的。

2. 成功的课堂总是讲究方式方法的

李炳亭说，好的课堂是“知识的超市、生命的狂欢”[6]，因此要注重展示。对于未成年人而言，好奇和展示是其两大天性，而展示是解决学习内驱力的最好办法，其所力推的杜郎口中学就一直重视学生课堂上的展示环节，并将之发挥到淋漓尽致的程度。当然，好课还须动静结合，要努力让课堂动起来，身、心、神俱动。一味强调静是反人性的，一味强调动也不行，要动静有序、相得益彰。“新教育”强调，理想课堂应该做到“预设和生成的统一、内容和方法的统一、主导和主体的统一、开与达的统一、严与爱的统一、导与牵的统一”。朱永新先生还提出理想课堂的具体指标——“六维度”，即参与度、亲和度、自由度、整合度、练习度和延展度。朱永新认为，理想课堂的最高境界在于“实现知识、生活与生命的深刻共鸣”[7]。

3. 成功的课堂总是特别关注思维品质这一核心要素

北京语言大学谢小庆教授长期研究“审辩式思维”，他一直强调课堂学习应有四个境界：“认真听讲，此第一境也；积极举手回答老师提出的问题，此第二境也；举手向老师提出问题，请求老师答疑解惑，此第三境也；质疑老师的看法，据理论证自己的看法，此第四境也。”[8]在他的语境中，教师只是课堂上的一个助学者，学生在课堂中被激发的思维以及由此形成的思维品质才是第一重要的。他认为，理想的课堂上学生不仅要认真听课，而且要积极回答老师提出的问题；不仅要回答问题，而且要积极向老师提出自己不清楚的问题，甚至质疑老师的看法。谢小庆教授的观点触摸到教育的核心价值。学习需要收获的不仅仅是知识和技能，更是智能的发展与思维的品质！放眼当下，我们欠缺的恰恰就是思维的品质。

长期不重视学生的自我学习，必然导致整体性“审辩式思维”的不足。相对而言，西方国家对此比较重视。如果我们把《论语》里面所记述的孔子传道授业的方式与古希腊哲学家苏格拉底的追问式教学（“催产婆”）略作比较，就可以从文化与文明形态的差异上找到原因。当然，西方所谓“以学习者为中心的教学”，是深植于其基督教文化的。澳大利亚墨尔本大学简·奥登（Jane Orton）博士曾在题为《文化和教育思想——以学生为中心的教学》的英文演讲中说：不同于中国父母望子成龙心切，送孩子到学校门口总说“努力学习，听老师的话”，英语国家的父母更强调孩子“精彩地过上一天”（have a good day）。为什么要这样说？因为这与澳大利亚的基督教、天主教和犹太教文化传统有关。按照基督教的教义，每个人都有做错事的倾向，只有那些努力克服自己做错事的倾向并努力做正确的事的人，才能够进入天堂；否则，就会进入地狱。而人生的目的就是进入天堂。如此意义上，西方教育的目的就是要使孩子知道：自己对自己的行为后果负责，不能让老师为自己负责，也不能让父母为自己负责；更重要的，每一个人都要了解世界上的因果关系，了解事物之间具有因果联系。[9]

二、“三簿四强化”的内涵和实质

作为盐城市教育局直辖的一所三星级普通高中，长期以来，我校为摆脱过去的发展迷茫，努力寻找属于自己的“诗与远方”，反复研究先进学校优秀课堂改革案例，在各地纷繁复杂的高效课堂教学模式中，冷静寻找共同的底线。我们发现，所有优秀的课改典型其实都严格恪守以下一些基本的要求：一是重视学生的预习工作，且将之落到实处；二是强调生生互动、师生互动，坚决杜绝“一言堂”；三是努力开展检测性教学,保证当堂训练(作业、检测、实验);四是鼓励学生大胆质疑探究。对照我们的教学,不难发现这些基本元素和要求恰恰是当前课堂欠缺的,又是经努力可以完善的。基于充分的调研和准备,2013年秋,我校提出了自己的课堂教学主张——“三簿四强化”。

1.“三簿四强化”的基本内涵

所谓“四强化”,简言之,即“进一步强化预习检查环节的落实,进一步强化问题导向意识的培养,进一步强化师生‘动口、动手、动脑’的探究与互动,进一步强化课堂的输出性检测”。“四强化”是当前课堂教学必须达成的目标,也是具体的教学手段。要保证“四强化”不落空,学校以为每个学生至少配备以下“三簿”:即“反映个人真实自学情况的预习簿、当堂训练或检测用的练习簿、课后整理心得与收获必备的反思簿(理科或为错题集)”。“三簿”的设置,强调的不是必须有三个本子,注重的是预习、检测和反思等查漏补缺等环节的完整。

需要强调的是,“三簿四强化”为一种教学范式,而不是教学模式。何谓范式?“符合某一种级别的关系模式的集合”。本文所指称的“三簿四强化”教学范式,其实就是集束在一起关于教学的校本“规则与要求”。考虑到“教学有法,教无定法”,本范式只强调教学必须遵循的基本规则和要求,拒绝圈定各学科课堂的基本结构、流程和环节,因而并不僵化、封闭和死板,相反是灵活、开放,充满创造的。

2.“三簿四强化”的实质

三星高中,学生学习的畏难情绪浓厚,自觉性也相对缺失。我校根据这样的学情,推动课堂教学实现“四强化”,一是倡导一种简朴、贴近、务实的教学追求,下大气力刺破长期盘踞在课堂之上的教师讲解过剩的泡沫;二是努力改变学生在课堂上长期压抑所形成的萎靡精神状态,弘扬一种“动口、动手、动脑”的学风。“三簿四强化”教学范式的实质是“让学引思”,促使课堂由教学为中心转到以师生共同学习为中心的轨道上来。之所以要强调“预习检查环节的落实”,是想通过一种倒逼机制,敦促学生形成预习、自习的良好习惯;“强化问题导向意识的培养”其实是对课堂学习的内容进行必要的筛选和明晰,努力增强教学的针对性、可接受性,避免浮泛、无序、低效,更要杜绝“什么都学,什么都学不懂”的含糊以及“会讲什么讲什么,不会讲的就让学生猜”的满嘴跑火车现象;“强化师生动口、动手、动脑的探究互动”

旨在通过情境的营造、活动的开展,使学习最大限度地活跃师生的“双手和大脑”;“强化课堂的输出性检测”只是保证每天学有所得,教师教得具体,学生学得明白。

3. “三簿四强化”的基本特征

“三簿四强化”教学范式,是教学的底线要求,不同学科、不同班级据其基本特征,有充分的创新空间。学科性:不同学科有其不同的特点与要求,因而在运用范式的过程中,需要考虑不同的体现方式和实施模式,切忌“一刀切”。如果教研组对本学科的基础属性把握不准、研究不细,就无法真正用好“三簿四强化”教学范式。规范性:虽说不同的学科应该有不同的主导方向、实施样式,但“四强化”的实质必须得到恪守——课堂的主动权不能总被教师牢牢垄断,必须适时还给学生。我们承认,在现实的课堂上实际存在着教师和学生“双主体”现象,只强调教师这个超级主体(“主导”),实际上是不尊重学生主体性的。但教学如果完全漠视教师在课堂上的特殊作用,课堂会又沦为一盘散沙。如何解决这个矛盾?有人提出“平等中的首席”这个概念,我们认为非常精当。操作性:“三簿四强化”范式的运用,要远离概念的阐述与纠缠,凸现“方法与习惯”。理论只有转化为实际的操作,其价值才能得到根本性的体现。灵活性:“三簿四强化”强调“四强化”,并不是说教学就需要四步或四个环节,实际上即使“强化预习检查环节的落实”也是可以在教学的不同时段有区别地加以实施的,“四强化”更是可以相互打通、穿插进行的。所谓“三簿”,如前所述,不一定是三个本子,可以合二,甚至合三为一。

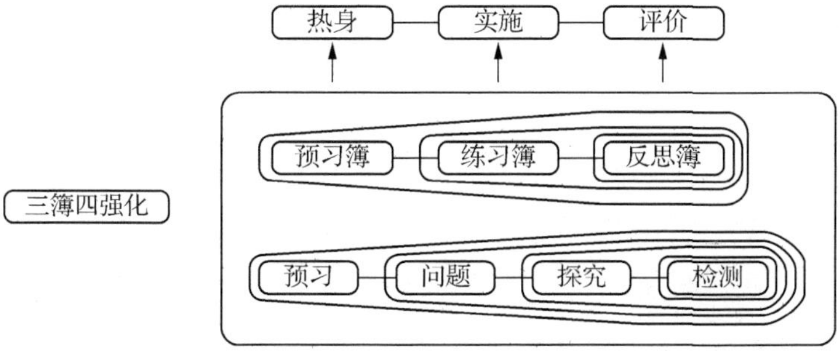

“三簿四强化”课堂范式结构图

三、从“范式”走向“现实”

作为一种“规则与要求”的集合,任何新的教学范式从提炼到实施,都有一个教师逐步认可、反复完善的过程。当初，学校提出教学应该有范式，证伪的声音就很响。“三簿四强化”教学范式出台后，尽管这是一个建立在无数同志反复实践基础上且经专家予以认证的方案，推行的争议仍然很大。是习惯的惰性使然，还是范式自身不接地气？我们也一度陷入迷茫。然而，我们深知，任何一项改变，由蓝图到现实，不仅要克服认识上的分歧，更需要路径的指导，抵达成功最便捷的通道是践行。为提炼出各学科实施范式的标准操作模型，学校鼓励一部分优秀教师先尝先试、大胆创新，并请教研人员进课堂点对点跟踪分析，经过一年多时间，“三簿四强化”的教学范式在各学科的实施才具备雏形。

针对践行阶段遇到的许多实际问题，我们特别强化对教研的要求与集体备课的规范，强化由点及面的试错与总结，力求范式的实施能够聚焦。

1. 课前预习

学习学习，“学得”是次要的，关键是人的自我“习得”。以前预习工作落不到实处，现象存在在学生身上，根子其实在老师。部分教师太迷恋自己的“讲”，对学生的预习不重视，既缺乏任务引领、时间保证、检查措施，也缺乏认真和热情。唯其如此，杜郎口中学才把预习课提高到前所未有的地位。学生没有预习的课不准上，学生预习不好的课不能上；东庐中学才把“讲学稿”在上课前发给学生，引导学生课前自学教材，并率先尝试完成“讲学稿”上的问题。我校要“进一步强化预习检查环节的落实”，首先需要的是补上教师思想的短板，其次才谈得上落实好“任务”“时间”“检查”等相关要素。

2. 问题引领

这个方面存在的主要问题是：课堂上教师的问题满天飞，“你的解题策略是什么”这类让听课老师都瞠目结舌的大问题也动辄得闻，学生经常一头雾水。这种无序教学的根子在哪？在教学思想不民主，问题设置能力欠缺，“急于赶路”的教学总是只问奔跑不问效果的，更不会给学生留下思考的时间和空间；居高临下“逼供”式的引领，也无法形成良好的学习情境。为了改变这一现状，洋思人摸索总结出如下要求：学生会的不教，学生能说明白的不重复，学生不会的尽量让学生自己解决问题；教师课堂少讲、精讲，多做点拨性的引导。我校“进一步强化问题导向意识的培养”，需要规避上述的低级错误，还要不断研究学科的课程属性，力求在问题的引领上能够靠船插篙，以提升教学的方向性和针对性。

3. 师生互动探究

这里的主要问题是课堂活动组织不到位，不愿或不善于组织活动。原因也不复杂，教者教学时过多考虑知识的覆盖与掌握，致使学习内容过于碎片化，“拎”不起来；部分教师课堂推进节奏太快，思维跳跃太大，与学生的节奏不合拍，致使学生“动口、动手、动脑”的机会和程度不充分。在“进一步强化师生的探究与互动”方面，我校以为，除了增强活动设计的科学性和艺术性之外，还要重视课堂文化的构建。老师如何指导学生开展个体性思考，怎样对待或评价学生思考过程中出现的错误，课堂教学怎样造浓民主氛围，对特殊学生的学习是否关爱到位，这些具体细节和问题的处理，直接关乎课堂文化的存否与优劣。

4. 输出性检测

所谓输出性检测，是相对课堂上的“输入”而言，如果学生接受并消化了相关信息，那么他理论上应该像春蚕那样吐丝出来。我们的不少课堂一味讲课，没有检测和训练，训练也常常与课堂的学习内容脱节。如何才能保证学有所得，唯有通过“输出”来验证，这就叫验证性教学。“输出性检测”强调课堂检测与课堂学习的主要内容相匹配，坚决反对基础年级的教学、训练动辄直奔“高考题”。

“三簿四强化”教学范式的实施是我校根据新的校情，“寻找属于自己句子”的努力之一。其或是三星级高中当前自我救赎的众多样本之一，并不具典范意义，但我们相信，随着这个“1.0 版本”未来形态的多样化，我校还会有“2.0 版本”“3.0 版本”。当下，互联网对世界的改变强烈而迅猛，毋庸置疑也会改变着人们的学习方式，在一个由技术所推进的全新的个性化学习时代，“三簿四强化”教学范式所带动的理念更新、结构优化和思维生成应该能与时代和未来很好地对接，体现出更多的现实意义与历史意义。

参考文献

[1] 叶澜.“新基础教育”内生力的深度解读[J].人民教育，2016(Z1).

[2][3][7] 朱永新.理想课堂的六维度与三境界[J].中小学管理，2014(12).

[4][5][6] 李炳亭. 高效课堂 22 条[M]. 济南:山东文艺出版社,2009.

[8] 谢小庆. 课堂学习的四个境界[DB/OL]. 审辩式思维微信公众号 153 期. http://blog. sina. com. cn/s/blog_4cce63730102v2lw. html,2014-10-16

[9] 简·奥登. 文化和教育思想:以学生为中心的教学[DB/OL]. 审辩式思维微信公众号第 133 期. http://blog. sina. com. cn/s/blog_4cce63730102v1ga. html,2014-09-24

秉承成人之美　优化育人环境

李　波

儒学大家荀子在《劝学》中说："蓬生麻中，不扶而直；白沙在涅，与之俱黑。"荀子特别强调，人在良好社会环境熏陶下，才能逐渐形成美德。学校是青少年学生生活其中的一个特殊环境，建设高格调、高水平、高质量的校园文化，对全面推进素质教育，推动学生、教师和学校三位一体和谐发展具有十分重要的意义。

近年来，盐阜中学坚守"成人之美"的核心价值，以"因为认真，所以优秀"为基点，以"文化引领、内涵发展"为战略，积极绿化、净化、美化物质环境，营造健康高雅的校园环境，取得骄人成绩。学校先后获得盐城市德育工作先进集体、盐城市第二批生态环保型学校、盐城市"书香校园"示范学校、盐城市教育信息化工作先进集体等荣誉称号。2016 年，市教育局殷勇局长来校调研，对学校的教育教学管理和师生的精神风貌均给予充分肯定。多名同学获得省市级表彰，如高三(1)班陈金娣同学被评为江苏省"三好学生"，周欣雨等 3 名同学被授予"江苏好少年"荣誉称号。

一、以物质环境为基础，建设育人硬件设施

学校物质环境建设以"环境优美、设施齐全、氛围雅致"为目标，精选各类绿色植物，优化景点布置，改善学习和生活的硬件条件，打造盐阜中学特色校园物质环境。一是规划布局，认真搞好自然环境建设。学校成立了以王军校长为组长的校园环境建设领导小组，根据自身特点，匠心独运，从精致着手，调整绿化布局，扩充绿地面积，广栽花草树木。目前，学校建有"和园""慧园""静园"，且各具特色；翠竹林、银杏园、白玉兰行道树，相映成趣。尤其是教学楼前和路两旁的白玉兰和香樟树，更是学校亮丽的风景线。学校在绿化的基础上，还十分注意校园的美化，精心搞好品种的搭配和花草树木的修剪，使校园里绿叶红花相互映衬。校园景观四季

交替,异彩纷呈,达到四季常青、三季有花的园林式学校标准。春季,桃红柳绿、鸟语花香;夏季,枝繁叶茂、绿草如茵;秋季,枫红菊香,硕果累累;冬季,银装素裹,松青雪白。全校师生置身其中,心旷神怡,美不胜收。二是精心设计,努力推进学校硬件设施建设。学校是师生学习、工作和生活的主要场所,校园里的一草一木、一砖一瓦的建设,都体现学校的特色追求,发挥其潜移默化的教育作用,为学校的教育教学改革创设良好基础。学校从实际出发,对校园物化环境建设进行全面规划。学校现有微机房、理化生实验室、史地实验室、录播教室、微格教室、音乐教室、美术教室、图书馆、电子图书阅览室、心理咨询室、社团活动室等。还专门设计搭建"崇德亭""致远亭"和"尚书亭"三座复古亭阁长廊,绿荫掩映,为师生休闲和读书提供了雅致的好去处,里面不时传来学生的欢声笑语和琅琅书声。2016年,学校维护俭约楼教室;纯固楼前草坪绿化、亮化工程完工;维修新购食堂蒸饭车、大灶和烤箱;改造嘉纪楼四楼厕所;搬迁原校办工厂租赁商户及西家属区楼房所有住户,并做好拆除准备工作;为师生重新更换一批桌椅;更新纯固楼教室多媒体设备,使校园更加温馨,改善了师生们的学习生活条件。进行无线网WIFI改造,千兆光纤进校园等项目陆续建成。学校图书馆、班级书柜和嘉纪楼读书角的图书不断充实、更新,手机APP"超星移动图书馆"逐渐成为师生员工手机阅读标配。线上线下开放式、交互式阅读环境初步形成,师生员工纸质阅读和掌上阅读的需求得到充分满足,智慧校园建设初见成效。

二、以精神环境为灵魂,创设浓郁校园文化

学校按照"协调和谐、美观大方、启智育人"的思路创设浓郁校园文化,让学校成为学生愉悦成长的乐园,推动学校素质教育发展。一是让每一堵墙壁会说话,一石一木都育人。学校在加强绿化、美化的同时,从现实出发,从小处着手,因地制宜,给每座楼宇起上诗意的名字,用诗文、书画、名言等充满人文气息的语言和图片对学校各角落进行布置装点,不断加强校园文化建设,创造高雅的文化氛围。科学规划墙壁和橱窗字画作品,让学校每面墙壁、每条路面、每个显示屏、悬挂的每幅作品、每个角落等都讲述教育故事,更好地开发校园文化的德育功能,让学生无论走在校园的哪个角落,都能得到深深的启迪,都能受到优良的教育和人文的熏陶。比如,在嘉纪楼前广场的左右石头上雕刻"成人之美"与"和"字,向全校师生传达学校

坚守的“成人之美”、以人为本、和谐发展的核心价值追求；在即事楼西墙上书写“因为认真，所以优秀”，启示师生做学问是严肃的事情，一定得踏实认真；“崇德亭”“致远亭”和“尚书亭”意在激发师生提升自我的热情，弘扬美德，兼爱天下，乐于求学，积极践行，培养个人高雅情趣。二是依托“书香校园”建设，浓郁书香浸润成长。近年来，学校加大资金投入，有针对性地新购图书，全天候开架借阅，延伸图书馆的服务半径，拓展图书馆的服务效能；新增书架56个，为班级配备铁木两式书柜；采购古色古香的桌凳，在嘉纪楼、五味楼设立读书角，满足师生的持续阅读需要。学校依托“国家课程”，积极进行学科的阅读渗透，努力让每门课程都融入阅读的因子。架构促进师生“听、读、说、写”能力提高的四位一体的“书香校园”系列校本课程，科学地、系统地、有针对性地推进学校素质教育持续发展，促进学生健康和谐发展，成人成才。

三、以活动环境为载体，创建特色育人氛围

活动建设是校园育人建设的血脉，丰富多彩的校园文化活动，能使学校充满生机和活力。一是加强爱国主义、集体主义教育。学校通过一系列活动引导学生增强勤奋学习、爱国爱校、报效祖国的责任感和使命感。以新学期升旗、开学典礼、国旗下讲话、学生表彰大会及重大节日、重大纪念日、重要活动为契机，开展“继承传统文明，弘扬民族精神”的教育活动。结合缔造“完美教室”活动，增强集体主义观念，每个教室都拥有与众不同的班名、班徽、班训、班歌。将愿景、文化和课程等融合在一间教室，教室生活聚焦在乐观健康上，聚焦在生命本真体验上，关注每一位同学的健康成长，用心挖掘展示每一位同学的闪光点，师生共同营造温馨教室。二是加强公共道德、传统美德教育。学校通过文明礼仪教育，引导学生培养良好的道德品质，培养自主管理的能力。成立年级和学校学生会，自律自查自管，学生自主管理已经成为学校的一个亮点和德育特色。学校先后开展社会实践、青年志愿者行动、爱心义卖等活动，提高了学生的实践动手能力，增强了他们的公德意识和社会责任感。三是开展文化活动，力求丰富多彩。学校加强学生社团建设，成立合唱团、凌云学生通讯社、航模科技兴趣小组、狂飙乒乓球俱乐部、足球队等，积极参加市文艺汇演、科技创作活动、“市长杯”足球比赛等，丰富了学生课余生活。定期举办各种读书会活动：班级读书会、教师读书沙龙、“亲子共读、家家书香”活动、“与阅

读同行，以书香为伴”读书报告会、“赢在中层”主题读书研讨沙龙等。在学校微信公众号平台，开设“校长荐读”和“盐阜文苑”专栏。目前，全校范围内已营造了浓郁的“以书育人、以书启智、以书养德”的书香氛围。举办“完美教室”评比、运动会、新年元旦晚会以及书画比赛等活动，扩大了学生的知识面，提高了学生的鉴赏能力。活动的开展不仅丰富了校园生活，还陶冶了学生的情操，拓宽了他们的成才之路。

四是着力用正确价值观浸润整个校园。环境育人于无形，活动寓教育于快乐。学校充分利用广播站、宣传栏、LED 电子大屏等媒介，采用法制、安全、教育讲座、百业讲坛等丰富多彩的讲座，举办“每月一事”、文明班级评选活动、主题班会等活动，使校园到处充满浓郁的人文气息，每一个角落弥漫着先进文化。学校着力于营造文明高雅、健康向上的校园文化氛围，引导学生树立社会主义核心价值观，努力将他们培育成有理想、有道德、有文化、有纪律，德、智、体、美、劳全面发展的社会主义事业的合格建设者和接班人。

朝向完美，幸福生长

——盐阜中学缔造“完美教室”的实践与思考

朱丽萍

立德树人是教育的根本任务。切实有效地落实立德树人，必须立足实际，顺应潮流，遵循规律，探求适合自己的载体、路径和方法。作为市直一所三星级完全中学，盐阜中学生源薄弱、生情复杂，在物质文明飞速发展、精神文明相对滞后、各种矛盾错综复杂的大背景下，“成人”是较之“成才”更为重要而紧迫的任务。鉴于此，学校提出了“成人之美”的核心价值追求。所谓“成人之美”，就是通过成就他人来成就自己，或者说，成就他人就是成就自己。“成人之美”不仅是一种教育理念，更是一种教育实践。缔造“完美教室”就是支撑“成人之美”的诸多行动项目之一。

一、朝向完美，成人之美

所谓缔造“完美教室”，新教育实验的发起者朱永新教授曾这样定义：缔造完美教室，就是在新教育生命叙事和道德人格发展理论的指导下，利用新教育儿童课程的丰富营养，晨诵、午读、暮省，并以理想课堂的三重境界为所有学科的追求目标，师生共同书写一间教室的成长故事，形成有自己个性特质的教室文化。著名教育家李镇西认为：“完美教室”之“完美”是一种朝向，而非目的。完美教室之“教室”，不同于物理意义上的教室。“教室”，是一种借代，代指班级；是一种象征，象征着一群人共同生活的一段历程；缔造完美教室，强调的是一种班级文化的建设，一种集体精神的滋养；这样的环境里，每一面墙壁、每一张课桌、每一把椅子、每一个物件，都打上了浓浓的主观性——表达着高远的追求，洋溢着高雅的气质，蕴含着高尚的灵魂，彰显着鲜活的生命。新教育实验的榜样教师常丽华老师说：教室是我们的愿景，是我们想要到达的地方，是决定每一个生命故事平庸还是精彩的舞台，是我们共同穿越的所有课程的总和，它包含了我们论及教育时所能想到的一切。

为何要缔造“完美教室”？罗伯特·欧文说：“人是环境的产物。”人类生存的环境，从性质来说，包括自然环境、社会环境、精神环境，其中，社会环境、精神环境对人的成长影响最大。从范围来看，包括大环境、中环境和小环境，其中小环境对人的成长影响至深。人的思想、情感、品德、信仰与他身处其中的环境息息相关，不同的环境往往造就不同的人：好的环境可以提供源源不断的优质养分，促进人的生命成长；坏的环境因其营养不良，甚至包含毒素而阻碍人的身心正常发育甚至造成畸变，正所谓“近朱者赤，近墨者黑”。因此，要想造就人，就应尽可能地给予他(她)良好的成长环境。对学生而言，社会是大环境，社区是中环境，家庭和学校是小环境。目前，转型期的社会大环境问题丛生，信仰缺失、道德滑坡，物质至上，娱乐至死，主流文化备受冲击，网络等新媒体迅速发展，而信息管理严重滞后，泥沙俱下的媒体环境，存在诸多不利学生成长的不良因素……作为学校，我们不能苛求社会大环境，对社会环境的影响也微乎其微，但学校小环境是可通过自身的努力加以改善的。尤其是对于教室微环境，教师，特别是班主任可以大有作为。教室是教师授业、育人的主阵地，是学生学习的主场所。教室是一个由学生、教师、家长以及班级文化等要素构成的生态系统，居于其中的生命的质量取决于赖以生存的生态系统的质量。缔造完美教室，就是通过对教室微环境的改良与再造，优化教室的生态，让其中的每一个生命，相互依存，从而彼此成就，诗意栖居，自由、自在、自然地生长。

二、缔造完美，各美其美

缔造“完美教室”，其本质是优化教室的生态，以达到成人之美。而教室的生态是由班级文化、学生、教师和家长等诸要素构成的有机整体，因此，优化整个教室的生态，首先要提升生态系统中各个要素的质态，各美其美。

1. 创新班级文化，提升教室的颜值和气质

苏霍姆林斯基曾经说：“成功的教育应该使学生在没有意识到受教育的情况下却受到毕生难忘的教育，而这种潜移默化过程中受到的教育往往具有水滴石穿的作用。”大音希声，大德无形。文化作为一种精神力量，对人的品格塑造具有潜移默化、深远长久的特点，具有一种深刻而无形的影响力。班级文化是学校文化的主

体，是学校精神的具体体现，它包括外显文化和内涵文化。缔造完美教室，首先要创新班级文化，既要体现学校文化的共性，又要彰显班级文化的个性，具体言之，一方面要改造外显文化，改变过去以单一刻板的数字命名班级的做法，要求各班为自己取一个独特而有寓意的名字，创作催人奋进的班歌，设计体现班级精神的班徽、班旗、班级陈设布置等，使教室的物态环境更具人文性，更加个性化，更有审美品位，从而提升教室的颜值；另一方面，要改进并丰富内涵文化，要有师生共同商定的班训、班规、班级愿景，以及丰富多彩的班本课程和特色活动，使教室的精神环境更高雅，更有底蕴，从而提升教室的气质。完美教室的文化不是由学校来顶层设计的、外铄的、千篇一律的，而是由师生共同创造的、内生的、各具特色的，是学生喜闻乐见、百闻不厌的，因而是有强大生命力的。外显文化是教室之表，内涵文化是教室之里。缔造完美教室，就是要内外兼修，全面提升教室的颜值和气质，以独具特色的班级文化去濡染生命、浸润心灵，促进学生精神的成长与内在的和谐。

2. 培育幸福教师，提纯教室的灵魂与境界

完美是一种朝向，幸福才是目的，而只有幸福的教育，才可以培养出幸福的人。《第 56 号教室的奇迹》的作者雷夫·埃斯奎斯认为：“一间教室能给孩子们带来什么，取决于教室桌椅之外的空白处流动着什么……教师，尤其是小学教师，他的面貌，决定了教室的内容；他的气度，决定了教室的容量。”贫瘠的土壤长不出壮实的苗，苦涩的花粉酿不出香甜的蜜，作为教室的灵魂，学生生命中的重要他人，教师生命的质态对学生的影响无疑是巨大的。教师的生命是丰盈的，学生的生命才可能是饱满的；教师的灵魂是纯粹的，学生的心灵才可能是纯洁的；教师是幸福的，学生才有可能是快乐的。海德格尔说：“以什么为职业，就要以什么为生命意义之所托。”缔造完美教室，就是要通过多种方式的培训与研修以及发展性的评价与激励，来提升教师的人生境界，促进教师的专业发展，增强他们的职业认同感与获得感，从而以丰盈幸福的教师生命来感染、照亮学生的生命。

3. 悦纳家长参与，提亮教室的背景与底色

每个教室的背后都站着一群家长。家长是给予学生生命并影响其成长的原生因素，是重要的教育资源，家长的影响注定伴随孩子的一生。如果家长的影响能与教师的影响形成正向叠加，其推力必然是不可估量的。但事实是，在整个教室生态

中,家长是最易被忽略的要素。“教室是教师和学生的领地”,基于这样的传统观念,家长自然是被排除在教室之外的。在绝大部分时间里,我们的教室对家长是封闭的,只在开放周和开家长会时,才会邀请家长前来做客,短暂逗留,而且基本是来听老师通报孩子的成绩和在校表现的,极少参与班级活动与管理。这种封闭或半封闭的做法,无形中造成了教育资源浪费和教室生态短板,对学生的成长显然是不利的。尤其是在我们这类学校,以个体工商户和进城务工人员为主的家长群体,就其总体而言,家庭教育的素养与能力是相对缺欠的,家长与学生共同成长显得尤为必要。缔造完美教室,就要加大教室的开放力度,全天候、全方位地悦纳家长走进教室与孩子一同学习,共同参与班级活动与管理,以参与来传递对生命的关怀,提亮教室的背景与底色。

4. 促进学生成长,提增教室的生机与活力

印度诗人泰戈尔在《飞鸟集》中说,“生如夏花之绚烂,死如秋叶之静美”,说“生如夏花”正是因为夏花有绚丽繁荣的生命,它们在阳光最充足、雨水最丰沛的季节绽放,如奔跑、跳跃、飞翔着的精灵,活力四射。学生是种子,是有待成长的生命。这些种子能否破土发芽,开花结果,取决于教室能否为他提供最丰富的养料,最适宜的温度、湿度和光照。缔造完美教室,就是要每粒种子穿越课程与岁月,朝向有德性、有情感、有知识、有个性、能审美,在各方面训练有素又和谐发展的方向,一天天地成长、丰盈着。在完美教室,你能听见幼苗拔节,看见花朵绽放、果实灌浆,感受到生命的生机勃勃、欣欣向荣。这才是缔造完美教室的核心价值与终极意义之所在。

5. 实施“完美”方案,收获意外惊喜

基于以上的愿景与架构,我们制订了《盐阜中学缔造“完美教室”实施方案》,确定了由点到面分层推进,由外延至内涵,从物质到精神分步建设的策略,并于 2016 年 1 月正式开始实施。自方案实施以来,各班在政教处的统一指导下,师生合力,开拓创新,在以下两个方面取得了积极的进展:

(1) 班级文化创意迭出,异彩纷呈

别致的外显文化。外显文化,是完美教室的形象和标识,是全班师生集思广益的产物,反映了一个班级的共同价值取向和审美趣味。雏鹰班的同学说:“我们以年华作笔,汗水为墨,书写无悔的青春,我们是向着太阳飞翔的雏鹰班。班级布置

以绿色为主，辅以彩色点缀，象征着青春的活力和斑斓的梦想。……教室的每一处都凝结着我们的爱。‘We are a family’记录着22名家庭成员的快乐瞬间；‘我们的梦’鼓励我们不断努力，一直前行；‘学海拾贝’，‘我行我show’是我们分享交流绘画、写作等优秀作品的平台。图书角摆满了我们喜爱的书籍，为我们提供了丰富的精神食粮。绿色植物角不仅培养了我们的责任心，还是陪伴我们成长的小伙伴。我爱我家——梦想启航的地方！”高一白杨班的班徽是这样的：下方是上举的双手，代表老师托起了学生的梦想；中间是翻开的书籍，代表着智慧之源；上方是一棵白杨树，象征着正直团结、力争上游的班级精神。班歌有的原创，有的改编，大都旋律优美、昂扬上向，歌词朗朗上口、积极健康。高一劦龘班将《精忠报国》重新填词，定为班歌，演唱时有力量、有气势，很好地展示了班级风貌。学校统一制作班牌、班旗。班牌统一插在班级门口的外墙上，醒目而别致；班旗平时插于黑板右侧，活动时作为导引。班级公约统一格式印制，张贴于教室黑板左侧。在教室左右墙壁，统一制作了四块木质栏框，用于展示学生的原创作品。此外，各班配备了书柜书架，设置了图书角。窗台和书架上均以学生的水培植物作为点缀。室内所有陈设遵循美学原则，基调统一，主体颜色不超过三种。和谐、美观、别致的外显文化大大提升了教室的颜值，成为师生每天触目可及的风景。

雅致的内涵文化。班级愿景、日志、博客和班本课程等构成的内涵文化是完美教室的灵魂，反映了一个班级的整体素养和精神风貌。每个班级都有一个“我们憧憬”版块，它是班级的目标，也就是班级的努力方向；“我们的承诺”是班级的行动指引，是班主任在深入了解学生、广泛征求家长意见的基础上，通过相互交流、沟通，高度整合概括而成的，是一定阶段全班师生、家长努力去实现的具体行动目标。鸿雁班的愿景是“快乐学习，健康成长”；“为班级服务，做最好的自己”，这是白杨班的愿景。各班还在全员参与讨论的基础上，在不违反《中小学生守则》和《中学生日常行为规范》等规范的基础上，制订了班级公约，并努力让遵守班规的行为体现在每一个细节中。学校精心设计并印制了班级管理日志，由师生轮流记录班级成长的点点滴滴。很多日志感情充沛，文采飞扬，有对班级好人好事的热情讴歌，有对班级不正之风的辛辣鞭挞，字里行间流露出对班级的浓浓爱意。有的班主任还在全班对日志进行赏读、评析。目前，班级日志业已成为学生抒发个人情怀、阐述个人观点的平台，对优秀班风的形成起到了良好的促进作用。各班均在教育在线网站上开通班级博客，建立了虚拟教室。博客内容主要包括班级大事、教育叙事、写给家长以及学生作品。博客由师生及家长共建共享，双周更新。如今，班级博客已成为各班师生和家长们共同的精神家园。高三筱锌班的班级博客界面设计精美，内容更新及时，浏览博客成为同学们的日常最爱。各班还积极尝试研发班本课程，以满足本班学生成长的个性化需求与期待。高一紫竹班率先开展"每日一事"班级叙事活动，由学生轮流执笔将班级故事付诸笔端，并在黑板报、班级博客及 QQ 群中展示，供师生和家长阅读浏览。丰富、雅致而独特的内涵文化使教室的气质不断提升，散发出动人的魅力。

(2) 班级活动丰富多彩，特色鲜明

"每月一事"，让优秀成为习惯。优秀的品质源于良好习惯的养成。为了强化学生的好习惯，改掉坏习惯，学校选择"每月一事"作为养成教育的突破口，坚持每月一主题，重点养成一个好习惯。我们倡导在带领学生养成一生有用的良好习惯的同时，促进教师形成良好的工作作风，追求教师发展带动学生发展，学生发展彰显学校发展，进而形成整个学校的教育新特色，即"让优秀成为一种习惯"。比如，二月份主题为"守规"，旨在增强学生的规则意识，提高学生的自控能力。各班围绕"守规"主题，结合本班实际，选择班级近期表现较为严重的违规现象作为重点，通过主题班会、晨会，及各种体验性实践活动，积极宣传，强化训练，使"守规"意识深入人心，守规行动固化为习惯。比如，初一(1)开展了"三不"活动("晨起不赖床""上课不迟到""作业不拖拉")，重在培养学生的守时意识。为了贯彻"守规"要求，高一(3)班开展了系列活动：① 召开班会自查问题，将"不买零食""进出校门推车缓行"作为训练重点。② 由班委找相关同学谈话，并分组学习讨论，提高认识。③ 全班同学写承诺书，并公布于班级博客，接受老师和家长的监督。④ 策划"行为规范我遵守"的主题板报，营造氛围。⑤ 评选"守规"之星，进行表彰奖励。经过一个月的强化训练，学生的行为习惯日益规范、文明。在"每月一事"的推进过程中，老师和家长的习惯也在发生改变，教师学会了关注学生的生命成长而不仅仅只是关注分数，家长们在督促孩子守规的同时，意识到自己也存在诸多陋习并尝试改变，学会了与孩子共同成长。

综合实践，用行动锻造品性。良好品性的形成不是告知的，而是习得的，即在行动与实践中体悟进而内化的。为此，学校依托各种实践基地，开展丰富多彩的实践活动，让学生在“做事”中学会“做人”。高一年级开设校本课程“海盐文化研究”，各班自选专题成立研究小组，多次到盐城市海盐博物馆深度调研，在合作探究中培育学生的合作意识和科学精神。学校组织初一、高一年级学生到盐城市素质教育基地参加拓展训练，让学生亲近阳光为身体补钙，经历风雨为意志加钢，在劳动中学会自立、学会生活、学会创造。初二(2)在班主任的带领下参观盐城“好人馆”，近距离学习感悟“盐城好人”的先进事迹和崇高精神，接受社会主义核心价值观的教育。高一足球班举办“情系家乡发展，共赏美丽盐城”的迎新年远足活动，同学们在感受到家乡日新月异发展的同时，也体会到集体的氛围和文明的力量……教室不是固定不动的，班旗所在的地方就是教室！在流动的教室里，师生用行动“活”出精彩，“活”出完美！

“经典诵读”，让书香润泽心灵。完美教室，一定是弥漫着书香的教室。为了营造浓郁的书香氛围，学校将图书馆化整为零，搬进了教室，建起了图书角，并鼓励学生自带图书互换、分享。班级指派专人贴标签，编序号，登记入册，进行规范管理。班主任或语文教师适时向学生推介好书新书，并开展学生推荐好书的评比活动。各班还制定阅读制度，保障阅读的时间和质量，研发了《弟子规》、唐诗、宋词等经典阅读课程，组织了“师生共读、亲子共读、同伴共读”等系列诵读活动以及多种范围和形式的读书报告会，还在学校微信公众号开设“盐阜文苑”专栏，鼓励师生投稿等。一年来，我们通过有声阅读让师生“享听书香”，通过阅读经典美文让师生“悦读书香”，通过主题诵读让师生“乐说书香”，通过阅读反思让师生“静写书香”。如今，学校已被市教育局评为“盐城市中小学书香校园示范校”。无处不在的书香，让学生进班如入芝兰之室，久之，心香而德自馨矣。

为了将缔造“完美教室”活动进一步推向深入，学校制定了完美教室评比细则，并定期进行量化考核。2016 年秋学期结束前，全校有 12 个班级完成预期阶段目标，成功创建为盐阜中学首批“完美教室”。其中，初二(1)班和高一(5)班先行一步，表现突出，成为全校学习的样板。

三、不求完美，且行且美

缔造“完美教室”行动开展以来，校园环境更加优美，学生言行更加文明，特别是阅读的氛围日益浓郁，“三风”明显好转。无论是老师、学生还是家长都有了更多的获得感。上学期，各班学生在各级各类比赛中屡屡获奖。高一年级朱莹、饶一新等7人在盐城市2017年军训征文比赛中分别获一、二等奖；饶一新等7人在第十七届校园文化艺术节“追梦路上”主题演讲比赛中获一等奖；孙玮、罗晨的相声《相声新势力》在“梦想剧场”相声、小品、课本剧大赛中荣获一等奖。教师自我成长意识更强，特别是班主任的职业幸福感大大增强，越来越多的教师愿意加入班主任队伍；一些被动做班主任的老师，正在转变观念，逐步接受、喜爱自己的岗位，并取得了不俗的成绩。初中部的崔玥老师、高中部的于广海老师被市教育局评为“盐城市优秀班主任”；高三(1)班被评为“盐城市先进班集体”。家长义工队伍不断壮大，家长参与班级和学校管理的热情高涨，对学校的认可度也越来越高。

当然，任何探索都伴随着矛盾和问题，不可避免地存在不尽完美之处。我们发现，在缔造“完美教室”的行动中，年级之间、班级之间的推进力度并不平衡，教师的认同度和执行力也存在差异，敷衍了事、重形式不重内涵、重个性不重贴切的现象还较普遍。有的班级完全由学生自主，文化建设形式上不够雅致，内容上失之肤浅。比如，有的班级片面追求标新立异，班名用字生僻拗口，班歌是流行歌曲，且与班训关联度不大，很难形成统一的班级精神，没能起到统领班级、凝聚人心的灵魂作用等。有的班级仍停留在班主任说了算的状态，学生的主体作用发挥不够。此外，教室的开放程度还有待进一步加大等。

鉴于此，下一步，我们在按《方案》从外显文化建设延伸到内涵文化建设的同时，将着力从以下几个方面不断改进和强化，力求让“完美教室”深深烙上“成人之美”的醒目LOGO。

第一，进一步强化学生自治，在班主任指导下放手让学生自我管理、自我服务、自我教育，让教室成为享有高度自治权的“自治区”。“完美教室”是具有内生性的。教室是学生的领地，学生是教室的主人，尊重学生的主体地位，发挥学生的主体作用，必须进一步推进班级管理的民主化。在班级常规管理和特色活动的组织方面，我们将进一步弱化班主任的主导意见和顶层设计，赋予班委会更多的决策权、组织权和评价权，提高全体学生班级管理参与度，通过民主选举、民主决策、民主监督等形式，让他们大胆尝试自我管理，自我服务，增强“我的地盘我做主”的主人翁意识，在放权与赋权的动态平衡中，重新定位师生的班级角色，从而最大限度地实现学生的自我教育。

第二，进一步整合校外资源，将更多的文化场馆和特色园林纳入学生的实践基地，让教室成为拥有数块“飞地”的“合众国”。“完美教室”是具有延展性的。教室不是一个固定不变的有限物态空间，我们可以依据不断变化的学生成长需求和不断丰富的课程实践需要，以及师生对信息技术的掌握程度，开辟多块“飞地”拓展教室的疆域。比如，我们可以进一步整合社会资源，将新四军纪念馆、盐城“好人馆”、盐城科技馆、盐城海盐博物馆等文化场馆和盐城植物园、射阳丹顶鹤自然保护区、大丰麋鹿自然保护区、大纵湖、水街等更多的特色园林纳入学生的实践基地，拓展教室的现实空间；还可以通过注册班级公众号、建班级微信群等信息平台，扩大教室的虚拟空间。

第三，进一步加强家校共建，做好“家长义工站”，加大家长进教室、进考场的密度和范围，让教室成为全面开放的“阳光房”。“完美教室”是具有开放性的。随着学校的发展，开放的程度可以不断地加深，开放的范围可以从原来的现实空间逐步扩大到虚拟空间，家长义工的队伍，从基础年级扩大到全校所有年级，除听课、监考外还将拓宽更多的渠道，让家长更全面、深入地了解并参与学校和班级管理，进一步提高教室的透明度和家长的参与度，推进家校深度融合，在互动共建中寻找家校的最大公约数，达成家校的最高期望值。

第四，进一步增强课程意识，加大班本课程的研发和创新力度，丰富班本课程的内容和载体，让教室成为群芳竞妍的“百花园”。“完美教室”是具有生成性的。生命的成长可以预期，生命的精彩不可预约。在教室共同体的成长过程中，会遭遇新的问题，产生新的需求，邂逅新的精彩。这些都是极其宝贵的课程资源，我们将组建以班主任为主持人，全体任课老师、部分家长和学生为核心成员的课题研究小组，及时梳理、提炼、整合完美教室的生成性资源，研发丰富多彩的班本课程，以满足学生和家长的多样化需求，为教室共同体的共生共长助力。

教室是学校实施教育教学的基层单位，是学生学习生活的主要场所，是学生、教师和家长的生命共生共长的舞台，是一个书写传奇、创造奇迹、演绎故事的地方。守住每一间教室，就是守住每一个孩子的精神家园。缔造“完美教室”，我们已在路上，我们追寻完美，但不苛求完美，唯愿在朝向完美的跋涉中，彼此扶持，日臻完善，彼此成就，幸福生长。

学习在“云端”

——关于“云教学”的实践与思考

邢 斌

当今世界，科技进步日新月异。互联网、大数据、云技术等现代信息技术，深刻地影响着人类的生产、生活、思维和学习方式，也正推动着全球范围内教育形态的转换与学习方式的变革。为促进传统教育与互联网的深度融合，2016 年 9 月，我校与浙江宁波睿易教育科技股份有限公司合作，引进“云教学”系统，率先在高一年级进行“云教学”教改试点工作，开启了“互联网＋”背景下“云端”里的学习。学习在“云端”，并不是一味追求教学新技术的“高大上”，而是让我们的课堂更接地气，让学习真实发生。

一、“云教学”理念，让学生的思维插上翅膀

互联网不见得真有一张“网”，“云教学”自然也不是高蹈在云端里的教学。我校引进的“云教学”智慧课堂系统，是以移动互联网技术为基础的一站式服务平台和整体解决方案，是一个涵盖备课管理、自主学习、检测矫正、在线答疑和学习评价的互动式、综合性学习平台。该系统具备教学资源制作、课堂互动实录、多维数据采集等诸多功能，能实现师生之间、生生之间、课上课下的实时、随地互动交流，为大规模、常态化、全学科课堂翻转、协作学习提供坚实的技术支撑，为教学过程分析、结果考核评价和教学管理决策等提供精准依据。该系统构建包括设备安装、光纤铺设、软硬件调试，也包含教师的应用培训和学生的使用辅导等。师生人手一部平板终端，轻松实现微课录制、备课上课、课堂互动、当堂检测、批改统计、在线答疑、课堂实录、课后辅导等应用流程。但这一切的完成都必须基于大数据、“云技

术"的支持。没有"云",就不能"睿",无法"易"。基于这个系统的教学,我们称之为"云教学"。

二、"云教学"实践,让变革在行动中实现

信息技术在教育领域的广泛应用,对教育理念、模式和走向都产生了革命性的影响。习近平总书记在 2015 年 5 月的国际教育信息化大会上指出,应用信息技术的发展,推动教育变革和创新,构建网络化、数字化、个性化、终身化的教育体系,建设"人人皆学、处处能学、时时可学"的学习型社会,培养大批创新人才,是人类共同面临的重大课题。

1. 冲出传统课堂的"泥淖",为"云教学"行动实践铺平道路

为顺应互联网+背景下教育教学的最新发展趋势,以科技信息化推动学校教育教学改革发展,2016 年秋学期,我们本着学生和家长自愿的原则,组建了 2 个班共 82 人进行探索实验。开展"云教学"实验,最大的阻力来自于教师、学生和家长思想理念的束缚及技术应用的障碍。我们在实践过程中遇到了许多困惑和困难,但我们坚信:习惯的改变是痛苦的,探索的过程是艰辛的,先进的教育教学技术也是不可阻挡的。"云教学"对教师现代教育技术手段的应用能力有较高的要求,同时因为在实验阶段适合"云教学"的资料匮乏,教师在备课方面要耗费大量的时间和精力;上课时由于技术的不娴熟又经常会卡住,部分教师一怕耽误时间不能完成教学任务,二怕不能保证教学质量影响考试成绩,所以有一定的畏难情绪和逃避思想。与此同时,家长和学生对这一教学新技术手段也心存疑虑,也需要一个接受和认同的过程。针对这一情况,学校进行了充分的思想动员和技术培训,努力消除师生、家长的思想顾虑,扫除使用的技术障碍。

行动是最好的老师。开学前,我们针对"云教学"各个环节可能涉及的操作技术,对师生进行培训,着力缩短师生的技术适应期。学校采取"限时掌握、人人过关"的技术攻关策略。针对实验中存在的问题,我们召开"云教学"研讨会,组织实验班老师相互交流"云教学"技术。研讨交流很关键,因为研讨可以切磋技术,可以凝聚共识,更能提升理念。为此,我们在睿易公司的牵头下,组建了"云教学学校联盟",并正常开展联盟校"云教学"研讨活动。2016 年 12 月 8 日,刘丽华老师代表学校赴江苏省淮洲中学参加联盟校"同课异构"活动,与四川洪雅中学、四川攀枝花七

中、沈阳五十六中、江苏省淮洲中学教师同台竞技,受到了淮安市参加活动教师的一致好评。为了解决“云教学”实验过程中教师遇到的困惑,2016 年 12 月 15 日,我们又组织 20 名教师赴青岛二中观摩听课,与二中教师进行面对面的研究、探讨,教师们受益匪浅,为“云教学”的进一步推广做好前期准备。目前,“云教学”实验班的全部文化学科的 16 名教师都掌握了云教学的技术要领,能娴熟应用云平台独立上课,取得了较好的教学效果。

2. 借力“让学引思”东风,让“云教学”行动驶上快车道

2016 年是盐城市“让学引思”课堂教学改革行动年,也是我校积极践行“三簿四强化”课堂教学范式推进年。传统的课堂教学以灌输为主,学生的学习活动缺失,学习行为是被动的,思维水平是低层次的,表现为“疑似学习”。“让学引思”教学主张就是要彻底改变学生的角色,让学生成为学习的主人。“让学”,就是教师要让出时间和空间,保证学生学习活动正常展开和学习行为的真实发生;“引思”,就是教师要引发、引导、引领学生思考,在形式和本质上保证学生大脑处于积极的思维状态,让学生担当起课堂的主角,让学习真实发生。

盐阜中学是一所普通的三星级高中,学生的文化知识基础和学习行为习惯都有所欠缺。针对现有的校情、学情,我们在反复研究先进课堂改革案例的基础上,提出了自己的课堂教学主张“三簿四强化”。所谓“四强化”,即“进一步强化预习检查环节的落实,进一步强化问题导向意识的培养,进一步强化师生‘动口、动手、动脑’的探究与互动,进一步强化课堂的输出性检测”。为保证“四强化”不落空,学校要求每个学生至少配备以下“三簿”:即“反映个人真实自学情况的预习簿、当堂训练或检测用的练习簿、课后整理心得与收获必备的反思簿(理科或为错题集)”。“四强化”是课堂教学具体的教学手段,也是必须达成的目标,而“三簿”却是保证预习、检测和反思等环节落实和“四强化”实施的技术保证。我们深刻认识到“让学引思”教学理念为课堂教学指明了方向,而“三簿四强化”课堂教学范式则明确了课堂教学的实施路径。但在实践过程中,由于起步摸索阶段的观念缺位及传统教学方法的惯性作用,“怎么让”“如何引”“怎么强化”却一直困扰着教师。“云教学”实验能为自主、合作、探究学习提供工具和手段,更为一直追求的有效教学、高效课堂创造了可能。试行一段时间,实验班师生深刻体会到“云教学”智慧翻转课堂给教师“教”的转轨与学生“学”的转型所带来的巨大作用。

我们将学习过程分为课前自主学习、课堂合作探疑、课后拓展提升三个学习时段。“云教学”实验班师生积极整合“课前预习、课中学习和课后复习”三个环节，努力开展不受时间、空间约束的教学行动，真正使“课堂前置”，建构真正意义上的“云教学”智慧翻转课堂。课前，教师通过云教学平台向同学们系统推送自主学习任务单、微课视频、学习材料等，学生带着问题不受时间、地点的限制，结合课本进行深度预习，并根据任务单及时提交检测作业，代替了过去的“预习簿”。课中，教师依据学生自主学习中生成的问题，根据最新学情推动、引导由同组异质学生组成的学习小组同伴互助、协作学习，让学生有更多的时间进行交流、研讨，充分发挥学习共同体的作用。教师针对学情分层、分类发起课堂检测作业，系统即时反馈学生做题时间和正确率，实时显示每个个体答题的具体情况，教学有了很强的针对性，为“以学定教”带来了可能。课后，系统特有的拍照截屏、课堂实录和在线答疑等功能，为复习巩固提供资源和支撑。“云教学”智慧翻转课堂，学习知识在课前、知识内化于课堂、拓展提升在课后，为学生的学习、思维让出了时间、让出了空间，让学生拥有更多的时间参与探究活动，进行生生互动、师生互动，使教师“能让会引”、学生“真学善思”成为可能，也踏实地践行了我校“三簿四强化”的四个强化，凸现了“云教学”手段的优势。我们将学生作业分为课前预习检测作业、课堂探究巩固作业、课后拓展提升作业。预习作业重在检查双基，学生根据任务单进行自主学习，完成检测作业后主要采用截屏上传在课前发送给教师，准确把握学情，达到“预习簿”作用；探究作业形式多样，可以是口头、板演、课堂检测等，主要完成课前预习和课堂探究生成问题的巩固训练，达到“练习簿”的作用；拓展作业重在培养学生的应用能力和知识的拓展提升，一般使用作业本、反思簿(错题集)书面完成。云技术搭建了全新的信息交流和思维互动通道，实现了师生课堂上的实时互动、全员互动、高效互动，我们总结为“互联网＋预习＋训练＋检测＋答疑＋辅导＋……”，不仅解放了师生，更为“以学定教”和个性化教学提供了坚实基础。

3. “智让慧引”，“真学善思”，让师生体验“云端”学习的快乐

学习的乐趣、思维的活跃，才是学习的真正原动力。“云教学”智慧课堂强调教师要主动、机智地“让”，要睿智、聪慧地“引”，要发生真正的学习，产生真正的思考，要让学生想学、愿思，才能“真学善思”。“云教学”强调“先学后教，以学定教”，努力引领和促进学生的自主学习、主动学习、愉快学习，“教”与“学”的地位及方式产生

了革命性的变革。“云教学”撼动了传统教学“以教师为中心”的课堂根基，真正使教师的角色由“知识的传授者、课堂的管理者”转变为“学习的指导者、促进者”；学生的角色由“被动的接受者”转变为“主动的研究者”。“云教学”实验之所以受学生的欢迎程度高，家长的认同度超出预期，主要在于“云教学”充分发挥了智慧翻转课堂的优势：泛在混合学习、随时协作互动、实时反馈矫正和自主学习的指向性、答疑解难的对应性、思维呈现的即时性、统计分析的精准性、检测评价的针对性。“云教学”智慧翻转课堂的要领和优势就在于，从“先教后学”到“先学后教”，让学生动起来，让课堂活起来，学生从被动学习到主动学习，突显了学生在教学活动中的主体地位，激发了学习兴趣，使学生充分享受到学习的愉悦。

三、“云教学”思考，让实验在探索中前行

我们要不断总结“云教学”实验的经验，借助“云技术”，推动“让学引思”教学理念和“三簿四强化”课堂教学范式落地生根。要加大“云教学”智慧课堂的研究力度，充分发挥学习共同体的同伴互助作用，促进云教学与传统教学的深度融合，减少或消除“为用而用”的痕迹，结合学科特点、课型特点、学习内容灵活应用；要加大“云教学”资源的引进和“嫁接”，依托专业技术力量，积极编撰校本电子教程，加强学习资源多元化的资源库平台建设；着力解决课堂以截屏代替课堂笔记等问题，培养学生整理课堂笔记，及时复习巩固当天所学知识的习惯，努力让整理“反思簿”“错题集”等成为学生课后的自觉行动；同时，我们要做好课后在线答疑和假期网络辅导工作，真正发挥云教学随时、随地学习的优势，为学生的泛在学习提供方便。我们要合理划分课前自主学习和课后巩固提高的时间和任务，控制时间和题量，为学生让出更多的时间和空间。我们既要防止新瓶装旧酒，又要防止完全抛弃传统教学的好做法，努力把“云教学”技术用到极致，让“云教学”在盐阜中学这块试验田上早日结出硕果。

研发“卓越课程”的实践与思考

杨绍国

为进一步深化课程改革，推进素质教育，实现学生有兴趣、教师有成就、环境有改观、文化有品位的理想追求，我校从2015年秋学期起启动“卓越课程”项目的研发，一年多来，取得了丰硕的成果。

一、研发的缘由

课程(Curriculum)一词从拉丁词“Currere”派生出来，原意为“跑道”(Racecourse)或“道路”，也有“沿着跑道奔跑”的意思。既然是“跑道”，则意味有明确的起点、终点和运动轨迹，老师和学生须在规定的轨道上教与学，这就致使在效率提升的同时，学生的兴趣、爱好和个性发展难免会受到束缚，教师也没有自主研发课程的权限。随着时代的发展，传统的课程设置已不能适应社会对人才的需求，也无法体现我校“成人之美”的核心价值追求。科学定位，正确规划，积极探索，寻找适合我校校情和学情的新课程体系就变得迫在眉睫。所谓“成人之美”，是指学校教育的一切活动必须从被教育者的身心需要出发，实施鲁迅先生当年倡导的“恰如其分”的“未来之教育”。如此，仅有“跑道”显然远远不够，还需要“草坪”，需要将知识连“点”成“线”，拓展到“面”，进而延伸为体系。

1.“卓越课程”是“成人之美”核心价值的有效载体

人民教育家陶行知曾非常明确地指出：“今日教育界责任之最重要且最紧迫者，莫若利用教育学解决学校课程问题。盖课程为学校教育之中心，假使课程得有圆满解决，则其他问题即可迎刃而解。”课程建设是学校提升综合办学实力，促进学校内涵发展的一项重要工作，更是优化学生素质结构，促进个体全面发展的核心载体,有什么样的课程结构,就有什么样的素养结构。可见课程在学校教育中处于核心地位,教育的目标、价值都通过课程来体现和实施。我校践行“成人之美”的核心价值,如果不能将课程建设纳入中心工作,势必缘木求鱼。

2. “卓越课程”是文化传承的必由之路

我校是一座有着60年办学历史的完全中学,在课程建设,尤其是校本课程方面曾有过许多创新,“三个一”特色项目(“每人一拍,一手好球;每人一帖,一手好字;每人一本,一手好文”)以及社团课程是我校原有课程突出的亮点。但“三个一”特色项目远没有从自发行为上升为自觉行动,更没有从感性层面上升到理性层面。研发“卓越课程”既是对原有课程体系的继承和完善,也可以进一步激发广大教职员工内在的课程开发潜力,大幅提升学校的办学品位。

3. “卓越课程”是学校砥砺前行的有力武器

在长期的教学实践中,盐阜中学从不满足业已取得的成绩,研究新形势下课程发展要求的同时,我们不断反省自身课程存在的不足:课程结构单调、活动课程零散、教师课程开发意识不强、课程执行僵化。朱永新教授认为:“新教育的课程站住了,新教育就真正地站立住了;新教育的课程体系建成了,新教育的大厦就基本建成了。”上述因素无疑制约了我校参与新教育的深度和广度,课程的丰富性和深刻性决定了教育的丰富性和深刻性。没有新的卓越的课程体系作支撑,我们的“书香校园”打造与“完美教室”缔造也难以落到实处。

二、“卓越课程”体系

我校“卓越课程”建设实行的是校级领导总负责,相关处室分工协作,教师全员参与的工作机制。学校提出“以学生自主学习为着力点,以学校特色文化为生长点,以转变教师角色定位为重点,以校本课程资源整合和开发为突破点,努力实现国家课程校本化,校本课程特色化,活动课程规范化”的总体思路。

1. 国家课程校本化

近年来,受初中毕业生数逐年萎缩等因素的影响,普通高中尤其是三星级及以下普高的生源数量和质量都急剧下降,相对过于艰深的国家课程,不少学生对课程的整体接受能力呈现出严重的不适应性。是不管生源现状继续“照本宣科”僵化地执行通用的学科课程，还是据实际学情对国家课程进行难度、内容方面的适当调整形成适切的教学，对此我们进行了长时间的痛苦挣扎。“成人之美”的核心价值最终启示我们，将“高大上”的国家课程转化为接地气的“我们的”课程，才是对教育规律和常识的真正尊重。

因材施教，切实降低课程难度。新一轮中小学课程改革强调学科综合性，但原有的课程难度并未降低，广度且有进一步拓展的趋势。针对此种情况，学校鼓励教师大胆调整教学的起点和课堂容量，保持适当的教学节奏，坚决杜绝强推硬拉和揠苗助长现象。自 2015 级高一起，我校着手建立专为自己学生服务的新教学资源库；同时，在保留原行政班级不变的基础上，对数学和英语两门学科实施“分层走班”教学策略，教师根据不同层次的学生分层编制教材，重新组织教学内容，确定与其基础相匹配的教学目标。“分层走班”教学策略的实施，降低了“学困生”的学习难度，满足了“学优生”扩大知识面的需求，极大地调动学生学习的主动性和积极性，近几年学业水平测试，我校一次性合格率都在 90%以上。

因地制宜，及时调整课程结构。法国著名教育家卢梭强调尊重儿童的天性时说：“误用光阴比虚掷光阴损失更大，教育错了的儿童比未受教育的儿童离智慧更远。”没有足够的空间，鲲鹏不可能展翅；没有充裕时间，灵魂的伸展和思想的发育也会受到抑制。很多时候，教育的最佳作为是“不作为”，给孩子的成长留下必要的时空。现实的尴尬在于，学生永远有上不完的课，做不完的题，考不完的试。无休止的劳作和忙碌，成年人也会磨灭悟性，孩子就更不可能有思维的灵光闪现。为减轻学生过重的课业负担，我校一方面对各学科课程知识点进行全新梳理，大胆删减过深、过艰内容，同时积极开设学生喜闻乐见的新课，如自 2016 年春学期起，在高三开设音乐和美术欣赏课程；高二年级学业水平测试结束后，根据学生的兴趣和需要，及时开设出《人文与人生》《趣味哲学》《〈红楼梦〉导读》《常用应用文体写作》《游戏与数学》《高中数学常用符号发发展史》《英语观影团》和《英文课本剧》等学科拓展课程。我们还积极挖掘整合本土资源，开好地方课程，如按年级编制环境教育课程，从初一到高三依次为《环境与环境问题》《可持续发展》《我国环境现状及保护》《环境保护与公众参与》《绿色 GDP》和《低碳生活》等，六套环境保护课程教材，实现了课程的系列化和延续性。

承上启下，开发过渡课程。小学升入初中、初中升入高中，对学生而言，不仅是学习要求的一次跨越，更人生道路上的一次飞跃。如何帮助学生适应学段跨越这个过渡期，十分重要。2015 年秋学来，我们在初一和高一年级开设小学与初中、初中与高中语数外三门学科的过渡课程。根据本校学生基础知识不牢的特点，为编写初一、高一过渡教材，我校教师积极跨学段学习。过渡课程的实施时间大约二至四周，因为稳扎稳打，循序渐进，许多孩子在小学和初中阶段缺失的知识得到最快的补充，成功实现小学和初中、初中和高中的自然衔接。

2. 校本课程特色化

在开齐、开足、开好国家规定课程的基础上，我校积极开发校本课程。其基本结构见下图：

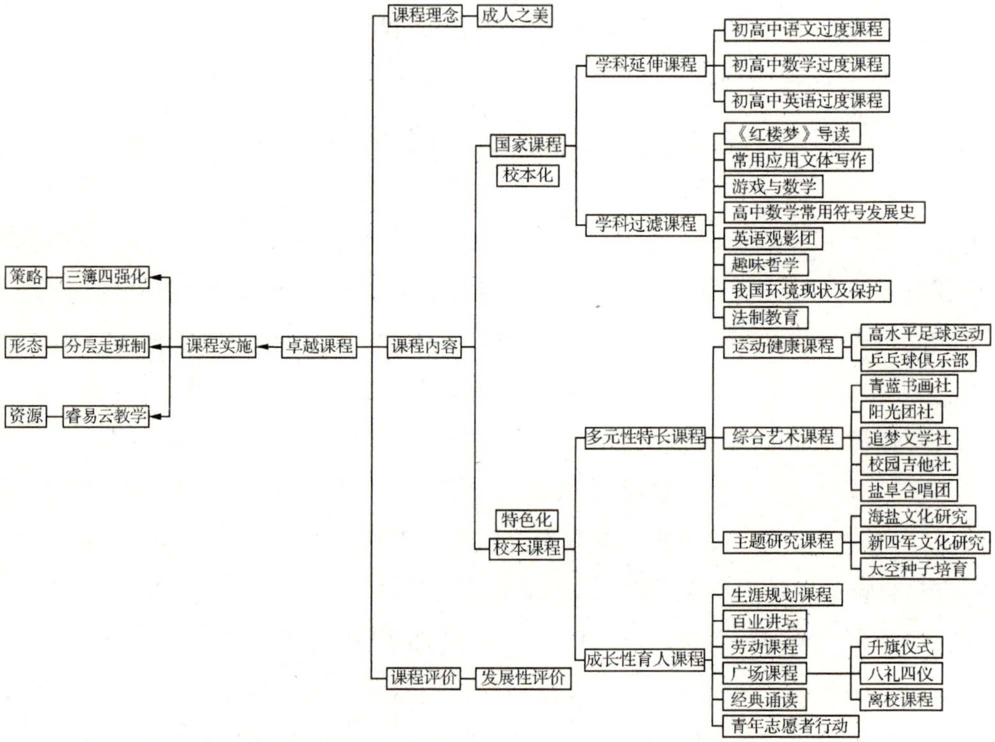

“卓越课程”的核心理念是“成人之美”，这在校本课程这一块，体现得尤为明显。如致力于学生“信念美”的“成长性育人课程”，从“生涯规划课程”入手，辅之以“百业讲坛”“青年志愿者行动”，落实在广场课程、劳动课程、经典诵读上，这些课程旨在塑造学生美好的心灵，形态却春风化雨、润物无声。“百业讲坛”是我校 2013

年起开设的一门社会性课程,学校延请导游、司机、商贩、农技师、民间医生、企业家以及一些学者来到学校、来到课堂、来到那些对社会充满遐想又不无忧惧的孩子当中,开设各自不同的"人生课"。这些社会寻常阶层普通人的平静而从容的叙述,常常让孩子们感动得热泪盈眶。课程深受学生欢迎,也深得家长赞誉,许多家长自愿走上讲坛,成为孩子们的人生导师。

"多元性特长"课程着眼于学生"思维美""体魄美""情趣美"的培养:《海盐文化研究》《新四军文化研究》和《太空种子培植》为代表的主题研究课程,拓展了广大同学的视野,激发他们对科学的巨大热情;《青蓝书画社》《阳光剧社》等综合艺术课程,陶冶孩子身心,培养了他们高尚的审美情趣;《高水平足球》《乒乓球俱乐部》为代表的"运动健康课程",既有鲜明的时代特征,又合乎青少年的兴趣爱好,正成为校内靓丽的"体魄美"风景线。学校乒乓球项目七次夺得全省高中"校长杯"联赛冠军,我校男女足球队2016年双双斩获全市高中"市长杯"联赛冠军。

3. 活动课程规范化

我校乒乓球兴趣小组、合唱队等社团活动,过去形式比较单一,内容也缺乏系统性、延续性,时间不固定。自2015年秋学期起,追梦文学社、青蓝书画社、合唱团、吉他社、阳光剧社等系列艺术社团课程被纳入学校统一的课程表。为使社团活动课程化、主题化、多样化、系列化,校团委精心制定活动课程的课程目标和实施方案,教务处抓实活动课程的过程管理与监控,认真做好测试与评定工作。为确保社团课程顺利实施,效果显著,学校力推发展性课程评价标准,倡导评价方法的多元,关注学生发展的全面,注重学生本人在评价中的作用。活动课程规范化,有力促进了学生的个性发展和综合发展,校合唱团在2015年盐城市教育系统法制歌曲比赛和盐城市中小学阳光体育艺术节合唱比赛中均荣获中学一等奖;追梦文学社5位同学获市级作文比赛一等奖;阳光剧社拍摄的《唠唠叨叨妈妈的爱》荣获江苏省心理剧三等奖。每年校园文化艺术节文艺汇演中,优美的舞蹈、动听的歌声、深情的演讲、悠扬的琴声等都充分展示了我校学生的文化素质和艺术修养,展现了我校学子高雅的审美情趣和朝气蓬勃的精神风貌。

三、实施的基本策略

在构建卓越课程体系的过程中,我校从实际出发,不断创新课程实施的巧策略。

1. “三簿四强化”课堂教学范式

践行“三簿四强化”课堂教学范式是我校基于学生学习自觉性缺失导致学习被动之现状而提出的教学新策略。所谓“四强化”，即进一步强化预习检查环节的落实，进一步强化问题导向意识的培养，进一步强化师生“动口、动手、动脑”的探究与互动，进一步强化课堂“输出性检测”的力度。“四强化”是教学需要达成的目标，为保证目标不落空，学校要求每个学生须配备“三簿”，即反映真实自学情况的“预习簿”、当堂训练或检测的“练习簿”、课后整理思维或心得的“反思簿”（理科可是错题集）。“三簿四强化”旨在改变学生课堂萎靡不振的精神状态，下大气力刺破长期盘踞在课堂之上的教师讲解过剩的泡沫，倡导一种简朴、贴近、务实的教学追求构建自主互助的学习型课堂。

当然，任何一项改变由蓝图到现实，不仅要克服认识上的分歧，更需要路径的指导，抵达成功最便捷的通道是践行。为提炼出各学科实施范式的标准操作模型，学校鼓励一部分优秀教师先尝先试、大胆创新，并请教研人员进课堂点对点跟踪分析。经过一年多的探索，教学范式才在各学科中具备雏形。我们相信，随着“三簿四强化”这个版本未来形态的多样化发展，我校还将开发出“2.0 版本”“3.0 版本”。当下，互联网对世界的改变强烈而迅猛，毋庸置疑也会改变着人们的学习方式，在一个由技术所推进的全新的个性化学习时代，“三簿四强化”教学范式所带动的理念更新、结构优化和思维生成应该能与时代和未来很好地对接，体现出更多的现实意义与历史意义。

2. 分层走班制教学

如何在班级授课制的教育背景下有效地解决学生个体差异问题，真正实现因材施教？本着以“让优秀者更优秀，让平凡者不平凡”的宗旨，从 2015 年开始，我校在原高一年级尝试动态分层走班教学。我们根据学生学业成绩、学习习惯、学习态度等在内的自我测评，再加上家长测评和教师测评，在三方测评的基础上，兼顾学生的意愿，将教学分为 A、B、C 三个层次，分别制定不同的教学目标、课堂教学和学习指导策略，供学生自愿选择。其中 A 班为最低层次，C 班为最高层次，B 班为一般层次。分层走班教学的指导思想是以学定教，教学相长，确保教师的教适应学生的学。班级分层，学案、教案、作业相应分层，评价方式也因层次的不同体现出灵活性。由于课堂教学的内容最大限度地被学生接受，从“要我学”到“我要学”，学生学得更主动，学习的兴趣和热情得到了提高；由于建立了层间流动机制，对进步明显的，提高一个层次，对后退的，要提醒、鼓励，退步大的降低一个层次，学习成绩下降者往往能奋起直追。差异教学强调教学要求与学生的学习可能性相适应，这在一定程度上改变了教师对学生的态度，教师一味责怪学生的现象少了，师生关系更加融洽，学生获得感不断增强。

3. “云教学”试验

所谓“云教学”系以移动互联网技术为基础的教学一站式服务平台和整体解决方案的简称，它借助现代信息技术能实现师生之间、生生之间，课上课下的实时、随地互动交流，为大规模、常态化、全学科课堂翻转、协作学习提供坚实的技术支撑。云教学系统集备课管理、自主学习、检测矫正、在线答疑和学习评价等诸多功能于一体，还能够帮助教师实现教学资源制作、课堂互动实录、多维数据采集等常规投影无法实现的目标。

为促进传统教育与互联网的深度融合，本着学生和家长自愿的原则，我校于2016年秋学期在高一年级组建了2个“云教学”试验班，开启了盐城市首家“互联网+”背景下“云端”学习的先河。我们在实践中遇到了许多困惑和困难，如“云教学”对教师现代教育技术手段的应用能力有较高的要求，“云系统”本身目前适合苏教版教材的资料也相对匮乏，家长和学生对这一教学新技术手段也心存疑虑，因此教师存许多畏难情绪和逃避思想。

行动是最好的老师。我们针对“云教学”各个环节可能涉及的操作技术难题，多次对师生进行“限时掌握、人人过关”的技术攻关培训，着力缩短师生的技术适应期；邀请南京市东庐中学教研处主任徐城老师为实验班老师开设专题辅导讲座；及时汇总云技术的疑难问题，邀请市教育局现代教育技术中心专家、“云教学”技术服务商和实验班老师共同研究解决办法，促进问题的解决和教师技术水平的提高。我们还多次召开“云教学”专题研讨会，组织实验班老师外出学习交流，一学期共计举办校内辅导、研讨10次，外派学习36人次。在平台技术提供方宁波睿易科技公司的牵头下，我们积极参与全国性的“云教学学校联盟”“同课异构”活动，与四川洪雅中学、四川攀枝花七中、沈阳五十六中、江苏省淮洲中学教师同台竞技。半年时间，实验班的文化科16名教师都熟练掌握了“云教学”的技术要领，娴熟应用云平台独立上课；“云教学”更是获得试点班学生的广泛欢迎，学生从被动学习到主动学习，突显了学生在教学活动中的主体地位，激发了学习兴趣，充分享受到学习的愉悦，学业水平较平行班显著提升。

四、研发的效果

基于“成人之美”的核心理念，我校三级二大类五小类“卓越课程”体系，承继学校的传统优势，积极优化结构，创新实施方式方法，取得显著成效。

1. 促进学生的个性发展

在2015年盐城市中小学阳光体育艺术节各类竞赛与评选中，我校张明月同学荣获独舞比赛高中组一等奖，丁义康同学荣获中小学生美术、摄影作品比赛一等奖，董璇同学荣获古筝独奏比赛高中组二等奖，王韵然同学荣获萨克斯独奏比赛初中组三等奖。2016年全市中小学三独和合唱比赛中，严一荻同学获高中组独唱比赛一等奖，张明月同学获独奏比赛二等奖，《喊巴山》《打靶归来》荣获高中合唱比赛二等奖。在第十八届“飞向北京——飞向太空”全国青少年航空、航天模型教育市级竞赛中，我校男子、女子队皆荣获综合团体二等奖，3名同学获个人一等奖，8名同学获个人二等奖，4人获个人三等奖，学校荣获优秀组织奖。在2016年盐城市中小学纸飞机及遥控模拟飞行比赛中，我校女子组获得飞翼三角绕标赛第一名，纸折飞机奥运五环靶标赛第三名，2名同学获个人一等奖，11名同学获个人二等奖，23名同学获个人三等奖。

2. 教师成就感得到提高

由我校老师自主开发的初高中过渡课程、环境教育课程、劳动课程、广场课程、社团课程、百业讲坛等40门课程已成功开设，21门校本课程已编制成书。由王军校长牵头制定的《学校课程规划申报书》在全市中小学优秀校本课程评选中荣获二等奖，并在全省中小学优秀校本课程评选中获奖。我校骨干教师主编的《法律知识读本》已由市依法治市领导小组办公室、市法治宣传教育领导小组办公室编印成册，并作为教材在全市使用。在2016年全市校本课程教材评比中，我校的《趣味哲学》《聆听窗外的声音》和《〈红楼梦〉导读》获得一等奖。

3. 促进校园环境的改观

在盐阜校园，一草一木皆课程，一砖一瓦尽资源。学校将“成人之美”的核心价值观刻石于醒目位置，烙进广大师生的内心；学校楼宇的名称充满盐阜特色和浓厚的文化底蕴，即事楼上“因为认真，所以优秀”充分显示了盐阜人做人做事的态度，嘉纪楼的读书角是师生课余的最佳去处，由学生自己起名并题写的“尚书亭”“致远亭”“崇德亭”是学生上阅读课的理想场所，“百业讲坛”“国学讲堂”“盐阜微论坛”已成为文化的圣坛。

校园飘逸书香，书香浸润成长

——“书香校园”创建工作纪实

汤爱民

近年来，我校围绕“校园飘逸书香，书香浸润成长”这一主题，强化书香校园建设的统筹设计，着力营造书香氛围，研发“书香课程”，健全评价引领机制，努力让校园弥漫书香，让师生员工浸润在书香氛围中，切实改变师生的行走方式。2016 年我校被市教育局评选为盐城市“书香校园示范学校”。学校先后有 2 个省级课题和 7 个市级课题立项，4 篇教师论文获奖；2 名同学被市教育局评为“阅读之星”，13 名同学在盐城市第三届全民读书月盐城市区中小学生现场作文大赛中获奖，4 名教师获优秀指导老师奖。相关做法如下：

一、以氛围营造为支点，打造“书香校园”样式

几年来，我们积极筹措资金，加大硬环境建设力度，切实造浓书香校园氛围。一是搭建校园书吧，让校园处处充满书香。我们陆续搭建了“致远”读书长廊和“崇德”“尚书”亭苑，为学生课间在绿色环绕的校园美景中读书开辟了空间；在办公楼楼层空地上建设了“三味书吧”，古色古香的中国风特色书吧吸引了许多学子课间投身书海，也吸引了大量来校参访的教育同仁拍照留影；用诗文、书画、名言等充满人文气息的语言和图片装点的橱窗、LED 屏、走廊、墙壁、办公室、操场、食堂、宿舍、厕所、绿化带等公共场所，共同构成体现学校特色的书香氛围。二是创建班级图书角，让教室时时充满书香。班级图书角是学生课外阅读最方便、快捷的图书源。近两年，我校新购置图书约 6.75 万元 1 826 册，新增书架 56 个，为每一个班级配备了铁木两式书柜。教室以班级为单位去校图书馆借阅图书并设立专门的图书

角和图书管理员，管理员负责管理和更新图书角的图书，做好“书香班级”的环境布置。三是充实学校图书馆，让图书馆阅览室弥漫书香。近年来，我们在学校 WIFI 全覆盖和网络班班通的基础上，引入电子图书阅读系统，主动适应现代学生掌上阅读的需求，延伸图书馆的服务半径，拓展图书馆的服务效能。同时，我们进一步强化图书馆的管理，为全校学生办理了借书证。图书馆适时举办新书推介会或制作新书进馆海报，向全体师生推荐新书、好书。图书馆全天候开放，全开架借阅；阅览室期刊杂志也适时向师生开放。学校目前拥有纸质图书 68 802 册，生均 70 册，丰富的馆藏图书足够满足师生员工的阅读需求。

二、以内涵建设为重点，研发“书香校园”课程

内涵建设，是书香校园建设的重中之重。我们以研发“书香校园”课程(书香课程)为抓手，科学地、系统地、有针对性地开展“书香校园”建设活动。依托“国家课程”，积极进行学科的阅读渗透，努力让每门课程都融入阅读的因子。同时，积极研发“听、读、说、写”四位一体的“书香校园”系列校本课程。一是开展有声阅读，努力让师生“享听书香”。我们在学生社团“凌云通讯社”下设立校园广播站，利用周一到周五下午大课间时间，播报校园新闻，分享精美短文等；举办“盐阜讲坛”，邀请校内各学科有能力、有特长的教师开设国学经典、专业知识等方面的讲座，拓宽学生知识面；条件允许的情况下，我们还将在我校微信公众号“盐阜文苑”栏目中插入有声阅读音频。二是诵读经典美文，努力让师生“悦读书香”。合理安排早晨、中午和晚自习的闲暇、零碎时间，集中开展“晨诵、午读、暮省”活动，提升学生阅读兴趣；分学段编辑国学经典教程(如诗词)和经典美文教程；结合学校学生学情，降低阅读难度，编印校本经典双语阅读教程，指导学生开展双语阅读；推荐诸如《亲爱的安德烈》等适合亲子共读的书籍，鼓励和引导家长与学生共读一本书，增进相互之间的沟通交流。三是开展主题诵读，努力让师生“乐说书香”。在阅读的基础上，通过年级初赛、学校总决赛的方式，每学期举办一期“诗词大会”，终端展示学生朗读背诵成果，激发学生阅读激情，今后还将适时开展其他主题诵读活动；每学期期中考试后，我们都举办各类读书沙龙，分享读书心得，2016 年我校围绕统一发放的《致教师》《挺直脊梁当老师》《教育的道与术》《聆听花开的声音》《课堂教学与观察》和《忠告中层》等书籍，共举办大型“干群共读、师生共读、家校共读”读书报告会 4 场，开

展读书征文、读书主题演讲会等活动11次；在亲子共读的基础上，举办“朗读者”活动，讲述家庭教育故事，搭建家长和学生文化情感交流的舞台，密切亲子关系。四是开展阅读反思活动，努力让师生“静写书香”。践行之后是安静的反思，反思成果的展现形式是写作。我们以微信公众号为载体，引领师生积极开展写作，鼓励师生利用微博等电子或纸质媒体，书写学习心得和读书笔记，记录思想碰撞的火花与足迹。过去的一年，我们分别有36人次在学校微信公众号“盐阜人在海外”和“盐阜文苑”栏目上发表随笔，其中多篇随笔被市教育局微信公众号“师者文苑”栏目转载。今年，我们还在微信公众号上开辟了“学法指导”栏目，鼓励师生就各学科学法进行写作。

三、以评价考核为抓手，引领“书香校园”发展

评价考核具有先导性。我们聘请上海银行专业人员担任阅读银行“荣誉行长”，指导阅读银行按照规范化程序操作。阅读银行总行设在学校办公室，图书馆、年级、班级设立分行和支行。每名学生人手一本“阅读存折”，当同学们将最近阅读的内容向班主任或相关科任老师讲述并附老师签名后，可将阅读量像钱一样存入“阅读存折”，存折账号和用户名均与学生的学号和姓名对应。写作成果也折换成阅读量存入“阅读存折”。我们辅以“银行存款”兑换书本和“最佳储户”等的评选活动，有效地规避了虚假阅读以及读书积极性随着时间的推移逐渐走低的问题。试行一学期后，图书馆图书的借阅量大幅提升，部分老师写作量也比较凸显，仅第三党支部一个支部的老师2016年就书写各类随笔文章82篇。

四、以组织建设为依靠，保障“书香校园”建设

为确保书香校园建设有序有效开展，我校专门成立了“盐阜中学书香校园建设领导小组”，并设立创建办公室，全面指导协调书香校园建设活动。在年初预算中编列图书购置和相关活动所需经费，制定《盐城市盐阜中学书香校园建设实施方案》，细化学科、班级阅读计划及读书活动方案。我们从思想上提高全校师生对“书香校园”建设的认识，采取长远规划和近期目标相结合的方法，逐步引导师生把读书变为个人的自觉行动。建立了读书活动指导网络，指导全校读书活动的开展，制订相应的评价和激励保障制度，充分调动全体师生参与读书活动的积极性和主动

性。思想与行动相统一，制度与职责相结合，为书香校园建设稳健推进提供了有力的保证。

只有被书香深深氤氲过的人，才能轻舟过万重山，去赏阅万千春色。在盐阜中学，阅读之于师生的意义，恰似呼吸之于生命。目前，我校的书香校园建设正处于“氛围营造”阶段向“内涵建设”纵深推进的新阶段，我们正在积极研究制定《盐城市盐阜中学关于进一步深入推进书香校园建设的实施意见》，统领学校新一轮书香校园建设行动，努力让校园成为师生喜爱的学园、乐园和书吧。

每月一事：养成终身受益的好习惯

韩　飞

“播种一种行为，收获一种习惯；播种一种习惯，收获一种性格；播种一种性格，收获一种命运。”开展“每月一事”项目，就是以每个月一个主题的形式让学生有重点地养成一种终身受益的好习惯，从而“过一种幸福完整的教育生活”。“每月一事”是新教育实验深化“六大行动”的又一个重要载体，也是诠释“只要行动，就有收获”哲学内涵的新实践，所以一经提出就受到各基层学校的热烈欢迎。

作为一所普通的完全中学，我校深知教育每一位盐阜学子养成良好习惯的重要性。2016 年，新教育人聚首山东诸城，商讨如何培养学生的核心素养、推进“每月一事”项目时，王军校长亲自率队参会，认真学习朱永新教授为大会所做的主题报告，观摩兄弟学校开展“每月一事”活动的做法与经验，为我校开展“每月一事”项目打下了坚实的基础。

一年来，我们的基本做法如下：

一、《手册》指导，科学规划

组织全体年级主任和班主任认真学习《新教育实验“每月一事”项目操作手册》，了解“每月一事”项目操作具体流程，并结合本校既有初中也有高中的实际，科学规划整个学年的“每月一事”主题。这十二个主题紧扣校情和生情，有很强的针对性。如：九月份学生刚开学，重文明规范教育，所以主题为守规；三月份最后一个星期一为全国中小学生安全教育日，所以三月份的主题为安全；六月份有中考和高考，则强调自信教育等。对于“每月一事”的落实，政教处参考操作手册，并结合学校初高中学生不同的年龄特点，每月在共同的主题要求下做不同的小事。从反思开始，学会自省；从孝敬开始，学会感恩；从勇敢开始，学会自信；从运动开始，学会健身;从诚信开始,学会守规;从护绿开始,学会环保;从鉴赏开始,提高审美。

二、规范操作,注重实效

政教处严格按照“每月一事”的流程要求,认真操作,力求主题背景、主题阅读、主题实践、主题展示、主题反思五大板块月月得到落实。每个主题月的活动计划必须在上个月月底前完成,经校长室审阅后于月初发到各班。每月的活动计划中包含这样几个必做项目:一张宣传海报、一次国旗下讲话、一期黑板报、一次主题班会,而班级活动则由班级自主决定。为了使每项活动落到实处,政教处不仅在设计每项活动时注意避免假大空,而且在落实活动时定时间、定地点、定责任人。同时,每项活动都坚持进行评比,评比结果作为班级德育考核的重要依据。政教处全程参与学校主题教育活动,有活动记录,有活动拍照,有活动考核,有台账资料。每月活动结束后,都将进行总结表彰,表彰各个活动中表现突出的班级和个人,并汇编台账资料,并将活动照片在电子屏上滚动播放。通过这样的操作模式,班级竞争激烈,你追我赶,学生个体经常有崭露头角的机会,参与热情高涨。

三、学生主体,教师主导

鉴于我们的学生已经是初、高中学生,我们注意在每月的主题教育活动中积极培样学生的自主管理能力,充分发挥学生的主体作用,班主任老师则起着指导、参谋和督促的作用。每月的主题教育活动计划除了发给班主任外,还召开班长会议,明确要求,明确班长是班级活动的责任人,要求班长科学落实。可以说,我们学校布置的每项活动,从策划,实施,到总结都由学生去完成。我们的主题班会的课件都是学生们的杰作,制作精美,内容丰富,富有教育意义,又不失时代气息。教师的主导作用更多地体现在把握方向、确保安全、提供资源支撑等方面。

四、尊重天性,正确引导

在项目开展的过程中,我们正确处理习惯养成与天性的关系。现在有的做法虽然致力于培养学生良好习惯,却忽略了学生的天性。如初中生本来好动、好玩,天真活泼可爱,但是有的学校出台了很多苛刻的要求,不允许学生在校园跑跳打闹,不允许学生在室外大声喧哗,等等。这些做法不是让学生养成良好习惯,而是奴化学生,让学生顺从,剥夺孩子玩耍的权利。因此,在培养学生习惯时需要处理好习惯与天性的关系。不能以培养习惯为名让学生太听话、太顺从，从而失去个性。在我校下午三节课下的大课间活动中，你会经常看到老师和学生一起打篮球、打羽毛球等。因为有了老师的参与，学生在活动中就不会违反纪律，更不会说脏话和发生口角等。长期坚持下去，学生就养成了遵守公共场所秩序的良好习惯。

五、家校携手，珠联璧合

良好的习惯养成需要家庭和学校形成合力。新教育实验 2016 年诸城年会上，大家谈到一个重要的观点，就是家庭在培养学生习惯方面的作用。离开了良好的家庭教育，学生的习惯不易养成。如学生的生活习惯，就是在家培养起来的。有些孩子的父母不注重个人修养，习惯不好，直接导致孩子没有好习惯。家庭是孩子第一所学校，父母是孩子的第一任老师。没有父母的正确引导和教育，学生不会有好习惯。因此，我校充分发挥新父母学校的宣传教育功能，在教育好学生的同时，也经常把家长组织起来进行家庭教育培训，让父母用积极的力量影响自己的孩子，让孩子从小养成好习惯。

六、坚持不懈，习惯终成

新教育提出“只要行动，就有收获；只要坚持，就有奇迹”。习惯的培养也需要坚持。推进“每月一事”是一项大的工程，因为每个月都要去做，每个月都要有成效，这就需要坚持的力量。一定要牢记，只要学生养成良好的习惯，成绩不是问题。但是现在有些老师还是把目光放到学习上，对于习惯的养成重视不够，虽然开展“每月一事”，但是由于任务量大，有些老师坚持不下去。学生要养成的习惯很多，但是这些习惯的养成不是一蹴而就的，需要慢慢培养，需要坚持不懈。科学研究证明，一个人习惯的养成需要 21 天时间，最多需要 49 天，因此，只有各方形成合力并坚持不懈，才能够使学生养成好习惯，成就好未来。

新教育实验在我校开展时间不长，但取得的成绩却非常显著，变化也是非常明显的。乱扔垃圾的学生变少了，课间看不到追逐打闹了，校园里经常听到“老师好”“您好”等礼貌用语了。我们相信，在市教育局的正确领导和大力支持下，我校紧紧抓住提高学生综合素质这个核心不放，以习惯养成为切入点，培养学生的核心素养，扎实推进“每月一事”主题教育活动，新教育之花一定会在盐阜校园开得更艳。

附:

盐阜中学"每月一事"主题教育活动列表

每月一事	习纲主题	目标指向	习目专题	事名举例
一月	自省	善反思	回顾	1 月,让我们回顾过去一年的得失
			计划	1 月,让我们好好规划新的一年
			微笑	1 月,让我们微笑面对一切人和事
二月	友善	会交往	礼貌	2 月,让我们懂得讲礼貌
			合作	2 月,让我们成为好朋友
			习惯	2 月,让我们养成良好的习惯
三月	安全	要记牢	教育	3 月,让我们一起接受安全教育
			演练	3 月,让我们一起参加逃生演练
			宣传	3 月,让我们做安全宣传的使者
四月	环保	做好事	卫生	4 月,让我们做个干净的孩子
			护绿	4 月,让我们去种树
			生态	4 月,让我们学会垃圾分类
五月	感恩	有爱心	孝敬	5 月,让我们给母亲写封信
			尊他	5 月,让我们为师友做件事
			爱国	5 月,我爱祖国的十个理由
六月	自信	我能行	乐观	6 月,让我们受了委屈不生气
			勇敢	6 月,让我们勇敢迎接中、高考
			进取	6 月,让我们一起成为优秀毕业生
七月	健身	惜生命	运动	7 月,让我们一起锻炼去
			健康	7 月,让我们按健康的作息生活
			坚持	7 月,让我们天天跑步
八月	勤劳	爱劳动	自理	8 月,让我们学会做家务
			敬业	8 月,让我们认真护校
			创造	8 月,让我们在暑假中进行发明创造
九月	守规	重原则	守时	9 月,让我们新学期按时上学不迟到
			守法	9 月,让我们不闯红灯
			诚信	9 月,让我们做错事情不说谎
十月	阅读	乐求知	阅读	10 月,让我们快乐阅读
			写作	10 月,让我们专注思考
			质疑	10 月,让我们挑战大师
十一月	节俭	讲俭省	节约	11 月,让我们节约每一粒粮食
			节制	11 月,让我们完成学习任务后再玩耍
			俭朴	11 月,让我们学会爱惜旧物
十二月	审美	懂艺术	感受	12 月,让我们学唱一首歌
			鉴赏	12 月,让我们欣赏一幅书画作品
			表现	12 月,让我们一起参加校园文化艺术节

“盐阜微论坛”：教师成长的摇篮

郑恒茂

教师是立教之本，兴教之源。一个教师如果把主要精力只用于日常教学事务中，久而久之，不仅会让自己在学校读书时得到的那点东西，在岁月长河的淘洗中淡去，有时甚至连适应教学都很困难，教师的专业化发展会始终停留在传统教育理念之中。所以，师资队伍建设始终是学校工作的要点之一。

细究教师的专业发展，我们发现，它大致需要经历从角色适应、经验积累到专业成熟几个基本阶段。要让教师平稳走过这几个阶段，离不开学校的悉心培育，离不开教师步步留痕的实践。现代教育强调尊重个性，正视个性差异，鼓励个性发展的思想，与我校多年来所践行的“成人之美”教育思想完全一致——帮助“每一个天使”长成自己“应有的样子”，而不是“希望的样子”。这个理念不但为学生的个性成长创造条件，也为教师的多样化、个性化成长提供了依据。

正是基于这样的认识，我校精心搭建了校本教师成长平台——“盐阜微论坛”，以给广大教师一个自由发声，相互砥砺的空间，从而促进教师专业发展的多样化和个性化。

一、群策群力搭建平台

任何学校都应该是有文化的，站立在学校文化中央的人，既有作为个体存在的、有着自身认同与自身完整的独立的人，又有作为群体存在的、有着普适价值追求与共同发展愿景的团队中的人。而人的成长，需要唤醒与推动，也需要抓手与平台。鉴于我校中青年教师日益增多，中青年教师队伍不断壮大的现状，校长室决定为教师开辟了一个新的研讨平台——“盐阜微论坛”。2013 年 2 月 21 日，我校“盐阜微论坛”在校图书馆五味楼学术报告厅正式开坛。从此，每周四的晚上就成了同仁们聚在一起畅谈教育教学方方面面的节日。

"盐阜微论坛"的总体研讨思路是"一个主题，多个视角"。所谓"一个主题"，即立足课堂，把研修课堂作为教师专业成长的主基调；"多个视角"即是以每月阅读、理论学习、培训反馈、谈说评议、反思总结、网络教研、沙龙研讨等为内容的辅助策略，全方位促动教师专业发展。

学校教研处根据每个月的工作重点，开出话题清单，邀请工作突出的教师介绍经验，或抛出话题引发争论，以辩论的形式探讨和解决工作中的难题。每个年级组、每个教研组、每个备课组，甚至教师个人，都可以申请开坛，可以围绕目前教学困扰、管理难题谈谈自己看法，听听别人建议；也可以将自己学习新得、工作技巧等与大家分享。同志们不仅讲理论，也讲实际操作，如有针对新教师的"怎样备课、怎样上课""怎样出卷，怎样批改作业""怎样做个课堂上的'懒老师'""我们的数学课怎么上""高考复习策略研讨"等基础性命题；也有各类经验介绍，如"聆听窗外的声音""班主任经验大家谈"；另外还有系列论坛"寻找富有盐阜特色的有效课堂""我们的'三簿四强化'课堂教学范式"等话题。教师们还主动申请开坛："如何写好粉笔字""如何上好微型课""《放牛班的春天》大家谈""从语言的角度提高课堂教学实效""小诗鉴赏""如何进行教学反思"，等等。"与阅读同行，以书香为伴"的主题也已经多次开坛，《致教师》《课堂观察》《孩子，把你的手给我》《教育的道与术》《挺直脊梁当老师》《忠告中层》等读书交流会效果显著。

因为是"微"论坛，切口小、研究细，大家都有话可说；又因为有"论"，自然有交锋，反思就在你来我往的辩论中生成了。几年来，"盐阜微论坛"成了常规教研活动的补充，又给教研活动增添了动力，已然成为我校教师专业发展的一块招牌。

"微论坛"虽微，但"制度考核"也是少不了。我们结合学校教师发展五年规划的相关内容，专门制定了教师参与论坛活动的考核评价方案及评价标准，并纳入教师日常目标考核当中。为鼓励更多同志积极参与论坛活动，学校对发展诉求强烈的教师优先提供培训和学习机会。

"操千曲而后晓声，观千剑而后识器。"所谓"论"，只有转化为成功的教育教学实践，才有现实的价值。为了实施高中数学、英语两门学科"分层走班"的教学形态改革，学校多次组织广大教师讨论"因材施教"这个话题，教研处牵头召开教研组长和备课组长的专题研讨会，多次分析学情和教情，研讨分层走班的理论建构和实践依据。在多次研讨和争辩中，“分层走班”的框架慢慢成型，其组织建设、动态管理、座次安排、作业辅导、自习安排、学情反馈等具体细节不断得到优化。因为我校的“分层走班”教学采取教学目标分层、学生能力分层、预习分层、作业分层、考试分层、评价分层等策略，课堂教学内容最大限度地贴近了学生的最近发展区，再加上建立了层间流动机制，学生学得主动，学习兴趣也大大提高。此外，差异化教学强调教学要与学生的学习可能性相适应，教师更认真地对待课堂教学的各个环节，分析学情，更新教学观念，改进教学策略，教师一味责怪学生基础薄弱的现象少了。

二、精采百花酿佳蜜

微论坛开设了一段时间后，我们发现，争论中我们的思路不够开阔，解决问题的心情过于迫切。静下心思考后意识到，关起门来的发展不是真发展。我们需要“走出去，引进来”。

眼光一旦放出便豁然开朗。学校积极创造条件，鼓励教师不断自我完善。一是鼓励教师积极参加省、市各级优质课及论文评选活动；二是选派骨干教师参加省内外各类教育教学研讨活动；三是鼓励教师外出进修，提升师资队伍的学历结构。学校在办学经费相当紧张的情况下，挤出适当经费，支持教师参加研究生课程班、本科函授等进修学习，开阔教师视野，拓展能力结构。四是联合相关处室搭台子，压担子，大胆使用年轻同志，让他们承担教研管理和毕业班的教学工作，使他们在一线的岗位上经受锻炼。

我们用“走出去，请进来”的方式，不断引来源头活水。学校安排老师到安丰中学学习，带回来《尊己 尊生 尊道》的报告；组织“云教学”实验班的老师们赴青岛、淮阴交流，推进云教学改革的不断深入发展。我们还陆续邀请了盐城市教育科学研究院马群仁副院长、建湖县上冈实验初级中学张书军校长、盐城中学特级教师李仁甫老师、盐城市初级中学优秀班主任王娟老师、江苏昆山国际学校刘恩樵老师和海门市海南中学殷卫娟老师，来校授课或分享他们的教学智慧。通过视频走近名师课堂，观课议课，也是盐阜微论坛日常的活动方式。南京师范大学心理学系教授、博士生导师赵凯先生的报告《播撒爱的种子 班级茁壮成长》、著名特级教师魏书生的课堂实录曾给教师们极大的精神震撼和艺术引领……

2015 年下半年，我校的“三簿四强化”教学范式已具雏形，为了进一步论证其科学性，我校邀请市内外的专家和校内教师共同召开专题论证会。论证会上，我校教师不仅汇报了学科落实“三簿四强化”范式的具体方案，同时积极与专家对话，理论素养也得到新的提升。近年来，我校的 3 个江苏省教育科学“十二五”规划课题都顺利结题。2017 年，我校又一个省教育科学“十三五”规划课题、7 个市级课题获得省市科研部分的立项。

2016 年秋学期伊始，我校率先在高一年级尝试进行“云教学”教改试点。“云教学”对教师现代教育技术手段的应用能力有较高的要求，在实验阶段，适合“云教学”的资料也相对匮乏，教师在备课方面要耗费大量的时间和精力，因此，开展“云教学”实验最大的阻力来自于教师、学生和家长思想理念的束缚和技术应用的障碍。为了“云”的顺利升腾，学校借助“微论坛”平台，反复组织研讨与培训，及时汇总“云教学”实施的种种疑难问题，促进问题的解决和教师技术水平的提高。2016 年 12 月 8 日，我校刘丽华老师代表学校赴江苏省淮洲中学参加联盟校“同课异构”活动，与四川洪雅中学、四川攀枝花七中、沈阳五十六中、江苏省淮洲中学教师同台竞技，受到了淮安市参加活动教师的一致好评。2016 年 12 月 15 日，我们组织 20 名教师赴青岛二中观摩听课，与二中教师进行面对面的研究、探讨，汇聚八方资源，潜心苦练内功。目前，“云教学”实验班的教师个个都掌握了云教学的技术要领，能娴熟应用云平台独立上课，教学效果显著。

三、前进路上共享芬芳

以“微论坛”为载体，在坚持教师多样化、个性化成长的理念指导下，我校积极组织各种以骨干教师为主体的发展团队，促进合作学习氛围的形成。

我们不断优化教研共同体的内部组合，合理搭配初、高中各年级教学人员的结构：(1) 年龄结构上，要使各年级各学科老、中、青三个层次合理分布，有一个适当的比例；(2) 业务结构上，确保每一个备课组都有一定数量的业务骨干和把关教师，教学新手要适当分散；(3) 人际关系上，保证每个备课组的几位同志有良好的协调性、相容性；(4) 领导结构上，尽可能保证每个年级都有校领导结合，都有一到两名中层任课，确保每个年级有一名较为得力的中层兼任年级组长。优化组合既保证了学校师资的合理利用，也为培训更加贴近教学细节、贴近教师最近发展区提供了良好的空间。校内所有教师，无论是年轻教师还是有经验的老教师，都在我们的“主场”成长着。

我们举行青年教师与老教师的师徒结对仪式,签订教师结对协议书。学校要求所有青年教师教学进度比老教师慢一节,听一节课上一节课。实践证明,听课是速效丸,可以迅速地缩小青年教师与老教师之间的业务差距。为了进一步挖掘学校现有资源,进一步发挥老教师、优秀教师的传、帮、带积极作用,学校对老教师、优秀教师提出每学期要上全校示范课的明确要求。老同志业务水平的不断提高,整体推动青年教师群体的成长、成熟,起到水涨船高的促进作用。

目前,我校教师队伍优良,150 多名教师中,有教授级高级教师 1 人,特级教师 2 人,盐城市名教师 1 人,辖县市学科带头人、市教学能手达 39 人之多。

“君子成人之美”。盐阜人在践行“成人之美”的道路上,用自己踏实的行走,为“成人之美”教育理念的落实奠定了坚实的人才基础。

普通高中动态分层走班教学的实践与思考

戚仕明

《国家中长期教育改革和发展规划纲要(2010—2020年)》指出:“注重因材施教,关注学生不同特点和个性差异,发展每一个学生的优势潜能。推进分层教学、走班制、学分制、导师制等教学管理制度改革。”就我校的学情而言,分层走班教学能使所有学生达到学科课程规定的基本要求,使所有学生从知识、技能和能力等方面得到普遍提高。本着以“让优秀者更优秀,让平凡者不平凡”的宗旨,从2015年开始,我校在高一年级尝试动态分层走班教学,成效显著。

一、分层走班教学的背景分析

一直以来,学校的教学活动是以班级为单位展开的,三年的时间,学生是在固定的班级中完成自己的学业。基本固定的老师、同学以及教学环境固然有它自己的优势,而且也是目前常见的传统模式,但学生在教学过程中的表现却是千差万别的。在固定的班级上课,会出现班级里学生成绩参差不齐,导致“学优生”吃不饱,“学困生”吃不了。

如何在班级授课制的教育背景下有效地解决学生个体差异问题,真正实现因材施教?为践行我校“成人之美”的核心价值观,深化学校教学改革,充分凸显学生学习主体地位,让学生有选择学习、探究学习的空间,促进学生全面发展,我校针对学生“吃不饱”和“吃不了”的现状,积极探索新形势下课堂教学的改革,决定选择数学和英语两门学科首先实施分层走班制教学试验。

我校为三星级普通高中,生源质量一直不太理想。每年招收的学生中,大部分是基础知识薄弱的学生，另外还招收各类艺体类特长生。学生基础参差不齐，又存在能力差异，导致不同学生对知识的领悟与掌握能力的差距较大。以我校 2015 级高一学生中考成绩为例，数学最高分 140 分，最低分 80 分；英语最高分 134.5 分，最低分 40（含听力 30 分），学生基础差异非常明显。另外，学生所处的文化环境、家庭背景及由此产生的行为习惯不尽相同，学生与学生之间的基础差距越来越大。这给我们的教学，尤其是给数学、英语学科教学带来了一定的难度。但随着高校招生人数的增加，以及社会对优质教育资源的渴求，学生将来面临的选择越来越多，毕业去向也更加多元化。如果还是按照以往统一的要求来实施教学，就会忽略一部分学生的发展，势必导致内部分化更加严重。

面对这些情况，为了让不同层次的学生得到最优发展，更好地贯彻课堂教学的四大原则，即方向性原则、循序渐进原则、量力性原则和因材施教原则，尤其是因材施教原则，就势必要打破传统的教学模式，进行针对性、科学性、可行性的分层走班教学模式，这既是全体学生共同进步的一个有效措施，又是把因材施教落到实处的一种有效方式。

二、分层走班教学的基本实践

（一）分层走班的班级管理策略

1. 组织建设

相对于行政班而言，分层走班的班级称为教学班，班内设一位班长，负责上课点名、维持纪律和日常的卫生监督等工作，对课堂上出现的问题如实记录并及时向对应行政班班主任汇报；每个教学班各科均设多个课代表，且分别来自不同的行政班，负责收发原行政班同一层面学生的作业、加强与老师的信息交流等工作，学生的日常组织管理工作仍然由原行政班班主任负责。

2. 动态管理

新教学班的学生实行动态管理。在学期期中测试后，根据学生的实际情况，结合班主任和任课教师意见及学生意愿，将对部分学生调整层次，实行“微调”。成绩进步的学生可以升层，成绩退步的学生必须降层，不存在“一劳永逸”的“C 层生”，也不存在“一锤定音”的“A 层生”，不将学生标签化。

3. 座次安排

教学班的学生要在指定班级的指定位置听课，由年级组统一安排好各班的座次，注明姓名和行政班所在的班级，以便管理。新教学班学生在走班期间，不得翻动其他同学的物品，如有损害，将严肃处理。

4. 作业辅导、自习安排

学生自习课在行政班进行，由年级统一安排辅导老师。每周安排一天晚自习按照教学班分两节课由相应任课老师辅导，其他晚自习仍在行政班上，由年级统一安排值班老师。

5. 学情反馈

每个教学班内各行政班学生的出勤情况、听课状况由本节课任课老师负责，如实记录并及时向行政班的班主任反馈，使班主任及时了解学生情况，更有效地开展工作。

(二) 分层走班的教学实施策略

分层走班教学的指导思想是:教师的“教”要适应学生的“学”。分层教学与传统的分快慢班有着本质的区别。以往重点班、普通班是以学生的总成绩划分的，往往通过一般性的考试进行选拔，而分层教学就是根据学生学业成绩、学习习惯、学习态度等在内的自我测评，再加上家长的测评和教师的测评，在三方测评的基础上兼顾学生的意愿来实施的。从教学目标、课堂教学到学习指导到评价，学案、教案、作业都实现了分层。按照《课程标准》所要达到的基本目标、中层目标、发展目标这三个层次的教学要求，将学生相应依次分为 A、B、C 三个层次，其中 A 层次为最低层次，C 层次为最高层次。

1. 分层目标策略

教学目标确定的正确与否，是分层教学能否顺利实施的关键。制定教学目标，既要以教材为纲，又要针对学生原有的知识水平和智能差异作科学、合理的补充和调整，兼顾到各层学生“学习可能性”和“最近发展区”，对不同层次学生设置不同目标，具体方法和内容在教学案中加以设计，使我们的教学有的放矢。各个层次的目标设置，要注意以下三点：第一，要考虑不同层次学生的实际情况，落实学习目标时要体现学生的个体差异，以“学优生吃得饱，中等生有进步，学困生吃得了”为宗旨；

第二，无论对于哪一层次的学生，给他们设立的目标都应在他们最近的发展区，不能借口差异，降低要求，迁就低水平；第三，不可以要求学生只停留在识记，了解层面上，对C类学生要进行适时的、必要的思维要求和训练。

2. 分层教学策略

教学要适应各层次学生的差异，就必须进行分层指导。要以"面向全体，兼顾两头"为原则，以《课程标准》《考试说明》为依据，根据教材的知识结构和学生认知能力，将知识、能力和思想方法融为一体，合理地制定各层次学生的教学目标，并将层次目标贯穿于教学的各个环节。对于教学目标的五个层次(① 识记；② 领会；③ 简单应用；④ 简单综合应用；⑤ 较复杂综合应用)，设计了不同层次的学生要求，A层学生达到①—③，B层学生达到①—④，C层学生达到①—⑤。可遵循A层"要兜底"、C层"要升华"的原则。A层学生降低起点，保证完成考试说明60%的要求；B层学生保证完成考试说明70%的要求；C层学生要完成考试说明80%的要求。具体如下：

【A层】教学目标：侧重于知识掌握。在老师的指导下，初步养成良好的学习习惯，以掌握国家全日制义务教育课程标准内容为目标，采取降低起点，放缓坡度，逐步提高的方法，激发学习动机和学习兴趣。通过老师的辅导和学生自身的努力，能掌握《课程标准》上所要求的基础知识和基本技能，从而有机会进入B层的学习。

【B层】教学目标：侧重于方法指导。在学习过程中注重学法指导，培养良好的学习习惯和思维习惯，初步形成自主学习能力，注重落实双基。牢固掌握课本知识，通过老师对课本和一定补充内容的精讲，并在学习中逐步提高自学能力，从而努力向C层递进。

【C层】教学目标：侧重于能力培养。初步形成自主学习教材的能力，充分预习完成课本及补充练习的基础练习部分，上课以精讲核心内容和方法为主，进一步提高学生解决开放性、探究性等问题的能力，并培养灵活、高效、有创造性的运用知识、方法解决各种问题的能力，重在启发点拨。

3. 分层预习策略

针对学生具有的阅读理解能力，学习的目的性、自觉性等特点，教师以《课程标准》的要求，把握其弹性，根据已定的教学目标，明确提出各层次的预习目标，指导学生掌握正确的预习方法。

【A层】学生主动复习旧知识，基本看懂预习内容，试着完成相应的练习，有困难时主动寻求教育学习伙伴，带着疑问听课。

【B层】学生初步理解和掌握预习内容，参照课本中的示例自行推演论证，并据此完成练习，遇阻时，能自觉复习旧知识，能主动求教或帮助他人。

【C层】学生深刻理解和掌握预习内容，能独立完成相应的练习，力求从理论和方法上消化预习内容，并能自觉帮助其他层次的同学。

4. 分层作业策略

分层作业是分层教学的一个重要环节，基本上按照学生的层次将作业分成三种类型：基础题(补缺题)、提高题、拓展题。基础题是难度较小的属于全体学生都必须掌握的，落实双基的题目；提高题是在基础题上，稍稍向纵深两个方向扩展，增加联系实际的题目或题目的类型稍有变化；拓展题是综合性较强、难度较大的题目。

【A层】完成基础性作业，并同时独立完成老师有针对的补充不同类型的基础题。题目的设计要简单些，梯度缓一点，能掌握主要的知识，学习基本的阶梯方法即可，重在培养基本的能力。

【B层】以基础题为主，同时配有少量略有提高的题目(课后习题)，独立完成老师的补充习题，设计的问题应难度适中，要求学生能熟练掌握基本知识，灵活运用基本方法，发展理解能力和思维能力。

【C层】基础性作业和有一定灵活、综合性的题目(课后复习题)各半。C层的学生要设计些灵活性和难度较大的习题，要求学生能深刻理解基础知识，灵活运用知识，培养学生的创造力和创新精神，充分发展学生的个性特长。

5. 分层考试策略

根据教学目标实行“分层式”测试，各个层次考题不同，即“一卷三层”，就是一份试卷中分为A层必做题，B层必做题和C层必做题。第一层次为知识的直接运用和基础试题，是全体学生的必做题，占试题的60%左右；第二层次为中档题，以B层学生能达到的水平为限，B、C两层次的学生必做，A层次学生选做，占试题的20%；第三层次为能力题，以C层学生能达到的水平为限，C层次学生必做，A、B层次的学生选做，占试题的20%。第二、三两层次的题目为选做题，对应分值仍为基础题，供A层次学生完成。这样可使C层学生有练习的机会，A、B两层学生也有充分发展的余地，都能享受到成功的喜悦，因而激发学生的学习兴趣。

每半学期根据阶段性检测和期中、期末考试成绩，考查学生阶段递进效果，为动态分层提供部分依据。在试卷设计上，注意顾及教学目标和学生学习可能性水平的达成度，基础题(补缺题)、提高题、拓展题形成梯度。考试质量分析体现出激励性。

6. **分层评价策略**

(1) 学生评价策略

层次	课堂表现	课后表现	小组表现
A层	学习态度端正，有目标；课堂上基本能集中精力，有一定的学习热情；能参与课堂教学活动，呈一定的进步趋势	完成本层次作业，进行一定的复习巩固	对学习有好奇心，能跟着他人参与小组学习活动；与他人合作，乐于接受他人的帮助；能感受成功带来的喜悦。人际关系良好
B层	学习态度端正，有一定的目标；课堂纪律良好，有较高的学习热情；主动参与教学活动，课堂反应良好，主动回答问题	完成本层作业，并做好复习巩固工作	对学习有好奇心与求知欲，积极参与小组学习活动；能与他人较好地合作，较主动地寻求学习上的互相帮助。人际关系和谐
C层	学习态度端正，有明确的目标；课堂纪律良好，有较高的学习热情；能积极思考，发现问题、提出问题，进行自主学习和反思学习	完成本层次作业，主动进行预习和复习	对学习有好奇心与求知欲，能与他人合作无间，组织好本小组的学习活动；主动地寻求学习上的互相帮助，并交流思维的过程和结果。人际关系和谐

(2) 教师评价策略

由于分层次教学过程中，教师所任教班级的学生群体差异性较大，比较的前提已不存在，而且担任不同层次教学任务的教师其劳动特点存在差别。因此，学校的评价方式是对同一年级同一学科的教师进行群体评价，把全年级全体学生在某一学科的发展作为评价该学科教师群体的标准。这不仅有利于促进全体学生的发展，而且有利于该组教师的学科教学共同价值观的形成，有利于全组教师的团结合作。分层次教学评价,实行教学评价分层次,以不同教学目标完成情况评价教学。教师个人只要完成相应教学班的目标任务,一样获得同样的评价地位和等级。

参照《盐城市盐阜中学教学实绩考核细则》(2015 年 1 月 31 日四届五次教代会审议通过),数学、英语学科教学成绩考核,期中、期末教学班级均分与年级均分的离差和年级均分的百分比减去分班时教学班与年级均分的离差和年级均分的百分比,每进步一个百分点加 0.5 分,每退后一个百分点减 0.5 分;单科年级前 10%人数变化与最初人数比较多 1 人加 0.5 分,少一人减 0.5 分;在调研考试、中、高考中,人均分超过同类学校的备课组每人加 1 分,超过同类以上学校的该备课组成员每人加 2 分。

(三) 分层走班教学实践的初步成果

(1) 课堂教学内容最大限度地被学生接受,从“要我学”到“我要学”,学生学得更主动。我们时常会听到学生抱怨,说学习苦、学习累。之所以会这样,原因在于很多学生都是在被动学习,是“要我学”,而非“我要学”。分层教学有利于激发学生的学习内驱力,学生一旦有了直接学习的动力或兴趣,学习活动对他来说就不是负担,而是享受,会越学越想学,越学越爱学。如果学生对学习没兴趣、无动力,那么情况就大相径庭了。对于学有余力的学生,如果只是满足书本上的基础题,一方面这部分学生得不到应有的拓展,另一方面容易使学生对所学知识产生倦怠感。走班后,猛一看,课间流动着书包,很是热闹。但一个多月下来,让学生们感受到的可不仅仅是换班那么简单,少了跟不上老师趟的郁闷,多了听懂了、拓展了的自信。

(2) 学生学习的兴趣和热情得到了提高,有了充分展示自我的机会。由于建立了层间流动机制,对进步明显的,提高一个层次,对后退的,要提醒、鼓励,退步大的降低一个层次。这样做,激励后来居上者保持积极进取的学习热情,鞭策学习成绩下降者奋起直追。这种氛围对要求上进的学生来说是一种动力,将促使他们增强学习的主动性和积极性,学习的效果也得到了提高。

(3) 差异教学强调教学要求要与学生的学习可能性相适应,这在一定程度上改变了教师对学生的态度,教师一味责怪学生的现象少了。学生学习成绩和学习态度的改变、教师对学生评价的改变也为家长态度的改变起了重要的促进作用。尤其是部分 A 层学生,由于在老师的帮助和指导下获得了成功,对老师有一种亲近感。目前,师生关系更加融洽,学生获得感不断增强。

(4) 分层走班教学要求教师更准确地把握课堂教学目标,更精确地选择教学内容,更恰当地运用课堂教学方法,促进教师必须更新教学观念,改进教学策略。在教学中既面向全体学生,又关心每一个体,这促使教师要更认真地对待课堂教学的各个环节,分析学情,积极探索适合本层特点的课堂教学方法。

(5) 在学生最困难的数学和外语实施走班教学以后,发生很大的变化,学生表示能"听懂了",学习动力提高了。期中考试后,"走班对提高成绩有效,希望可以继续""走班教学很好,适合我目前的学习状态"成为许多学生的心声。初见成效的走班教学,让处于忐忑中的家长放下心来。

附期中考试与分班成绩汇总对比,如下:

分层走班分班成绩表							分层走班期中成绩表			
班级	英语老师	英语均分	均分离差	数学老师	数学均分	均分离差	英语均分	均分离差	数学均分	均分离差
A	戚仕明	49.56	−31.84%	张　冉	39.93	−51.88%	45.17	−25.30%	56.17	−36.23%
B1	王　燕	72.73	0.03%	高明霞	79.68	−3.98%	59.53	−1.55%	88.20	0.12%
B2	王　燕	74.16	2.00%	高明霞	83.82	1.01%	61.29	1.37%	91.06	3.37%
B3	黄艳娟	73.67	1.32%	陈雨彤	80.98	−2.41%	58.82	−2.71%	87.94	−0.17%
B4	黄艳娟	74.41	2.34%	陈雨彤	81.49	−1.80%	60.53	0.11%	78.09	−11.36%
C	韩　飞	91.86	26.34%	刘丽华	132.76	59.99%	77.67	28.45%	126.97	44.13%
年级		72.71			82.98		60.46		98.09	

三、分层走班教学实践的问题及阶段反思

分层教学是好是坏,目前还很难形成一个明确的结论。不同教师对分层教学的评价有赞有贬,甚至呈现出两大对立的观点:一种是持赞成的态度,认为教师对分层后的同质班级进行教学更容易,对学生也能产生积极的影响;另一种是持反对态度,认为分层教学对学生提升不大,尤其是B层学生。我们只能立足于学校实际,分析利弊,不断探索实践,更好地促进学生进步、教师成长。

1. "分层走班教学"中的教师发展

分层教学是面向全体,因材施教的教学模式,它强调了"教师的教"要适应"学

生的学”，要做到“因材施教，分层提高，使多数学生迈大步，后进生不落伍，班级整体优化”。因此，分层教学对教师提出了更高的要求，需要教师有强烈的责任心，求实、创新的工作作风。

当然，在具体实施过程中，也会出现一些新问题，如：三个层次班级同时上同一科目的课程，即同头多位教师同时上课，使得同头教师相互听课和代课成为“不可能”的现实。一方面，如果有教师生病或有事需要代课，那么只能是跨年级代课；另一方面，同头教师不能相互听课，不利于备课组进行课堂教学研究，也不利于青年教师的成长。

分层教学对教师的要求更高，容易出现“单兵作战”的现象。因此，教研活动要加强集体备课，三个层次的基础知识要抓住，教学进度要阶段性的相对统一。不同层次的班级主要是在知识的深度、难度、广度上有所区分。

2. “分层走班”中的教学内容

分层教学，人为造成了教学上的梯度，没有配套的教材，如何把握教学内容，找准学生的“最近发展区”，以便建立“教学支架”帮助学生学习，是必须考虑的。同时，分层练习、测试的科学研究，如何做好课堂的延伸工作，课前的预习和任务布置、课后反馈和辅导也是学校考虑的重点内容。作业布置、作业上交与批改、课后的辅导、教学班老师如何尽快熟悉学生、行政班主任如何及时掌握学生学习情况等问题，还有待优化和提升。

3. “分层走班”中的班级管理

分层教学的实施，使教学过程的管理难度增大。如，分层教学容易出现学生课间换教室的过程比较混乱、走班换教室不及时，以及学生不能按时到位、学具带不全等现象；同一教学班的学生分布在不同的行政班，教师课余找学生、收作业等都存在不便；B层问题学生相对更加集中等。这都使得分层教学的过程管理难度加大，需要更加细致、严格的管理和思想教育。

面对出现的新问题，教师必须实行双岗管理。任课教师为教学班班主任，既要完成学科教学任务，又要承担起对所任教学班的学生管理的责任。行政班的班主任主要负责行政班学生的全面管理，并与教学班主任通力合作，信息互通。

“走班制”必须面对因固定班级打破而带来的学生归属感缺乏、集体感减弱的问题。如何强化学生集体观念，增强学生的集体意识？建议学校建立导师制，作为实施个性化教育的工作机制，每位导师最多带10名左右学生，从高一一直带到高三毕业，全面指导学生的德育培养、人生规划、学习指导、选课指导和心理疏导。同时，利用每周的社团活动课，引导学生组建有归属感的集体。

4. “分层教学”中的评价机制

教师评价和学生评价体系还不够完善。如何以评价为先导，合理评价学生的学习成效和教师的教学实效，进一步促进教学方式的转变，是学校必须面对的一大难题。或许从过程评价、增值评价和团队评价等方面入手，对构建综合性教学评价模式进行积极探索，不失为一条良好的出路。

学术篇

XUESHUPIAN

“君子成人之美”中的“成”字，宋朱熹集注“成者，诱掖奖劝，以成其事也”。钱穆先生在《论语新解》一书中沿用了这种解释，谓之“诱掖奖劝以助成之”。可见，“逼人成才”，不是成人之美；砍斫删增以求整齐划一的“塑造”也不是成人之美。建立在尊重人、相信人基础之上的“诱掖”“顺承”“奖劝”才是“成人之美”的正确做法。

三星高中发展困境及破解之路

王　军

一

严格地说，所谓“三星高中困境”其实是个伪命题，是部分学校立足本体立场，对自身所属群体办学规模有所缩减、应试质量持续下降且无法逆转之态势所发出的一种喟叹！

据江苏省评估院2014年初权威统计，目前省内三星级普通高中仍有233所，比231所四星高中还超出2所；三星高中在校学生434 991人，占全省普通高中在校生数的38.49%以上，仅比四星高中在校生少14万人。如果说，当前四星高中才是人民群众所渴望的优质教育资源，那么三星高中仍嫌多，需要全部升格为四星普通高中，或者自然消失。只是，任何教育发展的理想态势都应是上小下大的正金字塔形，而不是这种想象中的四星一枝独秀、高原孤立。

今日之中国，即便所有的小学全部成为实验小学，所有高中全部成为四星，人民群众对优质教育资源的渴望也不会止步，且会派生出更高的要求和渴望。因为，对任何国家和地区而言，优质教育资源的不足都是永恒的。我们的高等教育短短十来年就基本达到普及化程度，但社会焦虑丝毫未减。可见，升格不是目标，重要的是不断抬升底部。良好的教育，在不断满足社会基本渴望的同时，还需要看清这种渴望背后的渴望，发挥出自身应有的价值引导和焦虑平抑功能。消灭三星高中，不可能，也没必要。正视这类学校发展过程中出现的新问题，溯源逆流，找到脱困的策略，才是当务之急。

那么，当前三星普高发展遇到的最大问题是什么？是群体性的发展方向的迷茫和对前途的集体不自信。相对于过去，三星高中的焦虑是显著的：以升学率为标志的质量大幅度滑坡，社会影响力急剧下降；转型升级的努力因为偏离社会的功利性期盼，也始终得不到广泛的认可。不少三星高中办学规模急遽缩减，生源质量更是江河日下，部分学校甚至维持生存也勉为其难。在这种边缘化的趋势面前，三星高中发展目标矮化、内部人心涣散，文化发育不良。想当初，由持续的入学高峰所推动，三星高中一度灿烂辉煌，每年进入本科院校的达线总人数超过四星（当然，当时的四星高中总体数量还偏少），校校生源爆满，人人踌躇满志。短短几年，形势发展急转直下，昔日辉煌成了明日黄花，在四星和职中夹缝中苦苦求生的三星高中人穷志短，长吁短叹。

二

分析三星高中之困的原因，有大环境的变化，也有学校内部发展方式粗犷等主观因素的制约，前者是主要原因。所谓“其兴也勃焉，其亡也忽也”，三星高中当年之所以能够崛起，首拜 1999 年始的高校扩招所赐。国家层面需要拉动内需以应对亚洲金融风暴后的经济疲软，社会抱怨高等教育门槛过高，在那个甚嚣尘上的教育产业化的浪潮中，高招入学率短短几年由 9%提高到 15%，再升到 29%以上，截至 2003 年，中国普通高校本专科生在校人数就达到 1 000 万人，是 1999 年的 2.5 倍。原先每年只能考取几个、几十个本科生的三星高中一夜之间“质量”大幅提升，几十、成百的学子涌进曾经可望而不可即的高校大门。在那个繁荣又有点混乱的年代，年年治理教育乱收费，但政策上留有口子的“边缘性收费”从未断绝，不少学校由此获得大量的预算外经费。2005 年左右，江苏推进高中教育普及化，为使高中入学率能够迅速提高到 90%以上，省内不少地区大兴土木扩建、改建和新建高中校区，绝大多数三星高中办学条件得到根本性好转，校容、校貌焕然一新，有的甚至达到脱胎换骨的程度。在这个扩张过程中，地方政府不仅乐观其成，而且不惜贴息鼓励学校向银行和社会举债。为践行“三个代表”重要思想，满足人民群众对优质教育资源的无限需求，在促成三星高中发展的同时，苏北部分地区还常常以行政命令的形式，要求当地四星高中迁建城市边缘，以拉动城市建设和地产业的发展，省内万人以上高中层出不穷。白云苍狗，时势推移，好日子过着过着就进入了尾声。基于种种原因，高等教育扩招的步伐从 2006 年开始停滞，高中入学规模也因计划生育国策的累积效应趋于萎缩，高中，尤其是三星高中的冬天开始降临。据笔者所在大市统计,2003 年前后初中毕业人数有 14 万多人,目前全市初中毕业生合计 7 万多;当年三星高中考取的本二以上学生数 7 000 人以上,目前全市 24 所三星高中考取的本二以上学生也不超过 1 000 人。习惯以规模取胜的三星高中一方面不得不收缩阵线,另一方面谋求错位发展和学校转型,但太多的学校都拥挤在“体艺”这一相同的逃生小路上,踩踏愈来愈惨烈。此其一。

其二,四星高中长期以来对优质资源的习惯性垄断,始终挤占三星高中发展的空间。平心而论,十年前开始的那轮高中教育大跃进,三星得到过壮大的机会,但最大的受益者不是三星,仍是四星即各地原来的老名校。谚云“退潮的时候,才能看清谁在裸泳”,四星高中在向超大规模发展的过程中,不仅始终垄断着当地最好、最多的优质生源,同时还以公开招聘的名义一路网罗来其他学校,尤其是三星高中的优质师资。可以说,四星做大的过程,是对三星及以下高中资源蚕食鲸吞的过程。这种“蚕食鲸吞”充满中国特色,已让人见怪不怪,其发生在区域之内,也有“孔雀东南飞”式的跨区域掠夺。因为三星高中本身也有从其他弱势群体抢夺资源的劣迹,所以在那轮发展的战国时代,尚不至于伤筋动骨。普高的狂欢结束了,不仅高校不再扩招,生源也变得极为珍贵,可位于生源金字塔上端的四星高中仍占有原来的大量优质生源,安享垄断的盛宴,并不肯为下游放水,这就致使整个高中的金字塔呈现出不规则,甚至是倒金字塔的形态:三星高中越来越少、越来越小,四星高中逐步成为高中教育办学的主体,当前省内占比 41.39%的四星高中,占有省内 50.79%的生源,且拥有相对优质的生源。高考的大草原上,自然就只见垄断者纵横驰骋的矫健身影。

其三,职教的兴起及其对初中毕业生的巨大分流,是三星走向困顿的政策性诱因。产业升级、经济转型,中国需要大量的职业技术人才,而教育是必须服从、服务于经济发展的。在 GDP 至上的功利主义驱动下,各地纷纷加大对职业教育扶持的力度,不仅兴建了规模庞大的职教城,还行政划定了招生 1∶1 的普职比,对职教的经费支持也让普中眼红,不仅不收费,还有大量的财政性补助。让普中尤其心灰的是,职教的发展是国家整体思维在教育上的战略布局,随着教育部吹风要让大量学术型高校转型为技能类高校,职教扩张的步伐方兴未艾。如果实践证明,中国当前职业教育发展的方向是正确的、路数是科学的,普高黄金时代的句号,似乎很快就会圈上。

然而，上述分析看似客观，其实仍然停留于表象，没有揭示出三星发展困境的核心原因。

有人将当前三星高中发展的主要矛盾概括如下：一是社会巨大的升学期望与学校日渐下降的生源质量之间的矛盾；二是特色发展之路与师资短缺之间的矛盾；三是学校正常发展与激励机制严重不足之间的矛盾。条条有理，都可谓见血封喉。但再细细琢磨，不难发现，这些矛盾其实具有一定的普遍性。透过四星高中差强人意的升学率，其特色发展的不足及内部动力机制的匮乏同样不容乐观。因此，所谓三星之困，本质上是升学之困，三星高中忘不了自己曾经参与其中的升学辉煌，失落才尤其强烈。换言之，如果三星高中能够解放思想，丢弃以分数为核心的应试教育，端正办学思想的偏颇及功利，真正育人至上，做自己该做的事，为每一个孩子提供适合成长实际的课程与环境，它身上背负的焦虑其实是极其无谓的。三星之困，根本原因是整个时代高中办学价值的迷失。只要我们的教育，尤其我们的普通高中还抱着传统的单一升学模式不变，高中教育的“囚徒困境”就无解。

三

我国目前及今后相当长的时间内，仍将处于社会主义初级阶段，这是中国最大的国情。某种程度上，这就决定了高考升学率作为社会衡量普通高中办学质量优劣的主要指标，甚至唯一指标，可能还会持续一段时间。毕竟，在这种畸形的教育评价方式后面，有传统科举制度的谬误流传，有教育自身的惯性和惰性，还有错误资源配置方式的强势支持。谁不承认现实，谁就将承受挑战。这是时代的遗憾，也只能由时代慢慢自我纠正和弥补了。

值得指出的是，在看到困难的同时，我们也应看到国内教育发展大背景已发生许多微妙的变化。1. 应试教育的社会性支撑正在松动。中国教育竞争之残酷，应该归咎的其实是中国社会阶层之间落差之巨大，即所谓基尼系数过高：体制内工作的家庭财产水平明显高于体制外工作的家庭，既得利益者不仅占有巨大财富，且财富增长幅度明显高于底层民众；脑力劳动与体力劳动之间收入相距甚远，社会税收的调节与救助机制长期无法对此进行调控……生而平等的人在日趋残酷的社会竞争面前，面对着“上一步天堂，下一步地狱”的人生选择题，情绪失控如临深渊、如履薄冰，因此他们将人生的全部希望寄托在教育这部上下“天堂”“地狱”的唯一梯子上,教育才呈现出今天我们看到的无法承受之重。“十八大”以来,党内祭起反腐重器,社会掀起追求公平正义的浪潮,中国财富分配的调适新机制正在酝酿,体力劳动的价值在市场也得到恢复。社会一旦成功摆脱长期以来弱肉强食的“丛林法则”,还底层民众以尊严,还体力劳动以温饱,“七十二行,行行出状元”的传统价值观有望得以回归。2. 独生子女人格发育不佳背景下,教育的育人功能得到重视和凸现。马加爵案、刘海洋案,学生毒打老师、社会见死不救……近年来,一桩桩触目惊心的事件持续刺激人们的身心。孩子们怎么了?教育怎么了?人们在反思。老百姓省吃俭用送子女读书,向政府主导的教育要质量,向学校主办的教育要分数。其实,老百姓要的也不全是抽象的分数。当成千上万的独生子女在应试教育的战车上身体羸弱、精神苍白、心理问题层出不穷时,惨痛教训已经引起有识之士持续的警醒和深思,“育人至上”的教育主题正得到社会强烈的呼应。3. 高中阶段教育的独立价值也被越来越多的人所认可。中国有义务教育法,有高等教育法,也有职业教育法,唯独没有高中教育法。高中是干什么的?就仁者见仁、智者见智了。但有一点目前已形成共识,即普通高中教育是在九年制义务教育基础上进行的高一个层次的基础教育,“基础”仍是其基本属性,但又不应将其等同于义务教育。它是面向大众的、进一步提高国民科学素养与人文精神、国际视野与民族精神、强烈社会责任感和人生规划能力的基础教育,它不仅仅是高校的“预科”,还应该有更多属于自己的“选择性”。华东师范大学霍益萍教授认为,高中是学生面临的人生第一个十字路口,也是社会人才分流的第一道闸门,对于一个高中生来说,最大的“成长烦恼”莫过于想知道自己是谁,想干什么,可以做什么。“通过三年的高中教育,让学生能了解自己、了解社会、了解教育、了解职业,从而学会选择并顺利完成其人生的初次选择”应该成为高中教育的核心功能。这个高中定位,欧美诸国早有非常成功的案例可资借鉴,国内理论界对此是极认可的。

综上所述,普通高中在“普及”的任务基本完成后,核心任务是“提高学生的综合素质”。而这种“提高”,应正本清源,回至教育原点,珍视每一个孩子不同的学习体验和宝贵的人生经历,走多样化发展之路。相对于四星高中强烈的社会升学期望,许多家庭对于孩子通过三星高中进入名牌高校的期望已经甚低,三星高中应试的压力大大减轻,也就是说,从社会心理层面来看,三星高中其实有极大的特色发展空间。如果三星高中最终因重视特色发展贻误升学而消亡,其发展的空间让渡给四星高中或职高，也是对自身本位主义的一种超越与救赎。

四

这几年，三星高中其实在探索适合自己发展的道路方面，一刻也没停止过努力，成效也是显著的。生源不佳导致“质量”滑坡的一开始，省内三星高中们就纷纷将目光转向艺体特色，许多学校已经成功转型成为所谓的音乐高中、美术高中、传媒高中、空乘高中。还有的学校直接办成类似当年清华的留学预科学校，专为国外高校输送生源。面对三星高中当前的困局，各级领导也反复强调树信心、挖潜力，针对办学资源的差异性，制定有针对性的策略，以富有成效的措施促进质量的进一步提升。当然，所有这些，本质上仍未打破服务于升学的定位。加拿大著名学者迈克尔·富兰在《变革的力量——透视教育改革》一书中说：“我们有一个从根本上保守的教育系统，教师的培训方式、学校组织形式、教育层级运作习惯以及政治决策者对待教育的态度，都容易导致维持现状和难以变革的制度。”教育发展惯性或者说惰性巨大，想要完全变革，殊为不易。变更需要全社会不懈的共同努力。

一是静心找到教育变革的核心力量。“我们留下一个什么样的世界给子孙后代，在很大程度上取决于我们给世界留下什么样的子孙后代。”[1]普通高中切实纠正只看升学率的不良倾向，既是一个理念上的课题，更是一个行动的问题。有人说，教育的内部已经无法生长变革的力量，目光宜投向高层，静等所谓的顶层设计、系统设计从天而降。可高中新课程已实施多年，教育现状的改观并不大。或许，所谓的顶层还在等待教育的“小岗村”出现！既然风暴不可能骤至，那就必须一点一点耐心集聚变革的合力。为扭转考评学校只看考试成绩和升学率的倾向，教育部于 2013 年夏出台了《关于推进中小学教育质量综合评价改革的意见》，建立了促进学生全面发展的“绿色评价”体系。尽管这份文件极有可能因缺少相关保障机制的护航再度沦为一纸空文，但体制层面的正能量不容忽视；我们更要重视和关注社会以及市场对教育方向的纠错力量，没有上文所述“社会和市场”力量对于教育类似于河流那样的选择和自净功能，单凭行政的力量无法打破目前教育封闭、低效、原始的坚冰；当然，教育最可期待的力量，仍是教育内部出于道德感和责任心的自觉力、行动力。我们看到，自下而上的教育变革尽管屡战屡败，不断受到质疑，但也愈挫愈奋，教改典型层出不穷，所谓“终归大海作波涛”未必不可期待。笔者特别赞同这样的说法:“把责任推给个体,是对个体的求全责备;把责任推给体制,是个体的无所作为,只有个体通过改造体制以及不断自救,才有出路!”

二是耐心寻求事业发展的制度性支撑。良好的教育需要众多的一线学校,不等、不靠、不怕,从自己做起,从脚下做起,从小事做起,一点一点编织教育的良知和道德,一分一分改良教育的墒情。目前,省内三星高中招生门槛越来越低,许多孩子根本无法适应愈修愈深不可及的高中理科课程,作为学校是按既有程序把课程“走”下去,还是实事求是把难度降下来,表面上看是个国家课程校本化的过程,其实是个回归教育本体价值的过程。学校是以人为本,还是以教材为本;教育是选择担当,还是选择盲从,从许多小事上就可见出分晓。然而,教育毕竟是一种有自身发展规律的科学,教育不能以学生为试验对象,动辄随心所欲。推动高中教育变革,需要以制度和资源为依托。当前,高中教育首先需要一部法——《中华人民共和国高中教育促进法》;还要通过具体制度的修订与完善,深化办学体制改革,进一步落实和扩大学校办学自主权;深化课程、培养方式、评价和考试招生制度等一系列改革,加大经费投入、加强师资队伍建设、加快教育资源平台建设等[2]。没有制度执行与保障方式的多样化,三星高中疾病缠身,很难独善其身。

三是寻找多样化发展的系统设计。2010年,南京市承担了“以普通高中多样化建设,促进素质教育创新发展”的国家教育体制改革试点任务。为了构筑普通教育的“育才立交桥”,南京从一开始就特别注重顶层设计和整体布局的系统性,从办学类型“四种模式”,实践追求“一校一策”、重点关注“课程创新”及“招生改革”着手,南京打通高中高校两个学段,推行普职融通模式,弱化考试分数,强化过程评价,同时中招录取加大特长生比例。“十二五”期间先后建成包括综合改革高中、学科创新高中、普职融通高中和国际高中等四种模式的高水平普通高中,初步探索出一条符合人才成长需求、契合区域教育实际的多样化发展新路[3]。南京经验值得各地借鉴。

五

优秀是一种习惯,落后也会成为一种惰性。

拯救三星,除了端正办学思想,适度压缩四星发展规模,加强政策、环境的支持,也不能漠视三星自身存在的问题与不足。相对于名牌高中,毋庸讳言,三星高中有其自身显著弱点:校园内的非主流文化或者叫亚文化落后而发达,优秀教师无法从个人的每个教育细节中获得成长的快乐;相反,凡事只讲客观因素、很少反躬自省,做事慢腾腾、精神长期处于离职状态,持"活命哲学"的人不是一个、两个;学校内部管理的发条始终紧不上,作风粗放,执行力欠缺,工作随意的现象也不少见。三星高中必须振衰起弊,励精图治。

第一,排除一切干扰,大力营造公开、公平、公正的发展环境和风清气正的校内氛围。一所学校必须讲正气、讲奉献、讲秩序,然后才能生存和发展,否则再好的蓝图也是废纸。校内风气正否,关键看校长,所以愈是一般普中,愈需要遴选优秀的校长。只有选对校长,学校内部公开、公平、公正的"三公"原则才能落到实处,学校才会有方向,也才会有活力。当然,公平公正不是一句口号,它还须与职评、表彰及分配等事关教职工切身利益的制度结合起来,才能彰显崇尚实干的价值取向、呼唤自强的价值取向、鼓励创新的价值取向。古人说"行者常至,为者常成",关键时候学校迎难而上,先做好一些具体的事显得特别重要,只有努力才能打动人,只有事实才能改变人,只有成绩才能激励人。

第二,打通区域内三星、四星之间的壁障,跨校甚至跨区域打造教师队伍。从去年开始,国家酝酿多年的计划生育政策适度调整与"单独二孩"政策开始进入全面实施阶段。这个政策意义重大,意味着五到十年后,当前制约普高发展的规模问题不但不成为问题,已经撤并的高中极有可能需要重新恢复。随着国内义务教育均衡化的深入推进,高中教育极有可能纳入义务教育范畴。高中教育均衡化,三星、四星就是一家了! 因此,当前三星高中不妨适当借助当地四星高中良好的教学环境和培训平台,对教师进行实战轮训。没有一种课堂比意气风发的团队更能激发教师内心深处的潜力;相反,在一个没有专业发展氛围的集体中,即使起点不错的教师也可能变得暮气沉沉。所以,朱小蔓教授才说:"看一个人的发展前景,不是看他现在的学历和能力,而要看他是否有一种蓬蓬勃勃向上伸展的欲望。"为将来需要更多合格的高中教师计划,区域教育行政部门应该从现在开始,牵头开展三星、四星高中之间教师的轮岗与交流,此举一方面可以加强三星高中的师资力量,平抑目前矛盾;另一方面可以适度缓解当前四星面临的择校压力。四星高中教师进入三星高中,可以带来以竞争为核心的进取意识、以实绩为核心的质量意识、以节奏为核心的效率意识;三星教师进入四星学校,可以获得久违的成功体验,找到职业的自信力和使命感。目前省内不少高中通过申报建立了不少课程基地,这些基地可以跨校、跨区域开放,让不同学校的学生都能享受到优质资源的辐射。

第三,以项目为抓手,向特色课程和课堂创新要内涵。在升学率一时无法提高的大背景上,三星眼下仍需要做好"育人"这篇大文章。要学会借鉴经济工作,以具体项目实施为载体,以特点项目引出特色课程,通过特色课程的实施,打造特色文化,推动学校内涵建设。我们需要高考课程即国家课程,更需要适合自己学生的生活课程:切实增加各类职业体验课程,多多开发引渡的课程、回归教育理性的课程,因地制宜实施好劳动技术课程,唯有崭新的课程体系的建设,教育的生长性才会有保证。相对于课程建设的,是当前课堂结构的变革:新技术的大胆应用(加大校园数字化建设的力度)、恒定资源库的建设、学的方式的变革、教师重复劳动的减少等。如果我们的课程和教学确实真正指向学生发展的需要、指向老师的生命成长,好的内部环境就会自然形成,任何学校的任何教育都可以是教育人"一生追寻的创作活动"。

参考文献

[1] 1998年联合国教科文组织. 教育:财富蕴藏其中[M]. 北京:教育科学出版社,1996.

[2] 汪明. 普高内涵发展锁定多样化[J]. 中国教育报,2013(12).

[3] 陈志伟,赵建春. 改革让高中自主选择未来——江苏省南京市普通高中多样化办学改革纪实[N]. 中国教育报,2013-08-13.

教育需要成熟的鹰派治理

王　军

如果可以而且能够，学校管理也谈得上风格选择，我希望自己成为一个鹰派校长。

这不是因为个人性格上偏爱强悍、强硬，而是当前教育生态实在需要强人担责。深化教育领域改革，关键在于找准突破口，敢啃硬骨头。那当前中国教育最硬的骨头是啥？从老百姓最期盼、最关心的角度来观照，考试招生制度改革无疑成为首要对象。可是，以十八届三中全会召开为标志，中国新一轮改革的窗口期已经打开一年有余，高考改革至今仍陷在迟迟未决的“渐进式”之困中，招考分离可谓遥遥无期。

我国1965年实施的《教育法》明确要求大学应该有章程。国内最有个性的高校——北大，历时7年，经历了3任校长，“草案”修改了10稿之多，至今也没拿出一个可供公开讨论的稿子[1]。

然而，这一切丝毫不妨碍《人民教育》在年初的评论所说：“我们的教育不乏大战略、大手笔、大行动，但这些改革举措，最终要由教师来落实和体现。与顶层设计大刀阔斧、波澜壮阔的态势形成巨大落差的是，在实践的前沿，教育者从观念到行为的嬗变依旧是步履迟缓、波澜不惊。”中国教育的问题，原来出在“最后一公里”不到位，基础教育的校长和教师着实都该打板子[2]。

事实上，中小学校也确是乱象丛生，乱收费、乱补课、有偿家教屡禁不止，教育“刁民”往往混得比顺民还有面子。新课程改革十年，教育朝前跨了一小步，但配套改革始终未跟上，现在是大步退回到改革之初，再没什么人还有脸谈所谓的素质教育，各地都出现了高度封闭、准军事化管理的高中学校——甚至名校。面对这些将“现代化应试战争”上演至极致的牛校长，我很想把“鹰派”的帽子戴到他们头上，对内狂热、极端，对外粗暴、强势，在全国批判应试教育多年的今天，他们仍把“臭豆腐”勇敢地端到全国人民面前，这岂不是“虽千万人吾往矣”的气度！然而，他们强硬后面的本质分明又是对社会功利追求的盲从、迎合，这种媚俗打着为了最广大人民利益的旗号，毫不顾及民族的未来与大局。如果他们就是当代最有血性的教育之鹰，那些真正守望教育本体价值、拒绝教育现实功利、默默捍卫儿童整体利益的校长们在哪呢？

教育，今天已经复杂得让人分不清黑白了。

唯其如此，在强大的时代功利性选择面前，太多的校长才奉“圣人之道，为而不争”为圭臬，尸位素餐，“和谐”着我们越来越粗糙的育人事业。当今社会“刁民”的大批量出现，正是这种所谓和谐的必然产物。他们自称是教育上的鸽派，其实只是些自我保护者、因循守旧者、完成任务者。他们圆融而成熟地游走在时代的长廊中，既不率先，也不改变，偶尔还姿态优雅地谈一些洒脱的道理，只是凡事绕着矛盾走。每当此时，我就想，在教育一线要做一个有追求、有个性的好校长，何其之难，也是多么的必要和重要。如果国内教育管理者中像南方科技大学朱清时校长那样的人多一些，即使最终的结果还是拍屁股走人，至少我们再谈论起“教育家办学”这一话题时，不至于脸红太过。

我相信麦格雷戈(Douglas MC Gregor)所持理论的基础:一般人并不天生厌恶工作，多数人愿意对工作负责，并有相当程度的想象力和创造才能;控制和惩罚不是使人实现目标的唯一办法，还可以通过满足爱与尊重，使个人和组织目标融合一致，达到提高效率的目的。多年的学校管理实践还让我明白，人性不完全黑暗，但是并不一定随着经济发展和社会财富的增加而自然净化，没有强势的引导和制度执行，最终不完美的“人性”将战胜理想中的“主义”。在教育过程当中，只有真正认识到人性是不完善的人，才是真正以人为本的人。如果我们把不完美的人想象得太崇高，完全背离科学的干预与大胆的决策，只会将学校和教育带到一片死寂的沼泽地。基础教育学校实施绩效工资这几年，许多学校内部的激励机制消失殆尽，导致人心一盘散沙，校长还想管不敢管，就是教训。

学校要发展，需要强势校长来引领。杜郎口的崔其升、洋思的蔡林森之所以能够创造出属于他们的教育奇迹，很大程度上出于他们对传统教学模式的颠覆性突破。成功的企业也是如此:任正非坦陈，“进攻是最好的防御”。在这个越来越看中柔性管理的年代,格力董明珠明确说:“人性管理是一种概念上的东西,在管理上不存在柔性的问题,制度、规范,这是不允许任何人打破的,包括我在内;每个人都必须按照制度去履行你的行为,不能随意改变。我强硬到走过的路草都不长,处处都是硬的,没有柔性可谈。”马云的鹰派作风表现在决策上:如果一个方案有90%的人说好,我一定要把它扔到垃圾桶里去。因为这么多人说好的方案,必然有很多人在做了,机会肯定不会是我们的了。上述经济战场的成就者从来就坚信“行者常至,为者常成”的古训,他们从不对变革说些似是而非的话,因为他们知道企业的生命只有半年,甚至一个季度,必须把理想和梦想推进到战略层面,进行推进到战术执行的层面,通过努力打动人,通过事实改变人,通过成绩激励人。学校管理,同样需要这种有为、敢为、善为的精神。在任何时候,我们都可以强调每个人“做事”的责任,在“做事”这个问题上强调执行、不支持讲太多的道道,并且将此作为校长入职的一条基本准则。

当然,学校终究不同于企业,学校并不是个完全追求利益和效益的地方,学校的核心任务是育人,慢慢地育人。如果环境允许,学校发展的最高境界甚至不是塑造人才、不是强势的塑造和培养,而是柔性的成全、善意的成就,让人将人性深处的真善美显露出来、成长起来、发散出来。一个学校如果过于强调规范,校长作风过于硬朗,其教师往往是“虎狼”型的,就会无视人的生命规律,敢于在教室后面写上“生前何必贪睡,死后自能成眠”的混账话;其领导人不是气宇轩昂,就是气势汹汹,这样的教育机构,即使培养出若干个科学家、政治家、艺术家,也不值得称道——有隐忧,他成长的土壤曾经有过太多的重金属。这样的学校,教出来的人,如果有一天不小心,人性霸道的一面没控制好,狰狞起来,其能量越大对社会的威胁就越大。所以,作为人文家园的学校,我们还是提倡和风细雨的,教育要给孩子更多温和温暖的东西。诚如社会活动家方舟子所说,“假如一个社会的成员全部都是鹰派,那将是一个时时要拼个你死我活的血腥社会”。“鹰”本不符合教育的本体价值,不应该成为学校长期的追求。“鸽”在学校应该有更大存在的必要及合理性。

然而,我们对鸽派领导风格的理解出了不少差错。我们以为那些没有担当的人,凡事总为自己考虑的人,就是所谓的鸽派,其实这是一个错误。我们强烈地呼吁让鹰派人物改良甚至革新我们的教育。愈是价值混乱、泥沙俱下的时代,愈要启用更多肯做事、能做事、做成事的鹰派领导。唯有他们能屏退中庸、革故鼎新,成为时代的最强音。

但是,所谓鹰派绝不意味着对教育专制和盲目感性的认同,它首先是一种积极进攻的变革意识,其次是一种成熟而圆融的战略。苏霍姆林斯基曾在《和校长的谈话》里说:"有什么样的校长,就有什么样的学校。"这句话曾被反复运用,告诉校长积极有为。其实,好的学校是离不开好的校长,但还不能孤立地说"一位好校长就是一所好学校",因为制约学校发展的因素实在很多,远不是一校之长振奋精神就能打下江山的。在学校办学自主权远没落实的今天,许多校长一方面过于自信,听不进别人的意见,习惯踩红线;另一方面让管理与社会关心的"切身利益"相距太远,既使他们缺乏利益支撑的管理,其推行的制度、做事的方式往往过于超前,不符合社会主义初级阶段人们的基本需要,显得生硬、不近情理,也让他的办学理想难以得到普罗大众的欢心与支持,容易与"专制"画上等号。这样的校长,结局常常不乐观,不为人所待见,十年、二十年后如果侥幸得以全身而退,边缘化的他们或许就会发现,当初的执着其实是无谓的,甚至与那些在位什么也不做,但什么也不误的识时务者相比,反倒显得急躁、无城府、也不"文化"。

所以,风格成熟的鹰派领导,首先应该是了解中国传统文化并努力适应自身角色定位的人。他知道自己是谁,站在哪里,向何处去,雷厉风行却不急于求成,能最大限度地利用好手头可支配的资源,切合校情,突出重点地做事。

鹰派是不好当的伟大的悲剧英雄。风格偏于强硬的人风险是极大的。如果一个人确实不习惯当鹰派,还可以做鸽派。做鸽派并不可耻,因为温和的鸽派,只是领导风格上偏向柔性管理、无为管理、善于做减法的管理,并不是不管理的混吃等死。和鹰派相比,他们相对不那么激烈,但同样能于不知不觉中做成大事,如北京十一中学的李希贵校长、南京北京东路小学的孙双金校长等,谈笑间,学校在变革路上走了很远。他们身上体现出的柔性智慧,不见得就是民主和理性的代名词,但如沐春风,舒服、温暖,易合作。只要不过于柔弱,这样学校里的师生大多是幸福的。当然,你同样不要企望所有的管理者都是鸽派,这样的社会大约接近于老子的理想了,可美好却不稳定,如柔弱的北宋王朝,易受欺凌。严格说来,鹰派、鸽派都是成熟的领导风格,二者也并非水火不容,"鹰"也有温柔的时候,"鸽"该强硬时也亮翅,可怕的是鹰派变成专横,鸽派变成不作为,那才是真正可悲的。

遗憾的是,目前我们的教育恰是那种最不好的状态。

如果可能，我希望，自己最好做个鹰派，为这个积弊太甚的教育翻翻身、动动骨。但管理权变理论告诉我们，鹰派风格不适合所有的学校。一般说来，薄弱的学校，负能量太多、亚文化过于发达，发展颓势明显，这就需要选择鹰派人物去进攻、去改变一茬人，甚至几代人的惰性积累；如果一所已运行在正轨之上的教育机构，文化成熟，人心稳定，内涵厚实，校长不去折腾就很好了，此时鸽派比较受欢迎。从学校发展的深度需要出发，同一所学校在其不同的发展阶段，原则上也是需要不同风格的校长。我从不支持一所学校一个校长一干就是十年、二十年，除非这个校长确实优秀，能够根据学校不同的情况，娴熟、务实使用不同的风格，亦“鹰”亦“鸽”。

参考文献

[1] 李克诚．大学“章程”为何难产[J]．南风窗，2013(22)．
[2] 白宏太．教育的“最后一公里”有多远[J]．人民教育，2014(2)．

做好“人和”这篇大文章

王　军

苏霍姆林斯基在《和校长的谈话》里说:“有什么样的校长,就有什么样的学校。”几年的学校管理实践做下来,深感好的学校绝对离不开好的校长,但也不能孤立说“一位好校长就是一所好学校”,因为制约学校发展的因素,实在很多。一校之长需要振奋精神,更应做的、能做的仍是学习并适应角色定位,并在此基础上有所创新和发展。

天下名校,其实都是相似的;困难的学校各有各的困难,共通的一点是发展所需要的资源不足。许多校长喟叹手中无“粮”,难做孩子王;也有人说,资源不足可以争取,过分强调客观条件本身就是校长能力缺失的标志之一。无语!

当前背景下,凡事不急于求成,最大限度地利用好手头可支配的资源,按规矩做事,切合校情突出重点做事,仍是正道。即使服务的是集“万千宠爱于一身”的名校,也须牢记:教育做大容易做强难;做外延容易做内涵难;做好学校容易做好人际文化难。如要将一所普通学校带出名堂和特色来,需要个体努力,更需要天时、地利和人和的共振。

何谓“天时”? 即教育当前发展的大环境和大背景。你必须留意自己所坚守的教育价值基座和时代的追求之间是否协调,你所秉承的教育哲学和行政的要求是否合拍。逆天行事,要遭天谴;逆时行事,心会纠结;逆上行事,成事无功,败事有过。所谓“地利”,既包括一所学校所在的区位以及由此派生的生源结构等因素,还指所在地区的经济发展水平及人总体的文明素养。推行教育现代化,没有“武装到牙齿”的设施设备其实不打紧,没有群体文化的共识与支持,就是“条件尚未成熟”。这里所谓的“群体文化的共识与支持”,就是人和。

“天时”“地利”,很多时候如同人的出身,可以适应和把握,但没法选择。发展学校，着眼的首先应该是“人和”。人心的凝聚和激活是一所学校能够生存并得到发展的基础和前提，也是“以人为本”理念在现实管理中的第一着眼点与落脚点，有见地的领导要学会抓主要矛盾。在“人和”方面，尤其是学校内部的队伍建设与优化方面，校长可以有所作为，甚至大有作为。

那么，校长如何做好“人和”这篇大文章？校长的沟通能力非常重要。郑金洲教授曾教给我们很多方法，如遵循白金法则，提升非言语沟通水平，破解沟通障碍，综合运用多种沟通渠道、努力改进沟通方式等。总结办学成功经验，通州实验小学王笑梅校长写了一篇《经营人心》的文章，强调人心的聚拢，需要精心经营共同愿景，悉心经营情感，匠心经营知识，让所有人找到生命厚重感，成就幸福合作人。这些至论，可谓“他山之石”，应该拿来“攻玉”。除此之外，笔者以为还可在以下方面再做一些具体工作。

一、排除一切干扰，大力营造公开、公平、公正的校内硬环境

毋庸讳言，受社会不良习气及转型大环境的影响，当前的学校也不是世态人情的真空地带了。不按规矩出牌的现象层出不穷，广大教师深恶痛绝。古人云：“民不畏我严，而畏我廉；民不服我能，而服我公。”校长在平时的工作中，能铁下心来，压住阵脚，排除许多非事业因素的干扰，努力将一碗水端平，这对风气的改善、对人心的凝聚、对事业的推动，乃是第一大事！

一所学校要讲正气、讲奉献、讲秩序，校长首先要做到“三公”，即公开、公平、公正。也只有将“三公”原则落到实处，校长才能以自己的人格力量调动起各种资源，激发全体同志对学生的关爱之心、对事业的负责之心、对社会的感恩之心，打造出富有公平内涵的幸福校园。

公正不是一句口号，它须与职评、表彰及分配等事关广大教职工切身利益的事结合起来体现。多年来，我们大力倡导并践行校园表彰向一线教师倾斜、向班主任倾斜、向一心谋发展的同志倾斜，努力营造风清气正的管理氛围。学校干部人事制度的改革、绩效工资分配方案的制定、职称晋升和各种推荐制度的优化，无不切实彰显崇尚实干的价值取向、鼓励创新的价值取向、呼唤自强的价值取向。“做事的人光荣，扯淡的人可耻”的观念深入人心。

当然，摒弃暗箱操作，规避用人唯亲的“小圈子”心态，重视制度的引领与规范

作用，有些人会不舒服，也有些人会不习惯、不屑，甚至有人怀疑所谓公正到底能坚持多久，但实践证明公正是校园文化中最重要的因子，也是每个人从内心深处所渴望的。贯彻“三公”原则，是学校管理排除种种掣肘与制约、走向豁达与敞亮的必由之路。

二、坚持原则，学会进攻，大力改造落后文化

中央电视台记者柴静在清华大学演讲说：“一个人进入另一个人心灵的过程是一个可怕的过程，可怕在哪？可怕就在于思想本身，思想本身的危险就在于思想本身是不安的。它拒绝接受已经形成的定见，他需要从自己的思考和感受出发去认识人，这本身就意味着动荡、不安、危险，还有进步。”学校是个知识分子集中的地方，总体上文化程度较高、自主程度较高、对领导依赖性较低，这意味着什么？这意味着科学而先进的理念一旦为广大师生所接受，很快就能落地生根，转化为现实的生产力；反之，校长在推行理念或落实措施的时候，思想层面感觉到的障碍会远远大于想象，毋论改变学校不良的风气。

这点在普通或薄弱学校体会尤其明显，因为这类学校校园内的非主流文化或者亚文化落后而发达：老爷教师多，挣到一点小钱的教师牛皮哄哄的；许多人养成做事慢腾腾的习惯，执行力严重欠缺，讲故事本领倒不小；不思进取，精神处于离职状态的教师不是一个、两个。一句话，校园中，“活命哲学”很发达，发展智慧却严重不足。这样的学校，校长不干事则已，一做事就感到反作用力大，“成本”巨大。

要改变这种学校的精神生态，办法唯有一个，就是团结一切可以团结的力量，以愿景和制度作武器，向不良的价值观进攻。因为要改变的是一茬人，甚至几代人的惰性积累，此时，你或许无法平心静气、做到优雅而从容，你必须放下身段和理论，旗帜鲜明，学会进攻，并承受远比柴静要更加困难、更加尴尬、更令人不可思议的处境。

人的思想的问题、学校的风气问题对一所要发展学校的校长而言，是一个无法回避的结，必须解开。在这个时候，迎难而上做好一些具体的事，就显得特别重要。因为只有努力才能打动人，只有事实才能改变人，只有成绩才能激励人。做校长十多年，渐渐明白古人所谓“行者常至，为者常成”的话，是有期许在其中的，是有智慧在其中的。想得多不如做得多，所谓管理，其前提是有为、敢为、善为。任何时候，

强调每个人“做事”的责任，在“做事”这个问题上强调执行、不支持讲太多的道道，应该成为校长切入工作的一条基本原则。

也有人警示，当前这个时代做大事大风险，做小事小风险。但不做事没尊严，也不会有改变与成长，不做事最危险。我们强调进攻和积极有为，当然要最大程度规避“强行拆迁”，而是更加重视沟通。改变环境，改变命运，改变学校的风气或气象，如果这符合学校的根本利益，自然会成为学校内部绝大多数同志内心的理性与坚守。相信人心向善，校长别得理不饶人，不咄咄逼人，多一些激励和包容，同样重要。

三、引领也是一种进攻，不让老实人吃亏

强调管理是一场进攻，似乎有点霸道、太强势，不够柔和。其实，进攻只是一种意志上的坚决，真正的管理，还需要引领与妥协。某种程度上，引领也是一种进攻。

通过理念引领、方向引领、专业引领，优化队伍，促进人和，是一件既培养人又团结人的好事。只是引领也需要资源和成本。有钱自然是最好，多发工资，多发奖金，多发福利。只是钱从何而来？钱对人的引领有尽头吗？一定程度上，校长个人的好恶轻重也影响舆情，成为教师价值掂量的重要方向。如果一所学校铜钿声始终响过诵读声，倡导的其实就是一切向钱看的取向，这就不太好了，会让在其他地方挣到一点小钱的教师更加牛皮哄哄，这对埋头敬业苦干的同志也是一种伤害与糟蹋。

那给晋升的机会？干部的岗位是有限的，也不是所有的教师都把当干部作为一回事的，将人的眼光引到当官上既不清流，也不现实。

引领最可靠的平台，应该是给人尊重平台，给人成功的机会，靠对制度公正无私的执行与奖掖，靠绝不让老实人吃亏的明确导向。概括说，需要再造学校的良性文化。

多年来，我们强调学校文化核心明确，即确立一个宗旨，学校内部发展的老师是最有面子的。要让每个教师具有内在的自我生长目标，进而实现由经验型教师向科研型、学者型教师的成功过渡；学校要通过各种教育故事与教育细节昭示，因为认真，所以美丽，老实人在学校是有地位的，喜欢读书学习的同志才是学校的中坚。同时，努力完善两个力场，即情景力场和内在力场，其中内在力场的形成尤其

重要。一个教师刚工作的时候雄心万丈，走着走着就平庸下去了，为什么？首先，他承认了自己的平庸并甘于平庸，在物欲横流中、灯红酒绿中，他自己迁就自己，反复说"这年头谁都不容易"，终于堕落得平庸了；其次，他没有了对思想的虔诚、缺乏了对事业的热爱与情怀，凡事马马虎虎，得过且过；第三，教师与教师之间缺少了交流，以庸俗来掩饰自己的贫乏和平庸，结果形成集体堕落或无意识。良性学校文化的再造必须瞄准上述三个成因做文章，努力打破这种庸俗的平衡，注入新的生机和活力。如果每一个校长通过自己几年的努力，让教师心中有目标，行走有规范，努力有方向，校内有位置，相信他必将有一支坚强有力的队伍，学校的事业也会因为"人"这个大字的书写而辉煌发达。

高中语文专题教学背景下的文本解读

王　军

新课改以来，高中语文教材建设百花齐放，由“统编教材”到“一标多本”，由“以知识为主线”到“解决实际生活问题为主线”，不一而足。然而，语文教改无论向那个方向伸展，于漪所说的“扣住文本、品味语言、体悟思想内容和情感”[1]，相信仍是许许多多语文教师的共识。这不，“文选”型教材结构模式始终未变，学语文还得从文本起步，单个文本的正确解读和有效吸纳永远是语文学习的正道。

只是，语文教材结构模式不变，并不等于说新课标背景下传统文本教学的方式方法不需变或不能变。与老教材相比，新教材个性的突出之处，在于纷纷摒弃“文体结构单元”的传统方式，代之以话题核心的专题组合。一个专题什么文体都能兼容，诠释也罢，拓展也行，延引亦可，但须围绕一个相对独立的人文话题选文。显然，这种安排颠覆了“课文仅仅是个例子”的传统文本观，进一步强调了文本独立的内涵价值和文化意义。那么，传统的文本解读方式如何予以相应的变化，才能适应专题阅读新目标的需要——构建学生完满的精神世界，培养和发展学生的主体性品质呢？

一、有的放矢：凸现“位置”的价值

《金岳霖先生》是苏教版国标本高中语文新教材必修二“慢慢走，欣赏啊”专题“一花一世界”板块所选的文本之一。不少老师上这课时，比较重视文中那些传神写照的细节描写，课堂上不断展开的关于细节之美的赏析动员和对话，丰富多彩。只是，大家似乎忽略了这样一个问题：教材编者此处选用此文的匠心和用意，仅仅是让同学们了解一个叫金岳霖的“有趣的怪人”“重情的真人”？换言之，细节之美的鉴赏应该不应该成为本文学习的第一要点？课文以金岳霖为题，实际上介绍的并不是一个人的风度风范，而是联大时期一代学人独特的精神状态和人格魅力。文章篇首就说西南联大有很多有趣的教授，最后又强调“联大的许多教授都应该有人好好地写一写”，显然，金岳霖并不是那个时代学人中的“另类”，而只是“其中的一位”或者“一花”而已。教学仅仅抓住“一花”，却看不到“一花”后面更为博大纯净的“一世界”，“慢慢走，欣赏”什么呢！有人说，本文作者于朴素的行文之下，还藏匿着一种淡淡的苦味以及“对未来的人、未来的事虔诚而殷切的期待”[2]，这些专题深处的精神营养，没能得到及时吸纳，实在可惜。

西谚“有一千个读者，就有一千个哈姆雷特”，说的是不同的人对好作品有不同的理解。其实，即使同一个人，处在人生的不同阶段阅读同一部作品，由于观照视角的不同，观感也会有差异。选入中学语文教材的作品，如果不是十分勉强，大多文质兼美，值得学习和鉴赏的地方、层次应该很多，而课堂教学的时间却是有限的，如何在最短的时间内将学生带到作品花园最美丽的地方，一直是个问题。过去我们的选择常常是教师怎么方便就怎么处理；个人水平有多高，文本的解读和挖掘就延伸什么层次，不讲究。专题教学框架内这样随意的处理显然是不行的。因为任何课文不仅有其文本固有的内涵和艺术价值，同时还有独特的“位置”意义——它总是置身于某一特定的人文内涵和专题情境之中，并且努力为所在专题的主要建构目标服务的。看不到这一点，教学就会失去整体性，变得零碎、简单、平面，没有了基本的方向。

重视文本的“位置”意义，就是强调文本解读的基本定位。同一文本，如果收录它的专题不同，理论上解读的重点也应该不一样。苏教版高中语文必修三“号角为你长鸣”专题“底层的光芒”板块收录了杨绛的《老王》，不巧的是，该文同时入选人教版初中语文八年级上册教材。同一个文本，落在不同的学段，如何教得各有精彩又有所区别？笔者细心考察，初中老师常常这样带学生：理清并列出作者“文革”中与人力车夫老王交往的所有片断；围绕重点词句，分析老王其人身上可贵的品质，理解作者表达的情感；写法归纳及对比拓展。可叹的是，不少高中教师也这样重复处理文本，既没有体现出学段间的层次，更没有触及“号角为你长鸣”这个基本的人文命题的。何谓“底层的光芒”？其意一，应该阳光明媚的地方却一片暗黑，不正常；其意二，不该光亮的地方却出现了希望的亮光，难能可贵。如果教学从这个对比中展开，至少应该让学生搞清如下问题：在一个是非黑白颠倒的年代，知识和良知被践踏在地，道德和文明在夹缝中呻吟，而一个自身社会地位急剧提升的人力车夫，为何却能一如既往地表现出对知识及落难知识分子的敬重及关爱？作者文末说“几年过去了，我渐渐明白：那是一个幸运的人对一个不幸者的愧怍”。杨绛为何称饱守折腾的自己为“幸运的人”？如何正确看待和理解文章“变”与“不变”后面可贵的人性坚守，对于支撑社会公正、道德准则、人类良知的现实意义？

二、精选问题：读出思想的力量

强调高中语文教学中的专题意识，并不是说文本只是一个工具，只为专题内涵服务，没有独立的主体价值。恰恰相反，任何时候，任何精神营养的获得，都必须建立在对单个文本充分的理解和尊重之上。重要的是，如何将文本的解读进一步落到实处和深处？当前语文教学片面强调所谓的重点、难点、疑点，并且穿靴戴帽努力和新课程强调的三维目标挂起钩来，其实是一种新的形式主义。语文与其每节课都空洞地提一些诸如“了解”“感知”“学会”的概念性要求，不如实实在在地讨论和解决几个具体的问题。问题，才是一切富有价值的思考的开端。

有人说，语文教学从不缺问题意识，除了铁竿的“一讲到底”派外，大部分语文教师都会在课堂上提问。确实如此。然而，不同的教学应该选择什么类型的问题、选择多大难度水平的问题、如何安排提问的顺序，仍然缺乏讲究。那种天女散花式的“满堂问”，尽管屡遭质疑，但如百足之虫僵而不死。提问目的不明确，提问太复杂，提问太勤不给学生思考的时间，自己提问题自己答，只接受自己期望的答案等等现象，更是不一而足，这种看似热热闹闹、实质空空洞洞的“伪”问题教学，严重干扰了课堂教学的有效、高效。好的问题，总能在教者提出的内容和学生对内容的理解之间架设起一座思考的桥梁；它不仅仅是一句话、一个设问，更是一种思维的提示、一段情感的线索、一篇长文的核心，一经提出文本便通体透明，形神俱出。听过两个教师讲《蜀相》，一教师张口便问，该诗为何不题作《题成都武侯祠》？满座寂然。怎么回答？诗人没有这么做而已。《蜀相》就是真的命名为《题成都武侯祠》，也无不可，以地名或古迹为题的怀古诗，在杜甫本人的诗集中就不鲜见。有同行悄悄告诉我，这是教参上的设问，恍然大悟。换一教师教《蜀相》，仍在题目上做文章，他问的是此诗既定名为《蜀相》，何不干脆叫“孔明”或“诸葛亮”不是来得更为通俗、明白、晓畅？学生们的眼神很快亮了起来。赞成者有之，反对者有之，但在教师的引导下，大家慢慢明白诗文命名其实很有讲究：叫《蜀相》而不叫《诸葛亮》，从语体上说显然更庄重；更重要的是，作者以《蜀相》为题，突出了诸葛亮“吏”的身份，“亮”出了作者观照历史人物的政治视角，这显然更切合他身处乱世、渴望圣君贤的内心诉求。还有学生据杜甫的儒家思想渊源以及“致君尧舜上，再使风俗淳”早年志向，指出《蜀相》这个题目暗含诗圣内心的郁闷与隐痛：同样才华满腹，一个功成名就，青史垂名；一个却报国无门，功业难就。从会不会提问题的角度比较，后面那个教师的题目文章显然做得比前者出色。

刘宇新老师曾在《语文建设》撰文指出，一个问题要称得上是“问题”，须具备基本的起点和目标：在文本内可以找到答案；利用已有的知识可以解决；能够引发学生的思考兴趣；能够提高学生的思维品质[3]。专题教学背景下，上述几点尤其重要。因为任何一个文本的解读，都需要设置直插作品主题的主干问题，主干问题容量大、内涵深，往往“一引起纲，万目皆张”，能够体现出思想和逻辑的力量，但主干问题不宜脱离具体文本的学习直接抛出来供课堂讨论，它需要通过一些文本内可以找到答案的散点小问题来予以铺垫，水到渠成地从文本中自然生发出来。因此，语文课既要做足支撑课堂的主干问题功夫，又要精心设置丰富课堂的散点问题，二者有机结合，教学才能大珠小珠，珠珠落玉盘。

三、张弛有致：教出节奏的和谐

高中语文新教材以专题为基本结构单位，每个专题都有独立的灵魂、具体的情境和可生长性，实际上已构成一个个完整的系统。系统论要求语文专题教学改变传统那种“教一篇是一篇”的零打碎敲方式，对教学过程中相互联系的各个部分做出整体安排，以体现出节奏感和节奏美。

一要主次分明，正确处理好重点与非重点的关系。新教材每个专题一般都有两至三个学习板块，板块由有关选文及其他相关学习材料构成，板块与板块之间有较明显的递进、拓展关系。不少教师喜欢在每个板块中各选一篇课文来教，以解决整体教学时数不足的矛盾，这种安排其实是不科学的。“处处”摸到，看似合理，其实蜻蜓点水没有重点，这就如同一支乐曲没有高低快慢、激烈缓柔，不仅该讲的没讲透，而且节奏冗长单调，不利于激发学生自我探究的热情。所谓“只教不懂的，不教已会的”，详处应当泼墨如水，略处何妨惜墨如金。

二要循序渐进，正确处理好师生不同理解能力间的平衡。“诗无达诂”，文本亦然。不少教师善于钻研，对文本往往有独到的理解，但学生这头却不一定消化得起。因此，我们常常看到这样的课堂：教师总以为对文本的剖析是越细、越玄、越复杂越好，不顾学生的实际接受能力，鼓点繁密，连环解读，急急令出，学生却无动于衷，漠然相对。贪多求深、滥施“肥力”的结果只能是欲速则不达。

三要张弛有度，正确处理好课堂紧张与悠闲之间协调。“文武之道，一张一弛。”吕叔湘先生关于语文教学打过一个比喻：“它类似于农业，而不是工业。”[4]吕老此话是什么意思？他在说语文教学不能搞机械操作、程序推进，要留下足够的空间和空白，让学生发发呆，想一想，笑一笑。精神底子的形成有似农作物的生长，本不是一天形成的，它需要经历一个由春播到秋收的自然生长过程，违背农时，拔苗助长会闹笑话的。有教师在拿到模块教材时，发觉教材安排的几个相邻专题，个个话题沉重，立刻提醒同仁及时调整教材原有专题学习的次序，这应该也是一种“以人为本”。印度哲学家奥修说过：“当鞋子合脚时，脚便不感到存在。”或许，我们可以将这句话作为语文专题教学节奏和谐与否的试金石。

参考文献

[1] 于漪. 克服浮泛 精心探究[J]. 语文学习，2007(1).

[2] 吕冀平.《负暄琐话》序[M]//张中行. 负暄琐话. 北京：中华书局，2012.

[3] 刘宇新. 谈阅读教学中的问题确立[J]. 语文建设，2006(5).

[4] 范守纲. 温故[J]. 语文学习，2007(1).

散文教学中语言的品味

——兼谈《紫藤萝瀑布》一文的教学

王 军

《紫藤萝瀑布》是作家宗璞1982年所写的一篇抒情散文，抒情的基本手法是状物抒情，也叫“咏物抒怀”“托物言志”。这种融情入景、借助对客观景观或事物作主观描摹，从而抒发作者情怀或幽思的笔法，在我们的文学传统中并不鲜见，唐诗里有，宋词里有，八大家的散文更是俯拾皆是。

问题在于，学习散文的是一批文学背景相对薄弱、生活阅历也极为有限的初中孩子。如何引导他们“披文入情”，理解作者感性表达后面的理性架构、满纸景语后面的独特情怀、人格境界，才是最重要的。

有些老师的习惯作法是先介绍一下此文写作的时代背景及个人不幸，然后设计一个表格，让学生据课文内容填充，最后集体讨论一下焦虑的作者在观赏到蓬勃旺盛紫藤萝后的心情变化，这就基本解决了问题。学生实在理解不了，还可报个答案记下，课后好好背。当然，能力强的老师还可以就此延伸开去，借助生机勃勃大自然，进一步阐释生命的无所不在、生命的百折不挠、生命的短暂和永恒……甚至走得更远。

只是，这样的课堂就像是一个完成任务的车间，只有与机械的操作，没有情感的投入和体验，更没有对语言艺术的玩味和涵咏，所谓的“披文入情”，充其量是隔靴搔痒。

文学是语言的艺术。所谓写作，不过是一种心灵的释放与倾诉，本质是写作主体内在精神、独特个性的自由显现和文字外化。任何思维和情感，是需要借助语言这个物质的外壳来加以表现的。作为读者的我们，如果忽略语言这个情思的外壳，不能从作家呈现的语言中感受到表达的温度和力度,原则上无法走进作家心灵。

语文教学被许多人批评为“种了人家地,荒了自家田”,是“非语文课”“泛语文课”,根本原因在于,教师不重视文本的语言学习,教师自身对语言也没有感觉或感情。面对妙词佳句,既不识货,更不“惊艳”,所谓引领学生“咬进文字的深层,嚼出语言的真味”自然就成了空话(王尚文《为“咬文嚼字”鼓与呼》)。

值得欣慰的是,也有老师讲授《紫藤萝瀑布》时,能始终紧扣文本语言这个重要的载体和平台,带领学生反复朗读、反复涵咏和品味,从而上出了一堂很好的语言课。有老师要求学生以《致紫藤萝》为题,把课文改写为一首小诗,很短时间内,学生们拿出了作品,所展示的作品既有文采,也切合原文的主旨。这说明语言的品味是很重要的,也是可以实施的,并且是有效果的。

这里,不妨以《紫藤萝瀑布》教学为案例,探讨一下散文教学中的语言品味问题。

一、语言品味,到底“品”哪些语言?

散文是一种非常活泼的文学体裁,可叙事,可议论,可描写,可抒情,甚至还可以来说明,其表达方式丰富多样;散文表现的内容和手法也百花齐放,语言简约、内容隽永的散文,具备诗的特质,还被称为散文诗。因此,好的散文作品,从内容到形式、从语言到表达,都让人有话要说。今天,我们研究写景状的散文,尤其是饱蘸作者浓情的写景散文的语言表达,话题相对比较集中。但即便如此,要抓、能抓的“点”仍然很多,而课堂的时间是有限的,找哪些点呢?

有人说,学生不懂的词语和句子,就是需要学习和品味的内容。我不以为然。学生不懂的词,请个人查字典、词典或参看注解就行,老师也可直接给予答案;学生全读不懂的句子,不是作者表达或翻译有问题,就是学生不了解这个句子的前因后果而已,不必全面展开讨论。我们更要关注的,是那些学生半懂半不懂的东西以及心里有美感,但一时却说不清、道不明妙处究竟在何处的句子。那几个字是认识的,那里好像话中有话也是知道的,但其潜在的意蕴却闹不明白,这才需要相互研讨、品读。就《紫藤萝瀑布》而言,为了表达花开得盛,作者用“辉煌”一词来形容她面前的“一片淡紫色”。什么叫“辉煌”,它一般用来形容什么?一树淡紫色紫藤花再茂密,何至于用上“辉煌”一词?但作者就这么用了,不但表现出花开得灿烂,还写了内心的震惊和惊喜:原来,我并不知道紫藤萝能开到这个份上!

也有老师的答案是“重点词句”,也就是我们常说的关键词语和句子。为了不让太多的旁逸斜出发生,他设计了一道题:“这是一树________的紫藤萝?”然后让学生品读表现藤萝生机盎然的句子,说说这个定语体现在文本的何处,这就让语言的品读进入了一个轨道,一个如何调集语言写足写活事物蓬勃旺盛特征的鉴赏轨道。同时还将语言的品读和对作者情怀的体会有机地结合起来,与文章主旨的探究有机地结合起来。教学中,教者如能不时与学生互动,加以引导和放大,课堂上就能形成了“披文入情”的良好情境。

当然,一次教学活动中,语言的品读应该是多重的,应该也允许还有其他的轨道存在。重要的是不能眉毛胡子一把抓,什么都说到,但为什么讨论这条线的表达,最后大家都不清楚。

二、语言的理解和品味,应该从那些角度切入?

“亏你想得出来”的用词别致与生动,句式的灵活与气势,修辞恰到好处的使用和联袂使用,文句内蕴的个性化解读,都是很好的角度。

但衡量或者领略语言的表达之美,首先应该着眼的是语言的整体表现力,即作者要写的意思是不是写全写足,遣词造句是不是风格统一、整体和谐。《紫藤萝瀑布》写作者偶见一树盛开的紫藤萝花,睹物释怀,心中的悲痛焦虑化为精神的宁静,感受到生命的永恒,歌颂了生命的顽强,这是典范的状物抒情。试想,宗璞先生如果没有从整体到局部,再到每一朵紫色花盏的浓墨重彩,没有从光到色、到态、再到味全方位摇曳生姿的呈现,我们能相信并感受到一个心灵重负的人,见到一树紫藤,就能获得如此由衷的惊喜与释放?!作者没有将静态的植物写活、将没有思维生命的草木写得风情万种、活泼可爱的功夫,我们能相信一株植物有那么大的催进力,能带走一个压抑的人内心长久的郁积,并且扬起理想的风帆?!都不太可能。所以,所谓写景抒情、状物抒情,抒情的大前提是能否把物“状”好、“状”足,把景写活、写出态度和情思、写出人内心的精神境界。景写得如梦如幻、物状得如在眼前,作者的情思自然得到流露,这样的语言才是好语言,这样的表达,才是真正成功的表达。《紫藤萝瀑布》显然做到了这一点。你初读课文,觉得作者似乎完全沉浸到藤萝盛开所带来的喜悦之中了,大段大段的描写,一个接一个的比喻,可谓浓墨重彩，感性得很。学完课文了，你回头再细看，其实那些景物描写既有次序，又有章法，完全是一次理性架构的结果。这种语言的功夫，比起那些开篇就是“好一树紫藤萝”，至于怎么个好，却写得七零八落的文章，不知高明多少。当前，我们的学生习作，有太多辞章华丽的抒情，对于描写显得心有余而力不足，根本原因，就是缺乏语言的整体表现力。

三、课堂进行语言品味，师生可用的工具或手段有哪些？

有人说“读”，对！“读书百遍，其义自见。”古人还强调“口到，眼就到，心很快就会到。”其实，我们成人对“读”的好处，感受是非常深刻的。如某首词作一般的歌曲，我们读了词，几乎没有印象，但听别人朗诵一下或遍一唱，就觉得有味，如果我们自已小声哼哼，一下子就投入进去，有时候能哼得柔肠百转。“读”，对理解文本的作用，无需认证。

除了读，还有哪些方式方法？换词比较：“紫色的大条幅上，泛着点点银光，就像迸溅的水花。仔细看时，才知道那是每一朵紫花中的最浅淡的部分，在和阳光互相挑逗。”这里，用了“挑逗”一词，藤萝花一下子风情万种。那么我们是否可以用其他的词汇，如“玩耍”“映照”？显然效果大打折扣。相对而言，“玩耍”又比“映照”要好。

抽出某个句子看表达效果的缺失，也是方法之一。如“我在开花！它们在笑。我在开花！它们嚷嚷”。千万不要小看这两个段落，内容丰富得很。抽离了，就会见得文本的单调与呆板。

当然，还可将句子放到一个更宏大的“文化场”中去品咂和体味其传承之美。以前笔者在讲解李煜《虞美人·春花秋月何时了》时，解读词中名句“问君能有几多愁，恰似一江春水向东流”，为了让学生充分了解李煜的亡国之痛、浩荡家愁，列出了十多个不同时代、不同诗人写愁情愁怀的作品，一一比较，既了解它们的相同之处，又突出它们的不同之处，学生很容易就从语言的铺陈中，感受到中国古人对人生况味的理解和表达是一以贯之的，呈现出一条壮丽而丰富的文化长廊。

另外，探究和追问句子的内蕴、仿写与重组等等，都是手段。需要强调的是，尽管语言品味的方法很多，但千流归一，既要让学生弄清写了什么，也要明白写法的精妙，更要披文入情，让学生充分感受到作者内心情感的脉动。

语文课堂教学中的语言品味,是个细活,它需要营造发现语言魅力、探究语言神秘的氛围,更需要师生身心的投入和热爱。但语文教学不仅仅是进行语言这个工具的学习与使用,它还有其他的任务,如精神的拓展、文化的传承、人文底蕴的积淀,等等。这就要求我们对语言和文本的把握,既要入乎其内,又能出乎其外,从而正确处理好课堂整体教学与局部语言品味的关系,避免教学的零碎与芜杂。建议语文老师在课堂中要多多做减法,努力把研讨的面收紧些,切忌贪多求广。至于怎么做这个减法?我有三句话送给大家:一是目标简化,二是内容优化,三是活动深化。

所谓目标简化,就是目标不妨问题化。我们学习了新课程的不少理论,但千万不要指望一堂课就形成什么语文能力,达成所谓的三维目标。当前,理科老师教学一般目标是单一具体的,文科目标则较为宽泛含糊,貌似非常全面,其实空虚得很。我的主张是不妨也具体一点,发现一个或几个具体的问题,解决这个或几个问题。把基本的问题都搞清楚了,任务就算完成了。当然,这也不能走到另一个"文科教学习题化"的极端。

所谓内容优化,就是牢牢记住简化了的目标,不断整合各种问题,删繁就简,突出重点和重心,把核心的问题理清理透。

所谓活动深化,强调的是,语文课堂教师不能搞"一言堂",要组织学生进行有效的语文活动,且活动要一环扣一环,循序渐进,做到可跟踪观察效果、可反馈学情、可顾及更多主体。一句话,课堂教学要有主线,且主线分明,不易被枝节问题所干扰。

所谓语文的能力,其实就是一个人对语言热爱的程度。如果学生热爱甚至迷恋语言,那么,每个我都有可能成为作家,每个人都将是终身学习理念忠实的践行者、创造者!

换个视角，实现课堂的别样翻转

——谈接受美学对思想政治课教学的启示

朱丽萍

接受美学是联邦德国康士坦茨大学教授姚斯和伊瑟尔创立的，以读者研究、接受研究为着力点的美学理论派别。接受美学的核心是"读者中心论"，它认为，作品美学价值的实现是读者参与创造的结果，其意义和价值只有在读者的阅读和接受过程中才能得以体现和印证。接受美学理论不仅对西方文论产生了颠覆性的影响，许多观点对其他领域特别是教育也有指导意义。中学思想政治课教学，重在"思想"的授受与传承，以灵魂净化与人格塑造为主旨，从接受美学的角度来看，学生能否接受是其最终环节也是最关键的环节，接受意味着教育教学的实现。可见，思想政治课教学与文学创作颇有相通之处，在教学中积极借鉴接受美学理论以提高教学实效不仅可能而且必要。

一、把握主体需求，按需施教，注重教学的针对性与层次性

接受美学认为，文学作品的价值不仅取决于作品本身的属性，还取决于读者的主体需求性，离开了读者的特定需求，作品就只能是还没有价值化的纯客体，或者说，只能是文学的潜在价值。思想政治课的教学过程是师生双方价值双向建构的过程，学生作为接受主体的需求性，对教学接受效果同样起着决定性的作用。学生是有差异的个体，他们的需求是丰富而多样的，而我们的教学通常是从社会、党和国家的需要来考虑对学生进行思想政治教育的必要性和重要性，很难顾及学生立场及其期待视野。教与学双方视界的错位，使得教学效果不太理想成为必然。因此，要想取得理想的教学效果，首先要从学生的需求出发，兼顾教学内容的针对性

和教学目标的层次性，按需施教。

1. 提高内容的针对性

思想政治课理性思辨的课程特点与中学生偏于感性的思维特点不易并轨而行，其内容往往被打上“抽象、枯燥”的印记，难以被中学生所接受。理论联系实际是求解这一难题的不二法门。教师要善于从社会生活与学生生活中撷取能印证教学内容的鲜活素材，并与学生的已有经验相结合，力求在讲清基本概念与观点的基础上，引导学生运用基本理论，分析并尝试解决现实问题，让学生从中感受课程的应用价值，提高课程的吸引力和说服力。如讲授《树立正确的消费观》时，不妨发动学生对本校所有学生及其家庭成员的消费状况开展调查，并收集社会上关于“月光族”与“酷抠族”相关资料，在此基础上再组织课堂辩论，相信学生对正确观点的接受一定水到渠成。

2. 明确目标的层次性

学生是有差异的个体，他们对同一内容的接受能力不可能整齐划一。我们强调学生的全面发展，并不意味着所有学生都要同步发展，而是要求教师在充分认识学生个性差异的前提下，注意因材施教。从接受的角度来看，我们可将思想政治课教学目标划分为以下几个层次：在知识接受方面，可分为识记、理解、运用三个层次；在信念接受方面，可分为认同、相信、坚信三个层次；在行为接受方面，可分为一般服从、自觉保持一致、创造性捍卫三个层次。教学过程中，我们应在深入了解学生已有知识水平、能力发展和价值观形成状况的基础上，面向全体，尊重差异，制定切合学生实际的教学目标。既不任意拔高，也不随意降低，分层推进，逐步深入，使每个学生的知识、能力和觉悟都能在原有基础上得到最大限度的提高。

二、调整课堂结构，巧布空白，激发学生的探究欲和创造欲

接受美学认为，文学文本和文学作品是两个性质不同的概念，文本在读者没有阅读之前只是半成品，文本成为作品需要读者的介入，是读者审美感知的结果。而文本在结构、人物性格、心理描述等方面，往往留有许多“空白”。这些“空白”是吸引与激发读者想象来完成文本、形成作品的一种动力因素。可见“空白”不仅不是文学文本的缺点，而恰恰是它的特点与优点。如果以接受美学的这一观点来审视

我们的政治课堂教学,便会遗憾地发现,在高度强调课堂效益的今天,大容量、快节奏备受推崇,我们的教学结构在教师精心设计的无缝衔接下已密不透风。课堂上,学生要么怕跟不上老师的节奏而高度紧张,要么因反正跟不上而自我放弃、彻底松懈。总之,课堂在学生的极端情绪状态下失去了应有的灵性与生机。"大音希声,大象无形",灵动的课堂,一定是疏密有致的课堂,如果我们在教学过程中巧妙"留白"、虚实结合,必能收到无声胜有声的奇效。

1. 设置悬念,拓展学生的想象空间

精彩的剧情总是这样的:"暂摄情形,略收锣鼓……令人揣摩下文,不知此事如何结果。"(李渔《闲情偶寄》)精彩的课堂也应如此。高明的教师都是设置悬念的高手,懂得在紧要处"卖关子""吊胃口",激发学生探究和创造的欲望。如在讲授"矛盾"这一概念时,教师不急于讲解,而是抛出一连串的问题诱导学生看书、思考、争议。"张三与李四闹矛盾了。这里的矛盾与哲学上的矛盾是否同一概念?";"某人说话前后矛盾。这里的矛盾与哲学上的矛盾有区别吗?""我们常说对立阶级之间存在着可调和的矛盾。这里的矛盾又作何理解?"在此过程中,教师始终不直接说出答案,仅作适当的点拨讲解,让学生品尝找出答案的愉悦。巧设悬念,切合了认知内驱力的要求,造成急切期待的心理状态,促使学生产生问题意识和探究冲动,是激活课堂,提高教学接受度的催化剂。

2. 抓大放小,保留学生的自主领地

李密庵的《半半诗》有云:"酒饮半酣正好,花开半吐偏妍。""半少却饶滋味,半多反厌纠缠。"颇具哲理的诗句,道出了人生的真谛。教学何尝不是如此。中学思想政治课的教学内容繁多,涉及经济、政治、文化与哲学多个领域,知识点面广量大,教师不可能,也没有必要面面俱到。课讲五分正好,七分足矣。重点、难点,着力精讲点拨,其余尽可放手交给学生自主探究,以避免无谓的重复。

3. 举一反三,挖掘学生的创造潜能

"施教之功贵在导航,妙在开窍、要在转化"。教师在有限的时间内不可能涉及所有问题,教学也不能止于让学生找到有限问题的答案,因此,关注学习方法和能力的培养就显得尤为重要。教师要善于运用迁移规律,把要解决的新问题与已解决的某一类问题联系起来,找出共同规律,将未知转化为已知;要精心选编习题,可设计为一点多题以强化巩固，或一题多点以系统巩固，或一题多解以引导学生标新立异。总之，要让学生能运用已有的知识和方法去解决众多的新问题，做到闻一知十、举一反三。

三、揣摩接受心理，审时度势，把握教学的佳期与良机

接受美学认为，读者的接受活动是以其全部的心理活动为基础的，一个读者在不同的条件下阅读同一部作品往往会有不同的感受，一个关键的因素便是读者阅读心境的变化。教育是最特殊的生产过程，在这个生产过程中，学生的心理状况会直接影响其思维活动的强度，不同的情绪对智力活动的开展会产生不同效果。愉悦的心境，可形成优势兴奋中心，接受通畅而顺利；而烦恼、恐惧、憎恨的心绪会妨碍正常的学习活动，导致接受受阻或衰减。因而，在思想政治教学过程中把握学生的心理状态至关紧要。

如何能使学生自始至终在自信而愉悦的积极心态中顺利完成学习任务呢？以下三个方面应引起我们足够重视。

1. 坚持适度原则

过多、过强或作用时间过久的刺激，都会引起刺激对象心理不耐烦或产生逆反心理，这就是“超限效应”。因此，教师在教学中，一方面要依据学生的接受能力确定教学内容，突出重点，切忌贪多嚼不烂。另一方面，要注意对学生进行评价和教育的语气，忌用力过猛，令人生厌。此外，还要坚决克服随意拖堂的陋习，以免挤占学生课后休息时间，造成学生不必要的紧张。作业也应适量，难度适中，注重质量，避免简单、机械、重复性的习题。

2. 关注提问公平

学生都很在意自己在老师心目中的地位。课堂上，无论是成绩优秀的，还是暂居其后的学生，对老师提问题的次数都看得很重。如果教者提问不均，部分学生会因老师关注过少而不开心，有的甚至产生抵触情绪，从而直接影响教学接受的效果。因而教师应树立全面的学生观，公平的教学观，课堂提问应给所有学生以均等的机会，从而最大限度地保持学生旺盛的学习热情。

3. 重视成功体验

心理学研究表明，学生的极度失望往往由经常性的失望累积而成。如果学生

多次在提问中表现欠佳，老师认可度低，或在考试、练习、作业中得分较低，都会产生失望情绪。这种消极的情绪体验如不能及时排解，往往会泛化为对教师、课程甚至学校的厌倦。基于此，教师要特别注意创设让学生获得成功的情境。比如适当调整试题的难度，分层作业，梯度推进，提高学生的相对成绩，让学生总能看到希望，从而提高对自我的认可度。这样做不是无原则地迁就学生的脆弱心理，而恰恰是针对学生的接受心理采取的积极应对策略。随着学生兴趣的发展、心理的日益成熟，其接受能力便会在不断拥有的成功的喜悦中逐步提高。

思想政治课的教学过程，是教师的价值引领与学生的自主建构相统一的过程，也是师生共同的审美与创美的过程。以接受美学的视域来观照这一过程，实现了从教师立场到学生立场的翻转，不同的视角自会带来别样的风景。

反弹琵琶奏“学”曲

朱丽萍

新课程改革以来,我们的课堂观经历了从以教师为中心到以学生为中心,再到以学习为中心的转变过程。认识到学习才是课堂的中心,是我们对教育规律的研究、把握与遵循的结果,不仅能让我们从观念上厘清课堂的本质,更为重要的是,可以让我们从教学实践上真正明确课堂应关注的焦点,始终围绕“学什么、怎么学、学得如何”来设计、组织和评价教学,让师生在课堂的协同活动中都能学有所得,学有所成,真正实现教学相长。认识的目的在于指导实践,但是,知易行难,怎样构建以学习为中心的思想政治课堂?较之于理念的更新,行为的改变更为重要,在具体做法上,我们不妨打破常规,反其道而行之。

一、釜底抽薪,逼其自学

《学记》有云,教学不可“陵节而施,躐等而上”。布鲁姆的支架式教学理论,也说明了教师基于学生的最近发展区,搭建支架辅助学生攀缘的重要性。但是,对理论的误读,往往带来实践的误区。不少教师仅仅看到了支架的作用,于是,热衷于搭建各种各样的支架,如现在许多学校盛行的导学案便是其中之一。导学案一般包括课前预习任务、课中探究活动、随堂检测以及课后练习,有的还有学习目标和方法,内容详尽具体,学生一案在手,无需再作学习规划,照案实施,一切便可OK了。其实,搭建支架只是手段,学会学习才是目的。教是为了不教。因此,践行支架教学理论,不能忘了它的一个重要原则——渐退性。教师不仅要学会搭支架,更要学会适时地拆除支架,只搭不拆,其结果必然是让学生形成对支架的依赖,进而退化甚至丧失其自主学习的能力,最终与我们目标南辕北辙。所以,要构建以学习为中心的课堂,教师有时要狠狠心,来个釜底抽薪,适时拆除支架,逼迫学生独立自主地学习。

就学案导学而言，在新生进校之初，我们不妨设计得尽可能详细些、具体点，给学生一个明确的学习路线图，之后就要渐渐简化，直至没有。当然，不要支架不等于不给支点，课前和课中，我们可设计一些开放性、实践性的任务，让学生自主完成。比如，在学习《征税和纳税》一课时，学期已过大半，于是我大胆弃用导学案，只在课前设计了两个任务：一是家庭调查：你家交过什么税？交多少？要求学生将调查结果制作成图表，并以 PPT 的形式在课上交流。二是资料查找：世界上不缴税的国家有哪些？并告知国家和省、市税务官网的网址。提醒学生在完成任务的过程中，遇到困难可以求助的对象有网络、同学、家长、老师等。由于任务完成情况要在全班展示，学生不敢怠慢，受自尊心的驱使，遇到困难时大都选择自己查找资料解决，实在不行再向他人求教。第一个任务，涉及税收的种类和税率，相关概念学生大多通过网络可以自行解决。调查内容则需要学生与家长沟通交流，制作图表和 PPT，有的学生可独立完成，有的则需要向他人求教。学生通过调查和交流可大致了解我国（至少是我市）普通家庭的税收现状。第二个问题，其实无解。为求答案，学生必然要浏览相关网站，从而可以获得更多的有关税收的资讯和知识，无形中拓宽了他们的眼界。因此，这两个任务看似简单，却需要学生动口、动手又动脑，兼具开放性和实践性的任务设计，增加了学习的广度与厚度。学生在课堂展示时，虽然难免有种种不足，但总体比预期效果要好得多。脱离了支架的学习，让学生在体味独立自主之艰难的同时，也品尝到了由此带来的更深刻的成功体验，从而增强自主学习的认同感和自信心。

二、节外生枝，激其思学

“学而不思则罔，思而不学则怠”。激发学生思考，把思维引向深入，从而不断提升学生的思维品质，是学习的题中应有之义。而思维品质是在问题的发现与解决中历练而成的。但是长期以来，我们在教学中，似乎更乐于扮演清道夫的角色，逢山开路，遇水架桥，不断地为学生扫除学习道路上的障碍。“懂了吗？哪里不懂？老师再讲一遍。”不厌其烦，诲人不倦，直至看到学生疑云满布的脸终于烟消云散才心满意足。“文似看山不喜平”，学习也是如此。山重水复，远比一马平川更能激起学生的探究欲，问题丛生才能触发脑洞的核按钮。思想政治课的许多内容，如果从结论上看,并不十分难懂,甚至是浅显的,如果只求知识的获得,讲课一带而过即可,学生也无深究的欲望。如果要让思维提升,则不可轻易放过,可以人为地制造些"麻烦",设置些"障碍",挖掘些"陷阱",故意为难一下学生,以激起他们的好奇心和探究欲。

如税收的三个特征,若是直接讲解或让学生看书自学,当堂检测的效果往往也不错,一般情况下,学生也没有疑问。可看似无疑,实则不然,如果教法稍作改变,情形就会大不相同。如果我们创设这样一个情境:进城打工的老王,一次偶然的机会买彩票中了 50 万元大奖,领奖时发现只有 40 万,老王高兴之余,免不了抱怨:"这是我的钱,凭什么不经过我同意就扣了? 10 万呢! 存到银行光利息就不少呢,就这么白白交给国家了连个响都没听见! 买菜还兴还个价呢,咱家又不富裕,怎么就不能少扣点?"这一情境隐含了税收三个特征,但是,教师不作点拨,对老王的抱怨,也不作任何评价,而是直接转向学生,"元芳,你怎么看?"由于老王的抱怨其实也是多数学生的困惑,只是这些困惑在此前是隐性的,学生自己也未曾察觉,经老王一说,学生忽然觉得"也有道理",情感上极易与老王产生共鸣。当然,也会有部分学生意识到老王观点的局限。于是,学生会自然分成观点对立的两派。此时,教师再趁机引导他们辩论,并故意站在老王的立场与学生争辩。这一过程,仿佛一场思维的障碍跑,要不断经历从自以为是,到似是而非,再到豁然开朗的三级跳,在这不断加码的障碍跨越中,学生的思维品质也随之水涨船高。

三、明知故犯,诱其乐学

教育的艺术不在于传授知识,而在于激励、唤醒和鼓舞。苏霍姆林斯基曾说:"如果教师不想方设法使学生产生情绪高昂和智力振奋的内心状态,就急于传播知识,那么这种知识只能使人产生冷漠的态度……学习就会成为学生的负担。"因此,课堂上我们要尽量让学生以愉悦的心情参与学习中来。思想政治课理论性强、内容相对枯燥,极易成为学习倦怠的高发地。教育心理学表明:课堂上,教师表现平平固然不能吸引学生,但如若发挥过于出色,往往会使学生相形见绌,感到心理压抑,反应迟滞,导致信心不足、自卑心强、进而影响其学习的兴趣,怀疑自己的学习能力。"课堂是一个允许犯错的地方",不应将教师排除在外。教师偶尔故意犯点错,卖个破绽,自黑一把,可以使学生认识到老师也是常人而非超人,从而增强自信、找回自我。同时,也营造了愉悦和谐的课堂氛围,有利于学生轻松快乐地学习。

还以《征税和纳税》为例,教学中我们发现,税收的三个基本特征的具体内涵与学生对"无偿""强制"及"固定"这三个词的既有内涵的理解并不完全一致,涉税违法行为中的偷税和骗税行为也极易混淆。在参与小组讨论时,我故意在不同的小组抛出"所谓无偿性就是没有任何补偿""强制性就是强迫纳税人依法纳税""固定性就是一经确定,永不再变""偷税和骗税,都是运用欺骗的手段,因而两者没有本质的区别"等错误观点。结果引得学生七嘴八舌,"群起而攻之"。我则假装"灰溜溜地败下阵来"。在评讲试题时,我根据以往经验,在学生错误率较高的几道题中选择一题,也故意给出与大部分学生一致的错误答案。不出所料,很快就让少数做对的学生抓住了把柄,我趁机让其中一个平时少言寡语的学生阐述理由,意想不到的是,平时说话怯生生、嗑巴巴的他,竟条理清晰、逻辑严密、洋洋洒洒地发了一通"宏论",让全班同学刮目相看!最后,他还不忘安慰老师:"这题确实有点难了"。哈哈……课堂响起一阵快意却也不乏善意的笑声……老师居然也错了!连老师都错了呢!轻松欢乐的氛围、相对成功的体验,让学生瞬间找回自信,勇气爆棚,学习兴趣大增。

四、退避三舍,让其畅学

教育的本质是交往,是包括教师在内的课堂成员在平等前提下的心境开放。一直以来,教师在"师道尊严"的驱使下,总是过分强调自身的尊严,忽视学生的尊严,习惯于向学生展示自己强硬的作风,以此来证明自己的能力和魄力。其实,教育心理学表明,教师在教学中适度示弱,适当隐退,非但无损于教师的尊严,反而能够拉近师生的距离,建立有效的师生平等的对话关系,从而营造民主和谐的课堂氛围,为学生的自主学习提供更大的空间。教师"示弱",不是真的弱,而是以退为进,把学生推到自我学习的前台,从而达到让其"变强"的目的。

课堂教学中,我们不妨经常向学生这样说:"某个问题,某同学比我了解得更多,同学们要虚心向他求教哦。""某个题目,某同学解答得比我更周密更精准,我们请他来讲讲好吗?"将话语权让给学生,让他们充分表达;将讲台让给学生,让他们尽情展示;将问题让给学生,让学生自己去解决……合作学习的组织难度较大,不是将几个学生强行放到一起就能合作起来的,如果学生不能真正地理解并认同合作的重要性,那么,真正意义上的合作就很难发生。因此,在学生活动中,我既没有主导操控,也没有游离于学生之外,而是走到他们中间,以同伴的身份与学生一起参与到合作学习中,通过与学生的交流互动,使学习过程成为师生分享探究的过程、获得成功的过程、战胜困难的过程。在讨论的过程中,对大家普遍存在困惑的问题,不急于发表看法,而是让同学们充分表达自己的观点,始终表现出与学生相互学习、共同切磋的姿态。如此一来,平等落地生根,民主开花结果。师生之间、生生之间,心灵相通,精神交融,学生有更多的时间和空间,更自由更畅快地学习,学习的效果自会倍增。

五、撑岸就船,引其正学

李镇西有言:好的教育应该“既有意义,又有意思”!“有意义”,是站在成人的角度,即站在教育者的角度说的——“我们的责任,我们的使命,我们的培养目标,我们的教育理想,文化的传递,文明的传承,等等,都是教育应该有也必须有的意义,失去了这些意义,也就是失去了教育”!立德树人是教育的根本目标,更是思想政治课的价值追求。教师不能满足于学生对知识的习得、技能的提高和思维的发展,而应时时关注他们的情感、态度和价值观,通过多种方法,进行正向引导,赋予学习丰富而积极的意义,从而引领他们成为心理健康、人格完善的人。通常情况下,价值引领意味着学生遇到了思想困惑向老师求助,教师帮助学生释疑解惑,纠偏矫正。当然方向上的正向引导并不意味着方法上的单向求助,有时,逆向而行,反而能收到意想不到的奇效。

韩愈曾说:“师不必贤于弟子,弟子不必不如师。”仍以《征税和纳税》一课为例。上课之前我了解到,由于家庭和个人兴趣的影响,总有个别同学在某一方面、某一领域在知识和技能上具有相对的优势或特长。比如班上有位同学的父母亲都在税务部门工作,家庭的耳濡目染,使其对经济类的问题兴趣浓厚,积累的相关知识也比其他同学要多得多。因此,在课前,我就请他帮忙收集本市当年的税收资源,并请另一位电脑爱好者将其制作成动画短片,上课时,请他俩边播放边讲解。由于是老师请他们帮忙的,“受人之托,忠人之事”,两位同学都十分重视。为了确保资料全面、准确无误,他们反复核对、修正,不懂之处主动找人求教。结果,短片从内容到形式都超出了我的预期,效果奇好。遇到难题,遇到困难,向学生求助,让学生帮助解决，出乎意料的反常之举，首先给学生带来情感上新的体验，体会到信任、期待和被需要的幸福感，从而发现自己的价值。其次，让学生认识到尺有所短，寸有所长，人与人之间应取长补短，互帮互助。同时，也让他们学会逆向思维，换位思考，从而开阔胸襟，提升境界，进而成全师生彼此成为更美好的人。

当然，反弹琵琶，不是方向上的倒行逆施，而是策略上的出奇制胜。教学没有最好的攻略，只有适合的攻略。时代的变迁、生情的变化以及教材内容的变革都会要求我们的教学因时而变、因境制宜，只要有益于学生学习，正弹还是反弹，教师可视具体情况灵活地选择并加以运用。

文学课堂的三重境界论析

殷小平

摘要:王崧舟曾说过:“诗意语文永远走在路上,永远在路上行走……你不可能得到她、拥有她,你只能在行进的过程中不断体验她、观照她。”反观现今的文学课堂,亦如此。结合教学实际,笔者发现,文学课堂同样存在三重境界:一是人在课中,课在境中——“境”得风流;二是人如其课,课如其人——博览养性;三是人即是课,课即是人——和谐共振。

关键词:诗意语文;文学课堂;三重境界

全国特级教师王崧舟曾说过:“一堂好的语文课,存在三种境界:人在课中、课在人中,这是第一重佳境;人如其课、课如其人,这是第二重佳境;人即是课、课即是人,这是第三重佳境。境界越高,课的痕迹越淡,终至无痕。”[1]笔者认为,文学课堂同样适用这三重境界。

境界一:人在课中,课在境中——“境”得风流

无论诗歌、散文、小说抑或是戏剧,作为高中语文课本中万选精编的文学作品,它们身上均附着了作者的灵魂,且那飘飘乎如遗世独立的人格特质唯有在“境”中才会亮出神韵,恰如惊鸿照影,又似雁过无痕,令人神驰,一往而深。由此,笔者认为,拟境创境乃是文学课堂的入门之法。

1. 导而情牵——互藏其宅

全国著名的特级教师于漪曾说过:“教师的语言要锤炼,准确生动、流畅优美,像磁石吸铁一样,牢牢吸引学生的注意力。”[2]语文课堂教学的开场导入尤是如此。

引人入胜的课堂导入如同戏剧演出时的序幕，让人屏息凝神，欲罢不能。它不但可以渲染出一种诗情画意的淡雅氛围，而且能够为彰显作品的文学之美做好铺垫。以诗歌教学为例，有位语文老师在讲授《李商隐诗两首》时，采用了如下的导入语（辅以音乐）：

“当盛唐的似锦繁华悄然落尽，中唐已然在史实的惊涛骇浪边踽踽独行。曾经歌舞升平的盛世大唐转眼间竟化为了一介孤魂，在风雨中飘摇无依。你看，李白登仙而去了，杜甫于落魄困顿中伤逝，白居易、韩愈、柳宗元的身影也在历史的风尘中渐行渐远。然而，在行将就木的末世里，一道绚丽的霞光倏地刺破了如漆般的苍穹，是他！拥着旷世的悱恻缠绵，于离愁别绪的起承转合间吟咏出了世人的情肠！他就是李商隐。”

这段导入以世事变迁为经，以诗人多舛的命运为纬，勾织出了大唐王朝兴衰成败之“境”，极具时空之感。加之动情的音乐，较好地渲染出了浓郁的文学氛围，真可谓是“转轴拨弦三两声，未成曲调先有情”。

2. 知人论世——入境始与亲

诚然，高中语文课本中选取的文章大都历经了编者们千淘万漉般的辛苦研究，可是，笔者认为，形于书面文字的作品同现今高中生的日常生活之间存在着天然的断层。而断层处潜存的情感纽带就落在一“境”字之上，唯有知人论世，才可身临其“境”。反之，“落花有意随流水，流水无心恋落花”。

以史铁生的现代散文《我与地坛》为例，笔者认为，创境可以从三个方面入手。

首先，利用多媒体播放重庆卫视的公益读书类节目《品读之“我与地坛”》，电视节目不仅可以将书本文字变得立体可感，增添情趣，更关键的是，其中凝练而朴实的话语堪比作者生平的缩影，胜似简约却不简单的开场白：

“他的身体被命运摁在了轮椅上，他的精神却比一般人站得更高；他的身体残缺，他的思想却健全而丰满；他体验到的是生命的苦难，表达出的却是存在的明朗和欢乐，他睿智的言辞照亮了我们日益幽暗的心，他说，我专业生病，业余写作，这是自我调侃，却不能不使无数健康人汗颜，他终于随着 2010 年一起走了，离他的六十岁生日仅差四天，这个人就是著名作家史铁生！”

其次，与学生的日常生活相贴合。诚然，高中生对于人生、苦难、母爱的思考远远赶不上作家史铁生，但是，教师可以通过课堂讨论的方式，步步引发大家的思考，正所谓“作者胸有境，入境始与亲”，只有设身处地，才能更好地走进作者的内心世界。所以，教师可以设置如下的一些问题(仅供参考)：

(1) 文中的母亲是怎样一个形象？

(2) 他的母亲同你的母亲相比有什么相似之处？

(3) 古者有言曰：“树欲静而风不止，子欲养而亲不待。”请大家联系课文或者联系生活，谈谈你对这句话的理解。

最后，名篇链接。选取当代作家陈村的散文《回想铁生》做对照阅读，让学生能够更为全面客观地了解作家史铁生，进而临其境，悟其情。

境界二：人如其课，课如其人——博览养性

曾有人这样调侃语文教师的课堂教学——“三流的教师在课堂上演绎的是教案，二流的教师演绎的则是教材，一流的教师在课堂内外演绎的是自己的人生”。由此不难发现，二流和三流的教师只不过是“善假于物”罢了，而一流的教师却能够演绎自己的人生，这其中靠的就是四个字——“博览养性”。

朱永新教授在《我的教育理想》一书中说过：“教师应该是一个胸怀理想，充满激情和诗意的教师。”身为一名语文教师，虽然不一定有“人生若只如初见，何事秋风悲画扇”的缱绻情怀，“会当凌绝顶，一览众山小”的冲天豪气，“一蓑烟雨任平生”的淡定从容，但一定要学会诗意地生活，即博览文学典籍，撷取有关生命的哲理情思；留心生活，在心灵的自留地种下苦辣酸甜的百味种子，于回忆的沃土中生根、发芽。只有这样，才能将学生带入美的境界，收到美的熏陶。譬如，高中语文课本对唐诗的选读中历来不乏杜甫的作品，其《登高》中既有对唐朝社会由盛转衰的深切忧叹，又有对百姓颠沛流离之生活的殷切同情，更蕴藉了作者对自己艰难潦倒的命运的无限慨叹，一句“艰难苦恨繁霜鬓，潦倒新停浊酒杯”是诗人老病多年，形影相吊的真实写照。然而，倘若教师自己都不为之动容，那么又怎么能为学生营构出悲苦惆怅的诗境呢？

以老舍的《想北平》为例，有位教师在讲解这篇文章时，便巧妙地穿插了自己儿时迁居的美好回忆，以其亲身经历演绎了“我”对故土的深深眷恋。她通过教师的故乡为引渡，勾连出学生对自己家乡的审思和冥想。进而，用教师情去触摸学生情，让学生情融入作者情。应该说，这样的文学课堂平静却不平淡，教师用自己的

人生体验为学生铺上了一层温暖、纯净的生命底色。简而言之，文学课堂需要的不是刻板生硬的教学流程，而是充满气质、演绎真我的魄力和情怀。

境界三：人即是课，课即是人——和谐共振

泰戈尔曾说过："水本无华，相荡而生涟漪，石本无火，相激而发灵光。"反观文学课堂，亦通其理。如果说前两重境界侧重于教师能动作用的有效发挥，那么，第三重境界则更为强调师生之间心心交融、共享共创的美好境界。文学课堂是生命中一段不可复制的段落，是一个立体展开的动态世界，这里"课堂"俨然成为一个动词："不同样态的生命安顿，在'辉煌敞开'的对话中，相互叩问、相互聆听，共同寻找生命的意义，共同走向诗意地栖居。"[3]

"人即是课，课即是人"，文学课堂的第三重境界是将教师、学生、文本三者紧紧联结起来，于文本对话中体验人生的种种况味，激发学生的情感渴望，点燃学生的智慧火花，让课堂成为学生生命成长的心灵鸡汤、精神元素。因而，"和谐共振"是每一位语文老师所应追求的至高境界。

以《前方》为例，有位语文教师在讲解这篇作品时，虽没有在拟境创境上多花心思，也没有将自己出门远行的经历作为授课的引子，但是积极寻求到了师生之间的心灵契合点，这样不仅使文学课堂充满文学味，而且更有效地培养了学生的发散思维及对艺术作品的洞察力和感受力。简单地说，这位老师的文学课堂可圈出三处亮点。

第一处：运用多媒体投射了一张摄影作品（一个衣衫褴褛的老汉身负硕大无比的重担，重担几乎压垮了他的脊背），教师问：同学们，你们看到了什么？想到了什么？这样的导入旨在引发学生的思考，并对摄影散文产生初步的感知。

第二处：课堂教学中，翻看课本中配套的插图，引发学生对"离家"的思考。教师问：大家有过"离家"的经历吗？你当时是怎样的一种心情？在作者的眼中，离家源于前方的一种召唤，这种召唤是什么？这些问题的设置妙在始终紧扣学生的生命体验，将克制不住的离家情结与高中生的梦想召唤相引渡，深入浅出地阐明作者于字里行间流露出的对人生苦旅的深刻思考，重在引发学生的共鸣。

第三处：在拓展延伸的环节里，让学生将自己对摄影文学的想法诉诸笔端，既可以为课文上的插图创写一篇新的小随笔，也可以模仿作者的笔调尝试着为教师

在多媒体上投射的老汉艰难前行的作品原创一段自己的心灵解说。

综上所述，笔者认为，文学课堂是语文教学中不容错过的一首断章，学生在文学作品的长廊中驻足、凝望，教师在充满诗情画意的课堂之上守望学生，陪伴他们获得精神的成长。亦如傅国涌先生在《过去的学校》一书的序言中所描述的那样："一所好学校，无论是中学还是大学，都应当是能让每一个从那里出去的学生，在漫长的生命旅途中时时驻足回望时，是能有一种精神归属感的。"

参考文献

[1] 王崧舟. 好课的三重境界[J]. 新课程(综合版)，2008(10).
[2] 金丽文. 让轻松愉悦的旋律奏响语文课堂[J]. 素质教育论坛(上半月)，2008(7).
[3] 王崧舟. 自赎与拯救：诗意语文的在发现[J]. 语文教学通讯(小学刊)，2011(3).

语言的连贯

般小平

连贯,是修辞部分的考试重点。它的能力层级为D级。近十年来,高考反复地对这个考点加以测试。但是从平时学生做题的情况看,在这一考点上的应试能力还是比较欠缺的,主要表现在解题无依据,凭感觉,结果解题的准确率、考试的得分率都比较低。本文试图通过例题示范,寻找解题方法,提高解题能力。

一、语法

我们揣摩《考试说明》对语言连贯的要求,“能够调整语句间的顺序,注意前后照应、衔接”,如何做到这一点呢?一个重要的原则是必须在相对完整的句群中,保持话题的一致性,即一段话围绕一个共同的话题展开,这是做到连贯的主要因素。遵循这个原则,我们可以对考题作语法分析,以语法作为解题的突破口。

例1 填入下面横线上的两句话,与上下文衔接最恰当的一项是 ( )

泰山的南天门又叫三天门,创建于元代,至今已有六百余年________为“门辟九霄仰步三天胜迹,阶崇万级俯临千嶂奇观”。

A. 元代石刻“天门铭”在门外西侧。一副石刻对联在门的两旁。

B. 门外西侧有元代石刻“天门铭”。门两旁有石刻对联一副。

C. 元代石侧“天门铭”在门外西侧。门两旁有石刻对联一副。

D. 门外西侧有元代石刻“天门铭”。一副石刻对联在门的两旁。

(1997年全国卷第8题)

这一题选B。语段首句主语“南天门”,后面两句“创建”与“有”的主语也是“南天门”,所以“南天门”是话题,选项B的两个句子主语分别是“两侧”和“两旁”,这两个方位词都是对“南天门”的陈述,与前一句保持了话题的一致性,所以衔接最恰当。

对句子做语法分析，注意上下文句话题一致，就能很好地解决语言连贯问题。

例 2 分别比较下列两组句子，上下文衔接较好的一项是 （ ）

① 远处看，山顶上明显地有座宝塔。可是走近一看才发现，宝塔并不在山顶上。

② 远处看，宝塔明显地坐落在山顶上。可是走近一看才发现，宝塔并不在山顶上。

③ 他们在工厂里向工人学习排版、印刷、装订等技术活。他们过去不但没有干过这些活，连见也没见过。

④ 他们在工厂里向工人学习排版、印刷、装订等技术活。这些活他们过去不但没有干过，连见也没见过。

A. ①③　　B. ①④　　C. ②③　　D. ②④

（1995 年全国卷第 6 题）

这一题很多同学选 C，他们说，因为②③与前后句子的主语一致。但是我们能不能选 C？不能，正确答案应当选 D。因为后一组句子实际要表达的意思是强调工人们干的技术活是“他们”所没有接触过的。

④中前一个句子的宾语恰恰是后一个句子的主语，它们的内在联系也是十分紧密的，同时，选④还准确地表达了句意。

以上两道题告诉我们，话题一致的问题：可以表现为前后句主语相同，如例 2 中第②个句子，也可以表现为前一个句子的主语是后一个句子主题的定语，如例 1，还可以表现为前一个句子的宾语是后一个句子的主语，如例 2 中第④句。

二、语标

对句群除了注意运用语法手段进行分析外，语标意识也很重要，实词语标体现前后照应，虚词语标体现句子衔接。

在解题过程中，对多次出现的实词语标和起衔接作用的虚词语标，要格外注意。

例 3 填入句中横线上恰当的句子是 （ ）

我们都喜欢这种白水豆腐；一上桌，就眼巴巴望着那锅，等着那热气，________。

A. 等着父亲从锅里给我们夹豆腐

B. 等着豆腐被父亲从锅里夹给我们

C. 等着热气里从父亲筷子上掉下来的豆腐

D. 等着热气里豆腐从父亲筷子上掉下来

所给文段出现了两个相似项，“望着那锅”“等着那热气”，都是动宾结构，而且宾语都是一个具体事物，选择衔接句也要符合这一句式特点。让我们根据实词语标前后照应的原则来判断。ABCD 四个选项都是动宾结构，选哪一项呢？进一步比较就会发现 ABD 三项的宾语都是由主谓结构充当的，只有 C 项，虽然长，却是偏正短语，中心语是具体事物，与文段相照应，所以选择 C。

从这一题我们可以看出，循着实词语标，运用前后照应的原则，可以轻松解题，同时可以看出，连贯的另一重要因素：句子里并列成分结构相同，连贯性就强，反之，连贯性就差。

例 4 从下面的四句中选出能与它衔接的句子 （ ）

对爱好文科的学生，加强文科辅导是必要的，但是否可以忽视理科的学习呢？还要不要他们学好数学、物理、化学和生物呢？

A. 从长远的观点看，我们认为这样做很不恰当。

B. 如果我们缺乏战略眼光，在实际工作中就可能作出错误的回答。

C. 为了使学生有合理的知识结构，我们的回答应该是肯定的。

D. 只要认真想一想中等教育的培养目标，我们就会说：不可以。

（1987 年全国卷第 8 题）

这是个问答式文段，问句提出两问，每一问又都包含是否两个方面，两句表达的意思其实是一样的，都是强调文科学生也要学好理科，但设问的角度却正好相反。

看四个选项，选哪项？一下子不好确定。其实我们如果抓住题目中的语标，就迎刃而解了。第一问：抓住可以不可以——不可以，第二问：抓住要还是不要——要。那么，答句应该否定前句，肯定后句，或者从侧面覆盖两个问题的全部。C、D

两项都只回答了问句中的某一部分，C句回答了第二问，D句回答了第一问，A句答非所问，只有B句从侧面作答，覆盖了全部内容，因此，正确的选项是B。

例5 填入文末横线上的文句恰当的一项是 （ ）

崇山峻岭，比起人来，总是高大、雄伟的——人站在它面前，不过是芝麻儿。但人总是踩山于脚下，哪怕它是万山之王——珠穆朗玛峰，人，为攀登而欣喜；________。

A. 山，却缄默不语——它用自己的筋骨，证明着自己的伟大

B. 山，却冥然不觉——它没有灵性的高大，不过是一堆土石

C. 山，却欣喜万分——它为人的攀登作出贡献而自豪

D. 山，却毫不在意——它相信人永远不会臣服自己的

虚词语标标示出句间逻辑关系，如对比、条件、因果、并列、递进等，解这类题，要特别留心抓住虚词语标，把握句间关系，根据这一关系去推断选项。

这一个包含对比关系的文段，即以山形与人的精神作对比。抓住"但"字，就能牢牢抓住本段的对比关系了。前一句，将山与人在"形"上对比，山伟大，人渺小。后一句，人欣喜，山怎样？从"但"字又可以知道，前后语意成转折关系，"伟大""自豪""相信"都不合语意，只有B项，"冥然不觉，不过是一堆土石"与前面形成对比关系，所以选B。抓住一个小小的虚词语标，问题就迎刃而解了。

以上三个例题告诉我们，在解题过程中要有意识地注意多次出现的同一词语、同类词语，以及在结构上起衔接作用的虚词，也就是要有语标意识。

但是，是不是每一道题都能找到语言标志呢？看以下一个题目。

例6 与下句能合理衔接的一句是 （ ）

十月三日和四日，我们先后参观了当地的养鸡场和机械厂。

A．尽管那天下着雨，我们还是坚持参观完了才回家。

B. 碰巧，一整天的雨未停过，所以只看了个大概。

C. 不巧，碰上连绵阴雨，使参观受到了一定的影响。

D. 不巧，下了场大雨，又刮风，真扫兴。

所给句子，内容叙述两天中的两项参加活动，陈述语气，状语前置的主谓结构，四个备选句子无论在语气还是结构上都能与它衔接，那么，区别在哪里呢？在内容上。A句说"那天"的情况，与题中"两天"的活动不一致；B句"一整天"也指一天的

情况;D句"下了场大雨,又刮风"这种情况也只能发生在一天,这三项与题干内容都不一致,只有C句,能恰当地与题干组合。

从这道题,我们可以看到:句与句的组合衔接有时靠虚词语标关联,但更多的情况则是靠意合。即根据句与句的意义关系来组合,解答这类题目,应该认真分析句子间的意义关系,保证意义关联、内容一致。

三、语境

例7 与下列句子衔接恰当的一项是 ( )

临日,贾母带着蓉妻坐一乘驮轿,王夫人在后亦坐一乘驮轿,贾珍骑马率了众家丁护卫。

A. 婆子丫鬟等坐着几辆大车,并带着些随换的衣包等件。

B. 又有几辆大车与婆子丫鬟等坐,并放些随换的衣包等件。

C. 婆子丫鬟等带着些随换的衣包等件坐在几辆大车上。

D. 几辆大车上坐着些婆子丫鬟等,并带着些随换的衣包等件。

这一道题,应该选什么?

几乎所有同学都会选C,因为C的表述跟上文的形式一样,都是主语在前。但是,老师问,在封建大家庭中,婆子丫鬟能跟贾母、王夫人、贾珍等主子相提并论吗?学生马上就能领悟:"奴仆是不能跟主子平起平坐的,现在我选B。"

如果单从语法、语标角度看,选C是可以的,可是语言的运用还要讲究语境。拿这段来说,"又有几辆大车与婆子丫鬟等坐"既显示了贾府对下人的恩典,又体现了主仆的不平等关系,这些都是叙事过程中,作者思想意识的自发流露。像《红楼梦》这样优秀的作品,曹雪芹这样伟大的作家,"于悼红轩中披阅十载,增删五次"字斟句酌,十年乃成,无一处经不起推敲。

这个例子提示我们:既要有语法、语标意识,更要有语境意识,既要遵循规律性,又要把握灵活性。在针对某个语段作具体分析时,不要丢掉语境,甚至是文外语境。相反的,如果我们单从语法角度去对待重复出现的字词句式,就有可能犯教条主义的错误。

语言现象是千变万化的,写文章的人风格习惯也千差万别,所以我们在解题过程中要切记具体问题具体分析。

例 8 为画线处选择适当的句子，使上下文衔接 (　　)

________崖壁下有几处坟地，坟前立着的石碑许多已经破碎，字迹模糊；枯水季节，伏在江里的石头有的已经露出水面，周围一片寂静。

A. 一列青黛崭削的石壁夹江高矗，被夕阳烘炙成一道五彩的屏障。

B. 没有太阳，天气相当冷，藤萝叶子多已萎落，显得这一带崖壁十分瘦削。

C. 在夕阳的照射下，枯草和落叶闪着不定的光，崖壁像一道巨大的屏，矗立在江对岸。

D. 一行白帆闪着透明的羽翼，从下游上来；山门半掩，一道阳光射在对岸的峭壁上。

(1988 年全国卷第 6 题)

高考从语境角度设题的情况也是很多的，比如 1988 年全国卷第 6 题。

这是一道用语境分析法可以解决的题目，它牵涉到行文的风格问题。从内容上看，四个选项似乎都可以与下文衔接，但从风格氛围上考虑，四个选项却大相径庭。首先看原文，原文描绘的是一幅破败、荒凉的画面，营造出的是一种冷落、凄清的氛围。再看选项，A 句绚丽，C 句雄伟，D 句壮美，只有 B 句是萧索阴冷的，因而应选 B。

我们应当牢固树立语法、语标、语境意识，如果我们能够学会运用语法、抓住语标、联系语境，那么许多难题就会迎刃而解了。

人物出场亮相的经典之作

——对《林黛玉进贾府》的个性解读

王丽丽

《林黛玉进贾府》一文是苏教版高中语文的必修篇目，节选自《红楼梦》第三回。该文作为全书的序幕部分，按照适当、适时的顺序一一展现了贾府中的重要人物，包括身份、外貌、性格和人与人之间的关系等。文中曹雪芹对人物的描写堪称经典，不仅描写精准到位、生动形象，而且条理清晰、层次分明，令人赞美和惊叹，堪称"人物出场亮相的经典之作"。

一、巧借黛玉出场引出庞大人物群，匠心独具

贾府中的各色人物不计其数，要理清其中头绪，选用一种巧妙的方式引出人物介绍十分关键，黛玉出场正是起到了这样一种穿针引线的作用。而以黛玉之眼揭示贾府上上下下的人物关系及特点再适合不过，原因有三：一是黛玉的到来令贾府上下出来迎接，人物的出场非常完整；二是黛玉刚刚失去母亲，这一来是悲喜交加，可以更加准确地展现人物性格；三是黛玉心思细密，又善于观察，因此以她的角度介绍贾府人物可谓是独具匠心。这一节描写始终是追随着黛玉的脚步，根据她的所见、所闻、所想进行介绍，虽然场景频换，人物众多，但是让人感觉到依次井然，行文流畅，详略得当，重点突出。

二、人物出场顺序井然，先后适宜

如此众多的、令人眼花缭乱的人物介绍能安排得井然有序，得益于作者的匠心设计。贾府是封建的贵族家庭，这一段描写淋漓尽致地体现各个人物之间暗含的

封建伦理关系，并突出了各个人物在这个家庭中的地位。

黛玉投奔贾府的依靠毫无疑问是她的外祖母——贾母。贾母是这个封建大家族中的长者，因此作者安排贾母第一个出场，“黛玉方进房，只见两人扶着一位鬓发如银的老母迎上来，黛玉知是外祖母了……”第二个出场的不是黛玉的两位舅舅而是两位舅母——邢夫人和王夫人，这也是符合封建社会人伦纲常的。因为在封建社会中，媳妇通常要陪伴在婆婆身边随时侍奉婆婆，因此在贾母迎接黛玉这样的重要场合，儿媳妇必然要同贾母一同出现，这正符合常理。并且她们也是由贾母来介绍的，“这是你大舅母，这是你二舅母；这是你先前珠大哥的媳妇珠大嫂子”。李纨属于孙子媳妇，安排在这里出场也是相同的道理，但单单却少了王熙凤，因为王熙凤的出场属于重头戏，而且她还是贾府的总管，忙于很多事务，所以作者另作安排，亦合乎情理。

接下来是由贾母命人请来的迎春、探春、惜春三姐妹，“请姑娘们来。今日远客才来，不必上学去了”。三姐妹与黛玉年龄相仿，让她们出来见面，一是认亲，二是让黛玉有了伙伴，贾母之意在于多消除一些黛玉的忧郁，让她变得快乐一些，因此叫三位姑娘不去上学，过来见过林黛玉。介绍完三姐妹，这时王熙凤才主动赶了过来，而她所说的第一句话也正符合了作者之前的安排，“刚才带着人到后楼找缎子，找了这半日，也没见昨儿太太说的那样的……”

在封建社会中，舅舅自然是不必出来迎接黛玉的，而黛玉应主动去拜见。作为贾赦与贾政的第一次出场，作者并没有给予正面描写。贾赦虽在家，但是并没有出来见黛玉，只是传说二舅舅在斋戒，没有在家，留了几句话给黛玉，“连日身上不好，见了姑娘彼此伤心，暂时不忍相见。劝姑娘不必伤怀想家，跟着老太太和舅母，是和家里一样的……”而且还带出了宝玉，并称之为“混世魔王”。这一段的安排也很巧妙，既免除了与上一部分描写可能出现的重复，还令读者对贾赦、贾政有了初步印象之后，留下了一定的悬念。

三、重点突出，人物形象跃然纸上

在这一节中，作者重点对王熙凤和贾宝玉进行了浓墨重彩的描写，而这两个人物也正是整部作品中的核心人物。

王熙凤的出场是这样描写的，“一语未完，只听后院中有笑语声，说‘我来迟了，没得迎接远客！’”“笑语中”这简简单单的、再平常不过的三个字就让人觉察到了王熙凤的与众不同。因为据黛玉的观察，旁人都是敛声静气，不敢多言一句，“这些人个个敛声屏气如此，这来者是谁，这样放诞无礼？”“笑语中”这样平常的三个字已经突出王熙凤在贾府中的重要地位。接下来作者对王熙凤进行了穿戴、外貌、动作、语言等一系列的描写：“这个人的打扮与众姑娘不同，彩绣辉煌，恍若神妃仙子：头上戴着金丝八宝攒珠髻，绾着朝阳五凤挂珠钗……”在对王熙凤极具铺陈的外貌装饰描写中，作者看似无意，实则有意地给我们渗透了王熙凤的精神世界，揭示了她的俗气、贪婪，另外说她是“三角眼”“吊梢眉”也表现出了王熙凤为人狠毒、刁钻的性格。贾母说“他是我们这里有名的一个泼皮破落户儿”，“你只叫他‘凤辣子’就是了”。这句话可见贾母对王熙凤的喜爱和纵容之情，突出了王熙凤在贾母心中的特殊地位。王熙凤见到黛玉时夸奖道“天下真有这样标致的人物，我今儿才算见了”；继而又因黛玉之母的事情拭泪，后又因贾母笑了赶紧转悲为喜。这些细致变化突出了王熙凤性格上善于机变迎合等特点。曹雪芹对王熙凤的这一段“未见其人，先闻其声”的精彩描写，引发了脂砚斋做出了以下点评：“第一笔，凤姐的三魂六魄已被著者拘定了，后文焉得不活跃纸上？此等笔墨非仙助即神助，不然从何得此机括也？磨新墨，搦锐笔，特独出熙凤一人，未见其人，先闻其声，所谓绣幡开遥见英雄者也。”

宝黛的爱情故事是贯穿《红楼梦》全书的一条主线，因此作者对宝黛的首次见面势必会重点描写，这也奠定了全书的基调。黛玉以前听自己的母亲介绍过宝玉说道，“二舅母生的有个表兄，乃衔玉而诞，顽劣异常，极恶读书，最喜在内帏厮混”。来到贾府后第一印象是来自于王夫人以及贾政所提及的“孽胎祸根”和“混世魔王”。但作者笔下二人的见面确实似“前生见过一般的似曾相识”。文章写道：“黛玉一见，便吃一大惊，心下想到：‘好生奇怪，倒像在那里见过一般，何等眼熟到如此！’”而“宝玉看罢，因笑道：‘这个妹妹我曾见过的。’”二者如此心有灵犀已经表明他们之间会发生很多故事，以及与常人不一般的感情。除了贾母溺爱自己的孙子，其他人对宝玉的作风习性一般都持不认同的态度，黛玉在见他之前也有过这样的心理活动，“不知是怎生个惫懒人物，懵懂顽童，心想倒不见那蠢物也罢了”。而见面之后，黛玉眼中的宝玉是“面如中秋之月，色如春晓之花，虽怒时而若笑，即嗔视而有情”。一见如故，立即改变了之前的印象，与宝玉已经站到了一起。

这一节中有很多可以供我们研究的精彩之处，作者选择黛玉进贾府这一时机让作品中的重要人物一一亮相，先后适宜、详略得当，虚实结合、巧妙含蓄，既有对比，也有联系，巧妙地呈现出各个人物的地位、关系、性格特点等。《林黛玉进贾府》一文篇幅不算长，用字用句却精准到位，各有深意，贾府的气派、环境、人物等一一呈现在读者眼前，实在堪称经典之作，值得我们细细研读和品味。

资助育人工作的困境与对策思考

汤爱民

摘要：学生资助工作通过政府主导的国家助学行动，兑现“不让一名学生因家庭经济困难而失学”的庄严承诺，其出发点和落脚点是促进学生成长成才。我国学生资助工作取得重大成就的同时，随着社会发展的不断深入，也逐渐暴露出一些问题。这些问题主要体现在重经济资助轻资助育人，资助育人工作与学校现行德育教育未能有机融合，育人效果不够明显等方面。本文通过对当前资助育人工作的困境及其成因透析，提出“树立一个育人目标、打造一支育人团队、培育一批育人阵地”的资助育人思考，以期促进资助育人工作的实效化。

关键词：资助育人；困境；对策思考

资助育人工作是中小学德育工作的重要组成部分，是促进学生成长成才的重要手段，是实现我国“培养造就数以亿计的高素质劳动者、数以千万计的专门人才和一大批拔尖创新人才”[1]教育目的的重要载体。当前我国已经初步建立了覆盖各级各类教育的国家助学体系，初步形成了“政府主导、学校联动、社会参与”的学生资助格局，助学资金得到较大程度的保障，政府“不让一名学生因家庭经济困难而失学”的庄严承诺得到了较好的兑现。促进学生成长成才是学校一切工作的出发点和落脚点，而学生资助工作更注重经济保障功能，忽视发挥资助育人功能的问题已经引起很多政府官员、学者和教育界人士的关注，并形成了很多卓有成效的研究成果，提出了众多具有建设性的意见。本文主要针对资助育人工作的困境与成因，开展资助育人工作的实效化研讨。

一、当前资助育人工作的困境

贫困生问题是各级各类学校和社会各方面一直关注的问题，帮助贫困生解决实际困难是构建和谐校园的基础。2007 年，国家新资助政策实施以后，全国建立了以国家奖学金、国家励志奖学金、国家助学金、国家助学贷款为主体的资助体系，其中还包括勤工助学、学费减免、生活补贴等措施。对贫困生的资助工作，绝不仅仅是一个对贫困生的经济保障问题，而是要将资助工作与育人工作相结合，经济资助、心理扶持和能力提升相结合。然而，资助育人工作在学校教育（尤其是中小学教育）中处于十分尴尬的境地。

困境一：资助组织不健全，资助队伍不稳定

由于教育行政部门没有统一要求，国家助学金、生源地贷款、事业收入计提奖助资金和社会捐赠等与学生资助工作相关的职能几乎分布在学校的各个处室和年级。负责学生资助工作相关业务的处室和具体经办人员几乎每年，甚至每学期都在变化，具有较大的随意性，导致学生资助工作连贯性不强，陷入多头管理，无人负责的困境。

困境二：资助理念不先进，资助工作不积极

部分学校领导和负责资助工作的人员认为资助工作就是给贫困学生发钱，帮助他们解决上学的问题，这种思维背离了《国家中长期教育改革和发展规划纲要（2010—2020 年）》提出的“促进学生成长成才是学校一切工作的出发点和落脚点”的要求，背离了政府“不让一名学生因家庭经济困难而失学”的学生资助工作的基本要求。更有部分学校领导和资助工作人员怀着“发多少钱，做多少学生资助工作，我都没有一点好处”的思想，导致学生资助工作宣传不到位，工作开展不得力，更谈不上创新发展学生资助工作。

困境三：资助育人非主流，资助活动无阵地

学校学生资助工作队伍在较多的学校是临时的班子，尤其在中小学表现得较为突出，与德育工作队伍不是一套班子，决定了资助工作的临时性和突击性。长期以来，受学生资助工作就是将国家助学金（生活费补助）发放给受助学生的简单思维影响，资助育人工作长期徘徊于学校德育工作的边缘，不能获得学校领导和德育

工作队伍的支持,无法使用学校比较成熟的德育工作阵地。

二、中小学资助育人工作困境的成因透析

学生资助工作的实施主体是教育主管部门、财政部门等政府机构和各级各类学校,对象是各级各类学校学生。

从资助工作层面来看:一是学校对家庭经济困难学生的认定,主要依靠生源地相关部门的一纸证明或相关贫困证件(如残疾证、低保证等)以及各班级班主任对学生日常生活的观察与判断。在评定执行过程当中,对于什么样的家庭经济状况可以定为贫困的概念较为模糊,如何评定贫困等级的标准也难统一,仅凭传统经验来主观判断,这就加大了不公平资助的几率,对学生的负面影响较大[2]。二是学校(特别是中小学)没有专门部门负责学生资助这项工作,即使有也是将学生资助工作当成一项临时性工作看待。学校未将资助育人工作列入德育部门工作职责,德育部门(政教处、团委等)工作计划也无此项内容。负责学生资助工作的不是独立部门,没有相应的职权,也没有能力开展学生资助育人工作,导致资助育人工作没有部门负责,没有活动平台,处于无法开展的尴尬境地。

从受助对象层面来看:部分家庭经济困难学生越来越缺乏自强自立意识和吃苦耐劳的精神,诚信意识差,贷款到期不还等现象时有发生。部分家庭经济真正困难的学生,往往因为“面子”问题不愿意申请困难补助,得不到及时的资助。相反,有些家庭经济贫困程度并不十分严重的学生,却夸大事实,心安理得地享受各方面的资助。只要是无偿资助,他们就争先恐后地去“争取”,认为不要白不要,获得助学金后花钱大手大脚,配置高档电脑、请吃请喝。几年下来,部分学生逐渐产生了“坐、等、靠、要”的思想,甚至存在“会哭的孩子有奶吃”这样扭曲的心态。经济资助的迅速落实,资助育人工作的长期滞后,很容易使得受助学生产生“懒汉”思想,将一系列的资助措施认为是整个社会对其个人的补偿,普遍缺乏感恩意识,这种不良情绪会带来一系列不良的后果,对其长期发展相当有害。

三、中小学资助育人工作的实效化思考

国家设立“政府主导、学校联动、社会参与”的助学体系,极大地缓解了家庭经济困难学生上学难的问题,但“资助是基础,育人是目的”,学生资助工作要切实围

绕“经济资助”这个基础，努力达到促进学生“成长成才”的目标。学生资助工作亟须强化整合资助育人资源，强化资助育人功能，破除学生“该得”“补偿”的思维。本文就学生资助育人工作的实效化，提出以下几点建议：

1. 树立一个育人目标

资助工作是教育全程育人、全员育人的有效途径，资助的不同类型和途径有不同的育人功能。学校资助工作的特殊性，决定了资助工作要与育人工作密切结合，资助工作要找准思想教育的切入点，充分发挥各种资助政策的不同育人功能，在帮助家庭经济困难学生顺利完成学业的同时，通过资助工作开展育人教育，使受助学生树立正确的世界观、人生观、价值观，培养诚信、自立、自强、感恩等优秀品质。各级教育行政部门、学校和全体资助工作者要树立以经济资助为基础，以资助育人活动为载体，促进学生成长成才，实现培养造就“数以亿计的高素质劳动者、数以千万计的专门人才和一大批拔尖创新人才”的教育目的。

2. 打造一支育人团队

目标确定好了，队伍就是关键。要建立各级教育行政部门下属的资助中心和学校学生资助部门两个方面的学生资助团队。从教育行政部门来看，学生资助管理中心全面负责学生资助经费发放工作和资助育人工作。资助经费发放工作保持与财务部门密切沟通；资助育人工作与德育工作部门密切联系，力争将资助育人工作列入德育部门工作计划，从教育行政部门的角度强力推进学校资助育人工作的有效开展。从学校层面来看，在不增加学校中层部门设置的基础上，成立跨部门的常设机构，例如，某某学校学生资助工作领导小组。组长由校长兼任，副组长由分管财务和德育工作的副校长兼任，德育部门、财务部门和学籍管理部门负责同志为成员，下设办公室，办公室主任由分管德育工作的副校长兼任，办公室副主任由德育部门主任兼任，成员由来自德育部门、财务部门和学籍管理部门的同志兼任。强化资助工作制度建设，规范学校学生资助工作流程，对每一阶段明确责任人，依托学校德育工作阵地，组织实施资助育人工作。建立健全学生资助人员奖惩制度，有效激发学校和学生资助工人员工作积极性，促进资助育人工作高位运行。

3. 培育一批育人阵地

一是结合国家助学金申报，开展诚信教育。国家助学金申报时，各地学生资助管理中心和学校学生资助部门在宣传国家助学金申报条件和申报程序的同时，抓住目前各地开展社会信用体系建设的机遇，积极组织开展诚信教育活动，努力做到“应帮尽帮”，让所有家庭经济困难学生尽可能享受到国家资助政策的帮扶，努力杜绝“帮而不贫”现象的发生。二是结合拟资助对象的公示，开展公民意识教育。积极开展培养学生作为公民承担义务与行使权利的公民意识教育[3]，让学生通过积极参与学校开展学生资助活动的全过程来获得公民意识教育；让学生在活动的参与过程中，在知识与理解、技能与态度、价值与情感等各个方面得到培养，使学生在未来的成人生活中能够真正行使公民的职责。三是结合国家助学金的发放，开展感恩教育。教育学生理解享受国家资助不是理所当然和天经地义的事情。教育学生铭记父母的养育之恩，不把贫穷归罪于父母；教育学生感谢党和政府的惠民政策；教育学生感谢社会，感恩全体纳税人。只有让学生明白国家资助是党和政府关心民众生活，关心广大学子公平享有教育权的民生政策，助学金的发放是纳税人和全社会(包括自己的父母)对教育事业的关心和支持的结果，才能让学生，特别是受助学生怀有“受人滴水之恩当涌泉相报”的感恩意识，努力学成本领，回报祖国和社会。四是结合受助学生取得的成就，开展成才教育。建立健全受助学生档案，对优秀受助学生跟踪建档，及时发现受助学生取得的各项成就，树立典型，开展成才励志教育。“扶贫先扶志”，组织开展“向身边人学习”“向优秀学长学习”等系列活动，用身边优秀同学的成功事迹帮助学生树立正确的人生观、价值观和世界观，激励他们奋发成才，教育他们懂得知恩图报。五是结合受助学生的心理特点，开展心理健康教育。心理健康教育是资助育人的润滑剂。根据调查分析，困难生不仅是经济上困难，还在精神上存在心理、学业、情感等诸多方面的问题。一部分家庭经济困难学生自卑心理较重，不善于表达，内心脆弱又敏感，有强烈的自尊要求；生活学习缺乏热情，不够积极、自我难以超越；自闭、孤僻等。因此，学校在开展“经济资助”的基础上，着力于“精神资助”和“知识资助”，就能够更好地服务于资助育人的根本目的。

“授人以鱼”，不如“授人以渔”。对家庭经济困难学生的经济帮扶，只能解燃眉之急，而帮助学生获得获取经济的能力，获取做人的道理，促使其成长成才，才是我们全体资助人的共同心愿。

参考文献

[1] 中共中央,国务院.国家中长期教育改革和发展规划纲要(2010—2020年). http://www.gov.cn/jrzg/2010-07/29/content_1667143.htm,2010-07-29.

[2] 王丽君.国家助学金评审中的困境及对策分析[J].江苏资助育人研究(第3辑),2012.

[3] 维基百科:http://zh.wikipedia.org/wiki/%E5%85%AC%E6%B0%91%E6%95%99%E8%82%B2.

在“猜想、验证、证明”中获得

——《函数的和、差、积、商的导数》片段教学课例

汤爱民

日前，笔者有幸代表学校参加盐城市市区学校优质课比赛，比赛采取微课的形式，指定教学内容为《函数的和、差、积、商的导数》的一个片段，时间不超过15分钟。苏教版《函数的和、差、积、商的导数》教材内容只给出了一个引例及函数和、差、积、商的求导法则和两个例题。分析教材后，笔者认为这节课的重点是函数和、差、积、商的求导法则的运用，难点是函数的积的求导法则的推导，因此决定选择“函数的积的求导法则”这一片段参赛。现将教学设计整理如下：

1. 类比猜想，启发思考

刚才通过猜想，并用导数的定义法验证了我们的猜想：两个函数的和(差)的导数，等于这两个函数的导数的和(差)，即：

$$[f(x)\pm g(x)]'=f'(x)\pm g'(x)$$

那么，

问：$[f(x)\cdot g(x)]'$与$f'(x)$和$g'(x)$有什么样的关系呢？

学生猜想后，继续问：

$[f(x)\cdot g(x)]'=f'(x)\cdot g'(x)$是否正确？

【设计意图】 充分暴露学生的思维：受函数和(差)求导法则的影响，学生很容易猜想得出$[f(x)\cdot g(x)]'=f'(x)g'(x)$。引导学生运用$x\cdot x^2$这个反例来说明上面的猜想“$[f(x)\cdot g(x)]'=f'(x)\cdot g'(x)$”是错误的，防止知识负迁移。

问：刚才同学们猜想$[f(x)\cdot g(x)]'$与$f'(x)$和$g'(x)$的关系为$[f(x)\cdot g(x)]'=f'(x)\cdot g'(x)$。事实上，我们通过$x\cdot x^2$验证出$[f(x)\cdot g(x)]'=f'(x)\cdot$

$g'(x)$这一猜想是错误的。那么，$[f(x)\cdot g(x)]'$与$f'(x)$和$g'(x)$究竟是什么样的关系呢？

2. 问题探究，引出猜想

以函数$f(x)=x$和$g(x)=x^2$为例，请同学们观察：

x　　　　x^2

1　　　　$2x$

与$3x^2$($[f(x)\cdot g(x)]'$)之间的关系。

学生从“系数”和“项”两个方面很容易观察出上面的样式与“十字相乘法”十分相似，所以可以得出下面的关系式：

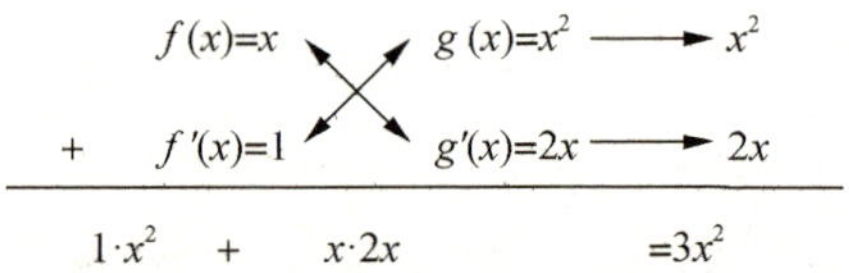

从而猜想出：

$$f'(x)g(x)+f(x)g'(x)=[f(x)\cdot g(x)]' \tag{1}$$

3. 实例检验，巩固猜想

现在，我们观察一下下表第2、第3列，看看是否满足(1)式结论。请同学们填写下表(x^4可以拆成任意两个函数积的形式，这里以表第2、第3列为例进行验证)：

$f(x)g(x)$	x^3	x^4	x^4
函数	$f(x)=x$ $g(x)=x^2$	$f(x)=x^2$ $g(x)=x^2$	$f(x)=x^3$ $g(x)=x$
导数	$f'(x)=1$ $g'(x)=2x$	$f'(x)=2x$ $g'(x)=2x$	$f'(x)=3x^2$ $g'(x)=1$
$[f(x)\cdot g(x)]'$	$3x^2$	$4x^3$	$4x^3$

那么，$[f(x)\cdot g(x)]'$与$f'(x)$和$g'(x)$的关系是否就是：

$$[f(x)\cdot g(x)]'=f'(x)\cdot g(x)+f(x)\cdot g'(x)?$$

【设计意图】通过拆分x^4为两函数积的形式，验证上面的猜想，让学生在特例检验的过程中对函数积的求导法则的结构有更深入的了解。

4. 证明猜想,得出结论

同样这也是一种猜想,需要严格的证明来验证它的正确性。

证明 设 $y=f(x)\cdot g(x)$

则

$$\frac{\Delta y}{\Delta x}=\frac{f(x+\Delta x)\cdot g(x+\Delta x)-f(x)\cdot g(x)}{\Delta x}$$

$$=\frac{f(x+\Delta x)\cdot g(x+\Delta x)-f(x)\cdot g(x+\Delta x)+f(x)\cdot g(x+\Delta x)-f(x)\cdot g(x)}{\Delta x} \tag{2}$$

【设计意图】 猜想中有 $f'(x)$出现,就意味着需要有$\frac{f(x+\Delta x)-f(x)}{\Delta x}$出现,为此我们可以将(2)式改写成$\frac{[f(x+\Delta x)-f(x)]\cdot g(x+\Delta x)+f(x)\cdot g(x+\Delta x)-f(x)\cdot g(x)}{\Delta x}$的形式,从而继续证明下去。

$$=\frac{[f(x+\Delta x)-f(x)]\cdot g(x+\Delta x)+f(x)\cdot[g(x+\Delta x)-g(x)]}{\Delta x}$$

$$=\frac{[f(x+\Delta x)-f(x)]\cdot g(x+\Delta x)}{\Delta x}+\frac{f(x)\cdot[g(x+\Delta x)-g(x)]}{\Delta x}$$

当 $\Delta x\to 0$ 时,有$[f(x)\cdot g(x)]'=f'(x)\cdot g(x)+f(x)\cdot g'(x)$。

因此,我们有函数积的求导法则:

$$[f(x)\cdot g(x)]'=f'(x)\cdot g(x)+f(x)\cdot g'(x)$$

特别地,当函数 $g(x)=C$,C 为常数时,有:

$$[Cf(x)]'=Cf'(x)$$

【设计意图】 将 $Cf(x)$的求导法则调整到函数积的求导法则后面讲解,学生更容易理解。

5. 当堂检测,巩固概念

例 2 求下列函数的导数:

(1) $f(x)=x\cdot \sin x$

(2) $f(x)=(2x^2+3)(3x-2)$

【设计意图】 第 2 个问题没有照搬课本题目,主要考虑到:(1) 帮助学生运用函数积的求导法则;(2) 对原函数进行整理,运用函数和的求导法则解决问题,培养学生转化的思想,帮助学生树立学习的整体观念。

6. 回顾反思,总结提升

通过“猜想、验证、证明”,学生收获的不仅是“函数的积的求导法则”,更重要的是收获了发现“函数的积的求导法则”的方法。

(1) 由合情猜想引出疑问,提出对猜想结果的质疑。

(2) 通过 $f(x)=x$、$g(x)=x^2$ 和它们的导数 $f'(x)=1$、$g'(x)=2x$,引导学生联想到“十字相乘法”,发现 $1\cdot x^2+x\cdot 2x=3x^2$,从而重新猜想出

$$[f(x)\cdot g(x)]'=f'(x)\cdot g(x)+f(x)\cdot g'(x)$$

(3) 教会学生发现规律(本质)的一般方法:引出疑问——探究猜想——检验证明。

细节催生科学“导学案”

汤爱民

摘要:“导学案”,如何在教学中充分发挥作用?笔者以为,学校要挑选备课组开展试点工作,引导教师主动思考“导学案”编制和使用的科学性、合理性和实效性,从细节入手发挥“导学案”的导、学、案三层功效,切实提升教学质量。

关键词:导学案;编制;使用;细节

“导学案”,承载着学校实现国家课程校本化的重要使命,许多学校进行了大量有益的尝试,但关于“导学案”有效性的争议却一直未断。笔者以为,其原因主要是“导学案”编制质量不高,少数学校甚至成为一些教师“懒教”的缘由。在实际操作过程中,笔者以为要从细节入手,确保“导学案”的科学编制与高效使用,提升教师主动编制使用“导学案”的原动力。

一、以点带面,推动“导学案”的工作进程

“导学案”的编制与使用要建立在四次备课的基础上,这四次备课分别是教师个人备课、备课组集体研讨、整合形成集体备课导学案和教师个性化备课。学校可在教科研工作中以这四次备课为环节,制定具体的、具有较强操作性的方案,在“面”上推动“导学案”的工作进程。对于“导学案”的推进,还要采取“点”上突破的方式:以一到两个备课组为试点,密切关注试点备课组四次备课情况,及时与试点备课组成员一起分析“导学案”编写与使用过程中存在的问题和有价值的发现,及时修正试点备课组的行为。采取以点带面的方式,有利于用试点备课组成功的经验说服心存疑虑的教师,并在时机成熟时把试点经验在更大范围内推广。当然,选

择恰当的备课组作为试点备课组也是十分重要的,这需要综合多方面因素。

二、抓住关键,推动“导学案”的科学编制

四次备课中,我觉得“导学案”的编制还需要始终坚持以下几个方面:一是坚持集体智慧。从教师的角度来看,“导学案”是集教师集体智慧之大成,集教师集体备课之精华,告诉学生一个学习方法,教给学生挖井取水的途径。“墙角的花,你孤芳自赏时,天地便小了”。就群体而言,我们需要通过碰撞和交流,才能达成共识;就个体来说,我们需要通过反思和总结,才能达成内在的一致。集体备课能集中个人备课的优势,相互启发,共同提高。学生要合作,教师更需合作,合作方能共赢。二是坚持班本原则。校本之后是班本,班本是校本的落脚点。高中学生层次结构复杂,文科班、理科班、艺术班,同一种科目组中甚至还有两种或两种以上层次的班级。如果把“导学案”比喻成鞋子,那么学生的学情就是脚了。我们不能奢望通过改变脚的大小,让脚去适应鞋子;而应当量脚定做适合学生的脚,让学生穿着舒服的鞋子。三是坚持以生为本。“导学案导学”与其说是一种模式,不如说是一种理念:以学为本,以生为本。从某种意义上说,导学的理念要重于导学的形式。教材变了,如果观念不变,新教材一样上成旧教材。“导学案”人人搞,如果不具备“生本”“学本”的理念,“导学案”的推进也只能是新瓶装旧酒。“导学案”导学要以新课程理念为导向,呼唤课堂学习观念和学习方式的革命。“导学案”既是学习的“路线图”,也是学法指导图。“导学案”不是试卷,更不是习题集。“导学案”必须关注学生,在“导”“学”“案”三字上下功夫。四是坚持以导为主。“导学案”的编制内容上不求全,甚至要求不全。以前读书时,曾经看到过这样一种观点:什么样的课堂学生比较感兴趣?那就是这节课中既有学生很容易弄明白的知识点,也有学生跳一跳就能够得着的知识点,课堂应当是这两种知识点的有效组合。“导学案”如果包括了课堂教学的全部内容,那么教师上课就会变成照本宣科了。课堂内容同学们课前已然熟悉,激发不起学生课堂上的求知欲。因此,导学案不能求全,而应当留下问题,留下学生自主探究和合作学习的空间。

三、关注细节,推动“导学案”的高效使用

细节决定成败。“导学案”编写并进行个性化的备课以后,在使用过程中还有

几个细节需要予以关注：一要关注课堂拓展。使用“导学案”不能让教师课堂教学的思维囿于“导学案”。“导学案”是纲，课堂上就是要以“导学案”为纲，发散思维，引领学生在知识的海洋里遨游。二要关注知识再现。“导学案”集中了教师集体备课之精华，它应当是最适合本校、本班学生发展的导学材料。那么这样一份精华本里面的知识要在我们的练习、试卷中要得以再现。试卷是对“导学案”实施成效的验收。对富含“导学案”中原创知识或改编再现的考试，开展针对性的考情分析，有助于我们对学生平时学习的学情分析。三要关注学后反思。子曰：吾日三省吾身。学生每天学习后，当天睡觉前利用“导学案”对学习内容进行回顾、反思、感悟，有助于学生消化、巩固、提高当天所学。四要关注旁白使用。“导学案”应当在学习内容旁留有空白。这些空白，教师应当指导学生合理、科学利用。在空白处及时记上老师讲评时的关键点，以利于学会寻找解题突破口；在空白处及时记下老师对题目的拓展或变式训练，以利于比较学习；在空白处及时记下相关不熟悉的知识点，以利于概念巩固；在空白处及时写下自己对题目的感悟，以利于自己对这道题，乃至这类题目的理解。空白处妙用无穷，就看你用得怎样！

“我不是你的教师，只是你的同伴而已。你向我问路，我指向我们俩的前方。”“上帝创造了我，然后把模子打碎了。”课程，在动态中创生，“导学案”导学中，师生双方都是课程资源的生成者。“导学案”不是固定不变的程式，对同一篇文章的品读，每个学生也会产生不同的理解和体验。应让学生在相互质疑问难的过程中，对课文（教材）进行二度创造，让“导学案”在师生的互动中不断生成。

直线与曲线相切等价于只有一个公共点?

杨绍国　董成勇

在讲解直线与椭圆的位置关系时,时常会有如下结论:

若直线 $l:y=kx+b$ 与椭圆$\frac{x^2}{a^2}+\frac{y^2}{b^2}=1(a>b>0)$相切,将直线方程与椭圆联立方程组,则:$\Delta=0\Leftrightarrow$方程组有一解$\Leftrightarrow$直线与椭圆有且只有一个公共点$\Leftrightarrow$直线与椭圆相切。此种情况在讲解直线与圆相切的代数判定时也会用到,这样导致学生错误地理解为,直线与曲线相切和直线与曲线有且只有一个公共点等价,事实真的是这样吗?

疑问 1:直线与曲线相切时是不是就只有一个公共点?

切线的定义:P 和 Q 是曲线 C 上邻近的两点,P 的定点,当 Q 点沿着曲线 C 无限地接近 P 点时,割线 PQ 的极限位置 PT 叫做曲线 C 在点 P 的切线,P 点叫做切点。这个定义中并没有提到切线与曲线的交点个数,更不能错误地理解为切线与曲线有且只有一个公共点。

例 1　已知曲线 $y=x^3+x+1$,求曲线过点 $P(1,3)$的切线方程。

解　(1) 当点 P 是切点时,因为 $y'=3x^2+1$,所以 $k=y'|_{x=1}=4$,此时所求切线方程为:$4x-y-1=0$。

(2) 当点 P 不是切点时,设曲线 $y=x^3+x+1$ 与过点 $P(1,3)$的切线相切于点 $A(x_0,x_0^3+x_0+1)$。

因为 $y'=3x^2+1$,

所以切线的斜率 $k=y'|_{x=x_0}=3x_0^2+1$。

所以$\frac{x_0^3+x_0+1-3}{x_0-1}=3x_0^2+1$,

即 $x_0^3+x_0-2=3x_0^3-3x_0^2+x_0-1$,

$(2x_0+1)(x_0-1)^2=0$,

解得 $x_0=-\frac{1}{2}$或 $x_0=1$(舍去),

此时 $k=\frac{7}{4}$,所求的切线方程为 $7x-4y+5=0$。

由(1)、(2)所求的切线方程为 $4x-y-1=0$ 或 $7x-4y+5=0$。

学生通常错误地理解为切线与曲线的公共点必为切点,故只能求出 $4x-y-1=0$,其实直线 $7x-4y+5=0$ 与曲线 $y=x^3+x+1$ 也相切,但此时两者有两个公共点(如图 1 所示)。

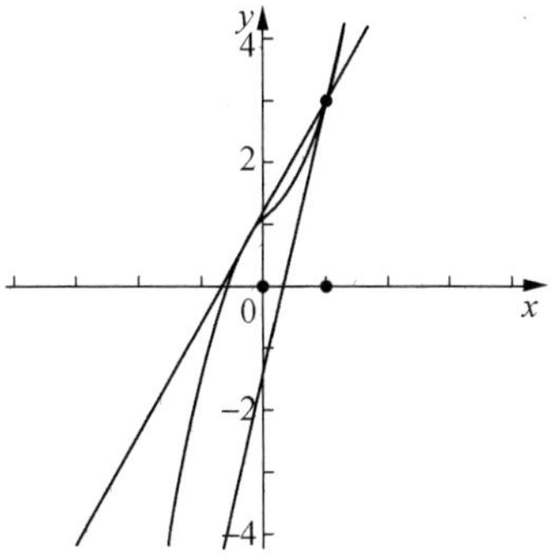

图 1

该题的原题为:曲线 $y=x^3+x+1$ 在点 $P(1,3)$处的切线方程是________。

例 1 虽然只是把原题目中的"在"改成"过",并且去掉了"处",但结果却大相径庭,差之毫厘,谬以千里。

疑问 2:对一个任意的三次曲线,过上面的任意一点作切线,是不是都有两条呢?

例 2 求证:对于三次曲线 $f(x)=ax^3+bx^2+cx+d(a\neq 0)$,过上面一点 $P(x_0,y_0)$作切线,如果 $x_0=-\frac{b}{3a}$,那么过点 P 有且只有一条切线,否则有两条切线。

证明 因为以点 P 为切点作曲线的切线一定存在,下面我们证明 P 点不是切点的情况。

假设切点 $Q(x_1,y_1)(x_0\neq x_1)$,因为点 Q 在曲线上,

所以 $y_1=ax_1^3+bx_1^2+cx_1+d$。

又因为点 Q 在切线上,

所以切线 PQ 的斜率

$$k=\frac{y_1-y_0}{x_1-x_0}=\frac{ax_1^3+bx_1^2+cx_1+d-(ax_0^3+bx_0^2+cx_0+d)}{x_1-x_0}$$

$=\dfrac{(ax_1^3-ax_0^3)+(bx_1^2-bx_0^2)+(cx_1-cx_0)}{x_1-x_0}$

$=a(x_0^2+x_1x_0+x_1^2)+b(x_1+x_0)+c$,

而点 Q 是切点,

根据导数的几何意义可以知道 $k=f'(x_1)=3ax_1^2+2bx_1+c$,

所以 $a(x_0^2+x_1x_0+x_1^2)+b(x_1+x_0)+c=3ax_1^2+2bx_1+c$,

即 $2ax_1^2+(b-ax_0)x_1-(ax_0^2+bx_0)=0$,

由于 $x_0\neq x_1$, $\therefore 2x_1+x_0=-\dfrac{b}{a}$。

所以,如果 $x_0=-\dfrac{b}{3a}$,那么过点 P 有且只有一条切线,否则有两条切线,切点分别是点 P 和 Q。

另外 $-\dfrac{b}{3a}$ 正好也是 $f'(x)=3ax^2+2bx+c=0$ 的两根和的一半,这样判断起来就要更加的容易。而且由于 $f''\left(-\dfrac{b}{3a}\right)=0$,所以 $x_1=-\dfrac{b}{3a}$ 恰好也是 $f(x)=ax^3+bx^2+cx+d(a\neq 0)$ 对应曲线的拐点的横坐标。

疑问 3:直线与曲线只有一个公共点时是不是就相切?

例 3 (苏教版选修 1-1 第二章复习题 16 改编)设双曲线 C 的方程为 $\dfrac{x^2}{4}-y^2=1$,直线 $l:y-1=k(x-2)$。当 k 为何值时,直线 l 与双曲线 C 有一个公共点?

解 联立方程组 $\begin{cases} y-1=k(x-2) \\ \dfrac{x^2}{4}-y^2=1 \end{cases}$,

消去 y 并化简,得 $(1-4k^2)x^2+8k(2k-1)x-16k^2+16k-8=0$。

(1) 当 $1-4k^2=0$,即 $k=\pm\dfrac{1}{2}$。$k=\dfrac{1}{2}$ 时,上式无解;$k=-\dfrac{1}{2}$ 时,有一解。

(2) 当 $1-4k^2\neq 0$ 且 $\Delta=-64k+32=0$ 时,无解。

由(1)、(2)得当 $k=-\dfrac{1}{2}$ 时,直线 l 与双曲线 C 有一个公共点。

课本中为不引起争议,刻意回避了相切与一个公共点的关系。本题中 $k=-\dfrac{1}{2}$ 时,直线 l 与双曲线 C 有一个公共点,但此时直线与双曲线显然不相切。其实,直线与双曲线的位置关系中,当直线与双曲线的渐近线平行时,都与双曲线有且只有一个公共点,此时直线与双曲线是相交而不是相切,直线与双曲线的渐近线平行或与双曲线相切都是只有一个公共点。类似的,在抛物线中当直线与其对称轴平行时也只有一个公共点,此时直线与抛物线也是相交而不是相切。双曲线、抛物线都不是封闭曲线,直线与不封闭曲线只有一个公共点时不一定就是相切。

事实上,从高等几何的观点来看,双曲线和抛物线都可以看成在无穷远处相交的封闭曲线,因此无论是直线与双曲线的渐近线平行还是与抛物线的对称轴平行,都可以看成直线与曲线相交,只是其中一个交点在无穷远处,于是有了下面的疑问:

疑问4:当曲线为封闭曲线时,直线与曲线相切$\Leftrightarrow$直线与曲线只有一个公共点?

这个疑问供各位感兴趣的同仁课余探讨。

数学是一门严谨的学科。作为教师,我们在教学过程中一定要注意考虑全面,不能给学生错误的引导,更不能给学生不正确的结论,要培养学生敢于质疑的精神,提高学生的逻辑思维能力,提升学生的数学素养。

过定点直线与坐标轴围成的三角形问题探究

杨绍国　董成勇

笔者在思考第 26 届“希望杯”高一年级 1 试第 19 题时，发现该题与课本中的一道习题如出一辙，在平时教学过程中也时常遇到此类问题，很有价值，于是和同事作了较为深入的探究。

赛题　在平面直角坐标系中，过点 $P(m,n)(m\neq 0,n\neq 0)$ 的直线 l 与两坐标轴围成的三角形的面积是定值 M，则这样的直线可能有________条。

该题由苏教版必修 2 第二章复习题 5 改编得到，原题如下：

原题　已知直线 l 经过点 $P(-5,-4)$，且与两坐标轴围成的三角形的面积为 5 个平方单位，求直线 l 的方程。

分析　由直线 l 经过定点且与两坐标轴围成的三角形的面积为一常数，很自然会想到直线方程的截距式 $\frac{x}{a}+\frac{y}{b}=1$ 及 $s=\frac{1}{2}|ab|$。

解　设直线 l 的方程为 $\frac{x}{a}+\frac{y}{b}=1$，

由题意 $\begin{cases}\frac{-5}{a}+\frac{-4}{b}=1\\ \frac{1}{2}|ab|=5\end{cases}$，解得 $\begin{cases}a=5\\ b=-2\end{cases}$ 或 $\begin{cases}a=-\frac{5}{2}\\ b=4\end{cases}$

故所求直线 l 的方程为 $\frac{x}{5}+\frac{y}{-2}=1$ 或 $\frac{x}{-\frac{5}{2}}+\frac{y}{4}=1$，

即 $2x-5y-10=0$ 或 $8x-5y+20=0$。

变式 1 直线 l 经过点 $P(5,4)$ 且与 x 轴正半轴和 y 轴正半轴分别交于 A、B 两点,当 AOB 面积最小时,求直线 l 的方程。

分析 该题是将原题的条件强化,仍然求截得的三角形面积,可以仿照上题设截距式方程,由题意知斜率一定存在且为负,故也可以设点斜式方程。

解法 1 设直线 l 的方程为 $\frac{x}{a}+\frac{y}{b}=1(a>0,b>0)$。

$\because$ 直线过点 $P(5,4)$, $\therefore \frac{5}{a}+\frac{4}{b}=1$。

$\because \frac{5}{a}>0,\frac{4}{b}>0$,

$\therefore \frac{5}{a}+\frac{4}{b}=1\geqslant 2\sqrt{\frac{5}{a}\times\frac{4}{b}}=2\sqrt{\frac{20}{ab}}$,

$\therefore 2\sqrt{\frac{20}{ab}}\leqslant 1$, $\therefore ab\geqslant 80$。

当且仅当 $\frac{5}{a}=\frac{4}{b}=\frac{1}{2}$,即 $a=10,b=8$ 时等号成立,

$\therefore \triangle AOB$ 面积最小值为 $S=\frac{1}{2}ab=40$,

此时直线 l 的方程为 $\frac{x}{10}+\frac{y}{8}=1$,即 $4x+5y-40=0$。

解法 2 设直线 l 的方程为 $y-4=k(x-5)(k<0)$,$\triangle AOB$ 的面积为 S,

$\therefore$ 直线与 x 轴正半轴交点 $A\left(5-\frac{4}{k},0\right)$,直线与 y 轴正半轴交点 $B(0,4-5k)$,

$$\therefore S=\frac{1}{2}|OA|\cdot|OB|=\frac{1}{2}\left|5-\frac{4}{k}\right|\cdot|4-5k|$$

$$=\frac{1}{2}\left(5-\frac{4}{k}\right)(4-5k)=20+\frac{1}{2}\left(-25k+\frac{16}{-k}\right)。$$

$\because k<0$, $\therefore -25k>0,\frac{16}{-k}>0$,

$\therefore -25k+\frac{16}{-k}\geqslant 2\sqrt{(-25k)\times\frac{16}{-k}}=40$,

当且仅当 $-25k=\frac{16}{-k}$,即 $k=-\frac{4}{5}$ 时,等号成立。

$\therefore S \geqslant 20+20=40$，此时直线 l 的方程为 $y-4=-\frac{4}{5}(x-5)$，

即 $4x+5y-40=0$。

两种解法虽然设的方程的形式不一样，但是在求最值时都用到了基本不等式，可谓殊途同归。

变式 2 直线 l 经过点 $P(m,n)(m>0,n>0)$ 与 x 轴正半轴和 y 轴正半轴分别交于 A、B 两点，当 $\triangle AOB$ 面积最小时，求直线 l 的方程。

分析 该题是将原题面积特别化，同时将定点一般化，但问题的本质一致。

解 设直线 l 的方程为 $\frac{x}{a}+\frac{y}{b}=1,(a>0,b>0)$。

$\because$ 直线过点 $P(m,n)$，$\therefore \frac{m}{a}+\frac{n}{b}=1$。

$\because \frac{m}{a}>0, \frac{n}{b}>0, \frac{m}{a}+\frac{n}{b}=1 \geqslant 2\sqrt{\frac{m}{a}\cdot\frac{n}{b}}=2\sqrt{\frac{mn}{ab}}$，

$\therefore 2\sqrt{\frac{mn}{ab}} \leqslant 1$，$\therefore ab \geqslant 4mn$，

$\therefore \triangle AOB$ 面积最小值为 $S=\frac{1}{2}ab=2mn$，

当且仅当 $\frac{m}{a}=\frac{n}{b}=\frac{1}{2}$，即 $a=2m, b=2n$ 时等号成立。

此时直线 l 的方程为 $\frac{x}{2m}+\frac{y}{2n}=1$，即 $nx+my-2mn=0$。

不难验证，过点 $P(m,n)(m\neq 0,n\neq 0)$ 的直线 l 在点 P 所在象限内与两坐标轴围成的三角形面积的最小值和此时的直线方程有类似结果，于是就有如下结论。

结论 1 已知不在坐标轴上的任一点 $P(m,n)$，$(mn\neq 0)$，则直线 l 过点 P，且在点 P 所在象限内与两坐标轴围成的三角形面积最小值为 $S_{\min}=2|mn|$，此时直线 l 的方程为 $nx+my-2mn=0$。

下面来看第 26 届"希望杯"高一年级 1 试第 19 题。

解 设直线 l 的方程为 $y-n=k(x-m)$，与 x 轴和 y 轴分别交于 A、B 两点，$\triangle AOB$ 的面积为 M，不妨设 $m>0,n>0$。

$\therefore$ 直线与 x 轴交点 $A\left(m-\frac{n}{k},0\right)$，直线与 y 轴交点 $B(0,n-km)$，

$\therefore S=\frac{1}{2}|OA|\cdot|OB|=\frac{1}{2}\left|m-\frac{n}{k}\right|\cdot|n-km|=M$。

由结论1知直线 l 与两坐标轴正半轴围成的三角形的面积最小值为 $S_{\min}=2mn$。

(1) 当 $M<2mn$ 时，不存在与 x 轴正半轴和 y 轴正半轴都相交且与围成的三角形的面积是定值 M 的直线，从而 $k>0$。

$\therefore -\frac{1}{2}\left(m-\frac{n}{k}\right)\cdot(n-km)=M$，即 $m^2k^2-2(mn+M)k+n^2=0$，

$\Delta=4(mn+M)^2-4m^2n^2=4M(M+2mn)>0$，此时 k 有两解，即符合条件的直线有两条，分别与 x 轴正半轴和 y 轴负半轴相交或与 x 轴负半轴和 y 轴正半轴相交。

(2) 当 $M=2mn$ 时，除了(1)中的两条，由结论1知，$nx+my-2mn=0$ 符合题意，此时符合条件的直线有3条。

(3) 当 $M>2mn$ 时，直线与 x 轴正半轴和 y 轴正半轴都相交，即 $k<0$，

$\therefore \frac{1}{2}\left(m-\frac{n}{k}\right)\cdot(n-km)=M$，即 $m^2k^2+2(M-mn)k+n^2=0$，

$\Delta=4(M-mn)^2-4m^2n^2=4M(M-2mn)>0$，

此时 k 有两解，即直线与 x 轴正半轴和 y 轴正半轴都相交的直线有两条，结合(1)，此时符合条件的直线有4条。

结论2 在平面直角坐标系中，过点 $P(m,n)(m\neq0,n\neq0)$ 的直线 l 与两坐标轴围成的三角形的面积是定值 M，则当 $M<2|mn|$ 时，这样的直线有2条；当 $M=2|mn|$ 时，这样的直线有3条；当 $M>2|mn|$ 时，这样的直线有4条。

变式3 已知直线 l 过点 $P(2,1)$，且与 x 轴、y 轴的正半轴交于 A，B 两点，求 $\triangle ABO$ 的周长的最小值及此时直线 l 的方程。

分析 求最值的常用方法有运用代数方法结合判别式、三角和导数，下面两种解法都是围绕着如何简洁地表示出斜边的长度而展开。

解法1 设直线 l 的方程 $\frac{x}{a}+\frac{y}{b}=1$，则由条件得 $\frac{2}{a}+\frac{1}{b}=1$，

即
$$ab=2b+a\text{，即 }a=\frac{2b}{b-1}\tag{1}$$

记 $\triangle ABO$ 的周长为 $z=a+b+\sqrt{a^2+b^2}$，

$\therefore a^2+b^2=(z-a-b)^2$,

化简得 $$z^2-2az-2bz+4b+2a=0 \quad (2)$$

将(1)式代入(2)式得到关于 b 的方程

$$(4-2z)b^2+(z^2-2z)b-z^2=0 \quad (3)$$

由于(3)式肯定有解,所以 $\Delta\geqslant 0$,

$\Delta=(z^2-2z)^2+4z^2(4-2z)=z^2(z^2-12z+20)=z^2(z-2)(z-10)\geqslant 0$,

显然,$z>2$,所以 $z\geqslant 10$,即 $\triangle ABO$ 的周长的最小值是 10。

等号成立时 $a=\frac{10}{3}$,$b=\frac{5}{2}$,此时直线 l 的方程是 $3x+4y-10=0$。

解法 2 设 $AB=c$,$\angle BAO=\theta$,$\triangle ABO$ 的周长为 z,

则 $OA=c\cos\theta$,$Ob=c\sin\theta$,

$\therefore \frac{2}{c\cos\theta}+\frac{1}{c\sin\theta}=1$,即 $c=\frac{2}{\cos\theta}+\frac{1}{\sin\theta}$,

$\therefore z=\frac{2}{\cos\theta}+\frac{1}{\sin\theta}+\left(2+\frac{\cos\theta}{\sin\theta}\right)+\left(\frac{2\sin\theta}{\cos\theta}+1\right)=\frac{2+2\sin\theta}{\cos\theta}+\frac{1+\cos\theta}{\sin\theta}+3$,

$\therefore z'=\frac{-2-2\sin\theta}{\cos^2\theta}+\frac{1+\cos\theta}{\sin^2\theta}$,

令 $z'=0$ 得 $2\sin^3\theta=\cos^3\theta+3\cos^2\theta-2$,

$\therefore 4(1-\cos^2\theta)^3=(\cos^3\theta+3\cos^2\theta-2)^2$,

化简得 $5\cos^3\theta+6\cos^2\theta-3\cos\theta-4=5\cos^2\theta(\cos\theta+1)+(\cos\theta+1)(\cos\theta-4)=$ $5\cos\theta-4)(\cos\theta+1)^2=0$,$\therefore \cos\theta=\frac{4}{5}$,

又因为当 $0<\cos\theta<\frac{4}{5}$ 时,$z'<0$;

当 $\frac{4}{5}<\cos\theta<1$ 时,$z'>0$;

当 $\cos\theta=\frac{4}{5}$ 时,z 有最小值,

此时$\triangle ABO$ 的周长的最小值是 10,直线 l 的方程是 $3x+4y-10=0$。

结论 3 在平面直角坐标系中,过点 $P(m,n)(m>0,n>0)$ 的直线 l 与 x 轴正半轴和 y 轴正半轴分别交于 A、B 两点,则当 $\tan\frac{\theta}{2}=1+\sqrt{\frac{2m}{n}}$ (θ 是直线的倾斜

角)时,$\triangle OAB$ 周长最小。

证明 设直线 $l: y-n=k(x-m)(k<0)$,

则直线的横截距为 $m-\dfrac{n}{k}$,纵截距为 $n-km$,

则 ΔOAB 周长为

$$z=n-km+m-\frac{n}{k}+\sqrt{1+k^2}\left(m-\frac{n}{k}\right)$$

$$=n-m\tan\theta+m-\frac{n}{\tan\theta}-\frac{1}{\cos\theta}\left(m-\frac{n}{\tan\theta}\right)$$

$$=m+n-\frac{m(1+\sin\theta)}{\cos\theta}+\frac{n(1-\cos\theta)}{\sin\theta},$$

$$\therefore z'=n\frac{1-\cos\theta}{\sin^2\theta}-m\frac{1+\sin\theta}{\cos^2\theta}=n\frac{1}{1+\cos\theta}-m\frac{1}{1-\sin\theta},$$

令 $z'=0$,得 $\dfrac{n}{m}=\dfrac{1+\cos\theta}{1-\sin\theta}=\dfrac{2}{1+\tan^2\dfrac{\theta}{2}-2\tan\dfrac{\theta}{2}}$,

$\because\theta$ 是钝角,$\therefore\tan\dfrac{\theta}{2}=1+\sqrt{\dfrac{2m}{n}}$。

又因为当 $\tan\dfrac{\theta}{2}<1+\sqrt{\dfrac{2m}{n}}$ 时,$z'>0$,

当 $\tan\dfrac{\theta}{2}>1+\sqrt{\dfrac{2m}{n}}$ 时,$z'<0$,

$\therefore$ 当 $\tan\dfrac{\theta}{2}=1+\sqrt{\dfrac{2m}{n}}$($\theta$ 是直线的倾斜角)时,$\triangle OAB$ 周长最小。

高考和竞赛中很多试题来源于课本,是课本中试题的变形提炼,平时只要多留心,勤思考,善变通,擅总结,人人都是命题大师、解题高手。

一个求三次曲线的切线问题引发的思考

董成勇

用导数求一些高次多项式函数所对应的曲线在某一点处的切线方程是导数几何意义的一个重要应用。课本上介绍的例题多是已知切点的情况下来求切线的方程,因此直接应用导数的几何意义即可解决问题。学生在学习这节内容时,不可避免地会遇到一些已知点不是切点的情况,对此类问题只要假设出切点即可解决。

从目前的题目来看,我们所遇到的多项式函数大多是三次函数。我们先来看下面一个例题:

例 已知曲线 $y=3x-x^3$,则过点 $A(2,-2)$ 的切线方程是________。

错解 因为点 $A(2,-2)$ 在曲线 $y=3x-x^3$ 上,所以点 A 就是切点。

又因为 $y'=3-3x^2$,所以 $y'|_{x=2}=-9$,即切线的斜率 $k=-9$,

所以切线的方程是 $9x+y-16=0$。

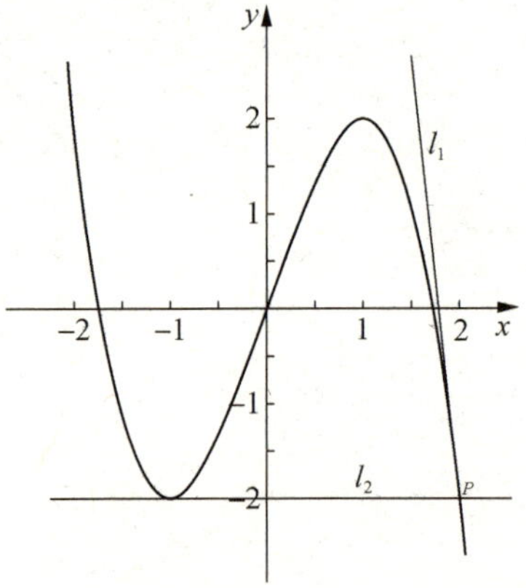

但是由图像可以很显然地看出直线 $y=-2$ 也好像是曲线 $y=3x-x^3$ 过点 $A(2,-2)$ 的一条切线,那么 $y=-2$ 是不是满足条件的切线呢?如果是,那就有两

条直线满足条件，这又是为什么？是不是过 $y=3x-x^3$ 上任意一点作曲线的切线都有两条呢？

首先，由于在二次曲线中(例如圆锥曲线)，直线和二次曲线相切只有一个公共点且位于曲线的同侧，这就给我们造成一个错觉，认为切线应该和曲线都只有一个公共点且位于曲线的同侧。但是从解析几何知道，切线应该是割线 PQ，当 $Q(x,y)$ 沿曲线趋近于 P 时的极限位置，与切线与曲线有几个公共点以及是否和曲线同侧都没有关系。因此，上题中的直线 $y=-2$ 虽然和曲线有切点以外的公共点 $(2,-2)$，但是从切线的定义来看，它也是曲线 $y=3x-x^3$ 过点 $A(2,-2)$ 的一条切线。

其次，对一个任意的三次曲线，过上面的任意一点作切线，可能有一条，也可能有两条。

我们先来证明下面一个定理：

对于三次曲线 $f(x)=ax^3+bx^2+cx+d(a\neq 0)$，过上面一点 $P(x_0,y_0)$ 作切线，如果 $x_0=-\dfrac{b}{3a}$，那么过点 P 有且只有一条切线，否则有两条切线。

证明 因为以点 P 为切点作曲线的切线一定存在，下面我们证明切点不是 P 点的情况。

假设切点 $Q(x_1,y_1)(x_0\neq x_1)$，

$\because$ 点 Q 在曲线上，$\therefore y_1=ax_1^3+bx_1^2+cx_1+d$

又 $\because$ 点 Q 在切线上，$\therefore$ 切线 PQ 的斜率

$$k=\frac{y_1-y_0}{x_1-x_0}=\frac{ax_1^3+bx_1^2+cx_1+d-(ax_0^3+bx_0^2+cx_0+d)}{x_1-x_0}$$

$$=\frac{(ax_1^3-ax_0^3)+(bx_1^2-bx_0^2)+(cx_1-cx_0)}{x_1-x_0}$$

$$=a(x_0^2+x_1x_0+x_1^2)+b(x_1+x_0)+c,$$

而点 Q 是切点，根据导数的几何意义可以知道 $k=f'(x_1)=3ax_1^2+2bx_1+c$，

$\therefore a(x_0^2+x_1x_0+x_1^2)+b(x_1+x_0)+c=3ax_1^2+2bx_1+c$，

即 $2ax_1^2+(b-ax_0)x_1-(ax_0^2+bx_0)=0$，

由于 $x_0\neq x_1$，$\therefore x_1=-\dfrac{b}{3a}$，

$\therefore$ 如果 $x_0=-\dfrac{b}{3a}$，那么过点 P 有且只有一条切线，否则有两条切线，切点分别

是点 P 和 Q。

另一方面，$-\frac{b}{3a}$ 正好也是 $f'(x)=3ax^2+2bx+c=0$ 的两根和的一半，这样判断起来就要更加容易。而且由于 $f''(x)=6ax+2b$，所以 $x_1=-\frac{b}{3a}$ 恰好也是 $f(x)=ax^3+bx^2+cx+d(a\neq 0)$ 拐点的横坐标。

最后，不同的语言描述所表示的含义也不尽相同。2004 年高考题(江苏卷)第 14 题："曲线 $y=x^3+x+1$ 在点(1,3)处的切线方程是________"。既然题目条件中已经说明在点(1,3)处，那么点(1,3)就是切点，所以只有一条直线满足条件。但是若把题目改成"曲线 $y=x^3+x+1$ 过点(1,3)的切线方程是________"，虽然只是把原题目中的"在"改成"过"，并且去掉了"处"，但这个时候的结果就大不一样了，运用前面的定理可以很容易地判断此时应该有两条直线满足条件，差之毫厘，谬以千里。

参考文献

[1] 郭天平. 用导数几何意义求切线方程的一个"误区"[J]. 中学数学，2005(7).
[2] 严启平. 谈谈切线概念及一个常见"误区"[J]. 中学数学，2006(12).
[3] 华东师范大学数学系. 数学分析(上册)[M]. 北京：高等教育出版社，1991(3).

一类球的投影问题的解决

董成勇

投影是新课程中新增加的知识，主要有中心投影和平行投影两种，其中平行投影根据投影方向与投影面的位置关系又分为斜投影和正投影两种[1]。本文主要介绍在斜投影与中心投影的情况下，球的影子——椭圆的离心率的求解。

1. 斜投影

斜投影指投影方向与投影面不垂直的一种投影，圆在正投影下的视图仍然是圆，而在斜投影下的视图却是一个椭圆。

【性质 1】 已知桌面上有一个球，半径为 R，一束平行光线与桌面成 $\theta\left(\theta\neq\frac{\pi}{2}\right)$ 角，则球在桌面上的投影——椭圆的离心率 $e=\cos\theta$。

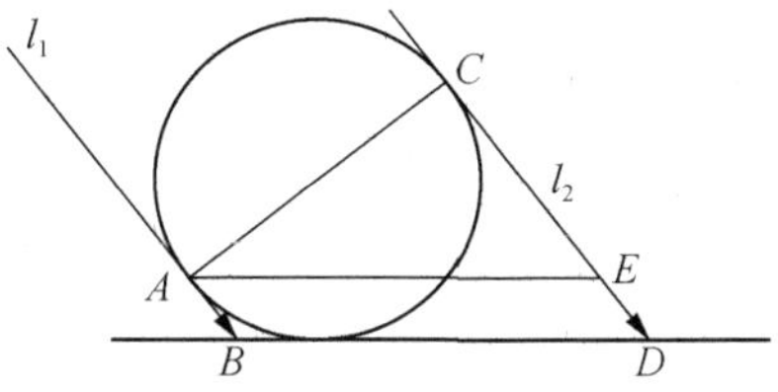

图 1

如图 1，l_1 和 l_2 是两条与球相切的光线，分别切于点 A 和点 C，分别与桌面交于点 B 和点 D，则 AC 就是球的直径，BD 的长就是椭圆的长轴长。过点 A 作 $AE /\!/ BD$，交 l_2 于点 E，则 $BD=AE$。在 $Rt AEC$ 中，因为 $\angle AEC=\theta$，所以 $AE=\frac{2R}{\sin\theta}$，即 $a=\frac{R}{\sin\theta}$，又因为 $b=R$，所以 $c=\sqrt{\left(\frac{R}{\sin\theta}\right)^2-R^2}=\frac{R\cos\theta}{\sin\theta}$，所以 $e=\cos\theta$。

例 1 一个广告气球某一时刻被一束平行光线投射到水平地面上的影子是一

个椭圆，椭圆的离心率为 $e=\frac{\sqrt{3}}{2}$，则该时刻这平行光线对于水平平面的入射角为________。

利用上面的定理可以很容易得到光线与水平地面所成的角是 $\frac{\pi}{6}$，所以入射角是 $\frac{\pi}{3}$。

2. 中心投影

中心投影是指投射线交于一点的投影，它和平行投影的最大区别投射线是否交于一点。

下面我们也通过例题来研究在中心投影下球在平面上的投影——椭圆的离心率。

【性质 2】 若一个点光源发出的光线照射桌面上的一个球上，则其投影是一个椭圆，且球与桌面的切点就是椭圆的焦点[2]。

例 2 一只半径为 R 的球放在桌面上，桌面上一点 A 的正上方相距 $(\sqrt{3}+1)R$ 处有一点光源 O，OA 与球相切，求球在桌面上的投影——椭圆的离心率。

如图 2，易知 AB 就是椭圆的长轴，由于 $\angle DOC=30°$，易得 $\angle ABO=30°$，

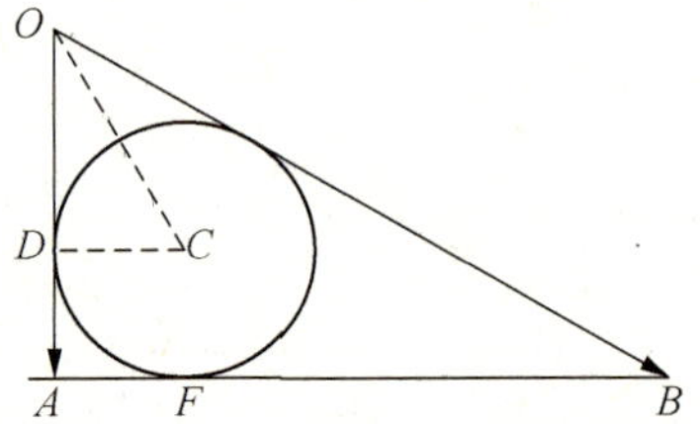

图 2

即 $AB=(\sqrt{3}+3)R$，根据定理 2 知道点 F 就是椭圆的焦点，所以 $a-c=R$，即 $c=\frac{\sqrt{3}+1}{2}R$，所以 $e=\frac{\sqrt{3}}{3}$。

例 3 一只半径为 1m 的球放在桌面上，切点为 O，桌面上一点 A 的正上方相距 6 m 处有一点光源 S，O 与 A 相距 $2\sqrt{2}m$，求球在桌面上的投影——椭圆的离心率。

这个题目是上一题的一般化，缺少了 SA 与球相切这个条件使得直接用平面几何性质求解的难度加大，为此我们考虑建立平面直角坐标系。

以点 S、O 和 C(球心)所确定的平面建立如图 3 所示的直角坐标系，则 $C(0,1)$，$S(-2\sqrt{2},6)$，过 S 作圆 C 的两条切线 SD 与 SB，交 x 轴于 D、B 两点，则 BD 的长度就是椭圆的长轴长。

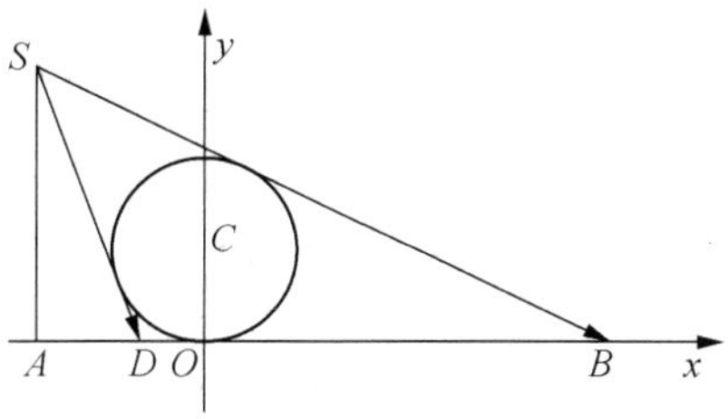

图 3

设切线的斜率为 k，则切线的方程是 $y-6=k(x+2\sqrt{2})$，

即 $kx-y+2\sqrt{2}k+6=0$，

所以 $\dfrac{|2\sqrt{2}k+5|}{\sqrt{k^2+1}}=1$，得 $k=-2\sqrt{2}$ 和 $-\dfrac{6}{7}\sqrt{2}$，

即 $l_{SD}:2\sqrt{2}x+y+2=0$，$l_{SB}:\dfrac{6}{7}\sqrt{2}x+y-\dfrac{18}{7}=0$，

所以 $D\left(-\dfrac{\sqrt{2}}{2},0\right)$，$B\left(\dfrac{3}{2}\sqrt{2},0\right)$

所以 $a=\sqrt{2}$，$c=a-\dfrac{\sqrt{2}}{2}=\dfrac{\sqrt{2}}{2}$，即椭圆的离心率是 $\dfrac{1}{2}$。

参考文献

[1] 单墫等. 普通高中课程标准实验教科书(苏教版 · 数学必修 2)[M]. 南京：江苏教育出版社，2006.

[2] 单墫等. 通高中课程标准实验教科书(苏教版 · 数学选修 2 - 1)[M]. 南京：江苏教育出版社，2006.

巧用反证法解决化学计算问题

曹正桦

反证法常用于数学计算中，是指通过假设某命题不成立，并证明该命题与已知结论相悖，间接说明假设命题错误，从而推出原命题成立。在高中化学平衡、混合物辨析等知识考查中，利用反证思想可以达到出奇制胜的效果。本文将通过实例对反证法的使用进行讨论，提高学生的辨析能力和思维转换能力。

一、混合物计算中的反证法应用

混合物的计算因为组分众多，对各组分的定量往往是不全面的。若是采用传统的计算方法，由于缺乏对应的组分条件，很难求解。此时，不妨利用反证法，用演绎推理的方法，将混合物中的对应组分求解出来。

例 1　18.4 g 由 NaOH 和 $NaHCO_3$ 组成的固体混合物，在密闭容器中加热到约 250 ℃，经充分反应后排出气体，冷却后称得剩余固体的质量为 16.6 g，试计算原混合物中 NaOH 的质量分数。

解析　从题设条件欲求对应的混合物组分较为困难，不妨假设参加反应的 NaOH 和 $NaHCO_3$ 的物质的量均为 1 mol。结合反应方程式可知，减少的质量即是水的质量为 18 g，混合物按照物质的量之比为 1∶1 的比例来计算，减轻的质量应该为 2.67 g。但从题给已知条件可得，减轻的质量为 1.8 g。从计算可以看出，原假设不成立，因此得到固体混合物中 NaOH 过量。对此，可以设 $NaHCO_3$ 的质量为 x。

$$NaOH + NaHCO_3 = Na_2CO_3 + H_2O\uparrow \qquad \Delta m$$

$$84 \qquad\qquad\qquad\qquad 18$$

$$x \qquad\qquad\qquad\qquad 1.8\ g$$

通过上述的对应关系，可快速求出 $x=8.4$ g，故 NaOH 的质量分数为 54.4%。

二、氧化还原反应中的反证法应用

氧化还原反应是高中化学的重要考点，对氧化性与还原性强弱的判断是很多学生学习的弱项。在氧化还原反应中，氧化剂的氧化性总是强于氧化产物，还原剂的还原性总是强于还原产物。若是能够对氧化剂、还原剂的强弱性质进行准确判断，对学生书写氧化还原反应必然事半功倍。

例 2 已知 Co_2O_3 在酸性溶液中易被还原成 Co^{2+}、Co_2O_3、Cl_2、$FeCl_3$、I_2 的氧化性依次减弱。则下列反应在水溶液中不可能发生的是（　　）

A. $3Cl_2+6FeI_2 = 2FeCl_3+4FeI_3$

B. $Cl_2+FeI_2 = FeCl_2+I_2$

C. $Co_2O_3+6HCl = 2CoCl_2+Cl_2\uparrow+3H_2O$

D. $2Fe^{3+}+2I^- = 2Fe^{2+}+I_2$

解析 此类题型需要学生利用氧化还原反应的性质进行判断。对于 Co_2O_3 这种物质，我们并不熟悉，但在本题只需了解其氧化性的强弱即可。利用反证法分析 4 个选项：选项 A，假设其方程式正确，由“氧化剂的氧化性强于氧化产物的氧化性”，可以判断 Cl_2 的氧化性大于 $FeCl_3$，与已知结论相悖，错误；假设选项 B 正确，得到 Cl_2 的氧化性大于 I_2，与已知结论相符，正确；对于选项 C，由氧化还原反应的性质可知，Co_2O_3 的氧化性大于 Cl_2，与已知相符，正确。同样采取上述步骤进行验证，选项 D 正确。答案为 A。

三、离子反应中的反证法应用

对离子反应的考查是高中化学的又一重点，尤其是离子共存问题，常出现在选择题中。但很多学生对离子共存问题难以做到全面的思考和求解。若是采用反证法，利用离子之间的共存条件进行验证，对简化求解过程、提高解题准确性作用显著。

例 3 甲、乙、丙、丁 4 种易溶于水的物质，分别由 NH_4^+、Ba^{2+}、Mg^{2+}、H^+、OH^-、Cl^-、HCO_3^-、SO_4^{2-} 中的不同阳离子和阴离子各一种组成，已知：① 将甲溶液分别与其他 3 种溶液混合，均有白色沉淀；② 0.1 mol/L 的乙溶液中，$c(H^+)>0.1$

mol/L;③ 向丙溶液中滴入 $AgNO_3$ 溶液，有不溶于稀硝酸的白色沉淀。下列结论不正确的是 (　　)

A. 甲溶液中含有 Ba^{2+}　　B. 乙溶液中含有 SO_4^{2-}

C. 丙溶液中含有 Cl^-　　D. 丁溶液中含有 Mg^{2+}

解析　本题如果按部就班地进行分析求解，虽然方法细致到位，但往往浪费大量时间。不妨利用反证法，将各项带入原题验证。假设选项 A 正确，即甲溶液中含有 Ba^{2+}，且由于 $BaSO_4$、$Mg(OH)_2$、$BaCO_3$ 均是白色沉淀，正确；假设选项 B 正确，则可判断乙物质是二元酸，即硫酸，再结合已知条件①③，选项 B 正确；假设选项 C 成立，向其中滴入 $AgNO_3$ 溶液，产生氯化银沉淀，满足题设要求；假设选项 D 成立，上述 3 个选项的结论将全部被推翻，假设错误。答案选 D。

行走篇

XINGZOUPIAN

成人之美的校园，成就的并不仅仅是我们习以为常的学生，还包括教师、校长等所有群体：教师成全学生，学生成就教师；校长成全教师，教师成就校长；学校成全校园内的每一个个体、群体，同时成就学校。教育语境中的成人之美，体现的是一种复合主体间多向的对话与成全。

如画如诗亦如歌

——澳洲教育印象记

朱丽萍

澳大利亚，一个人口仅有2 300万的年轻国度，先后已有13位科学家荣获诺贝尔奖。昔日的偏远荒蛮之地，囚犯流放之所，缘何能在不到百年的短暂历史中，不断蜕变，华丽转身，进而跻身世界一流教育大国之列？2015年9月底至10月初，我们特级后备教师培训团一行30人，飞赴澳大利亚第三大城市，昆士兰州首府——布里斯班，接受为期两周的教育培训，答案在日益加深的印象中逐渐明晰。

印象之一

风景如画，是教育成就，也是教育资源。

时值南半球的春天，一年中最美的季节。茂茂青林、异草奇花，蓝天、碧海、白浪、黄沙，色彩斑斓的背景，衬托着或古典或现代的建筑与雕塑，给人以强烈的视觉冲击。澳洲的校园，一般都依地势而建，校舍高低错落，极富层次感，室内陈设简洁，走廊墙壁大多饰以师生手工或绘画作品，低碳环保又不失个性。室外皆有大片的草坪、成片的树林，有的点缀着四时花卉，有的环抱碧水一泓，引来飞禽无数，参天古木掩映着各色楼宇，开放而清幽。呼吸着纯净的空气，漫步其间，恍如画中行。

优美的生态环境得益于澳洲政府大力倡导并力行的环保教育。其实，在澳大利亚的发展史上，也曾有过因环境资源利用不当，造成大面积沙化的沉痛教训。但政府很快就认识到了问题的严重性，并于上世纪70年代初，提出了“打扫澳大利亚”的口号。在加强环境立法和管理的同时，政府首先将环境保护纳入教育规划，并将其贯穿学校、家庭和公民教育的全过程。1989年出台的有关环保教育的政策就规定:每所学校要有本校开展环保教育的计划,包括传授哪些环保知识,如何合理利用本校自然资源,如何进行垃圾回收、废物处理,如何保障校区里的物种多样性等。这些政策很快得到学校的响应。比如布里斯班的一所小学建有一套完整的垃圾回收处理系统。学校建有发酵池,专门收集学生吃剩的饭菜,待其发酵变成肥沃的土壤后,再由学生出售给公众。因校园地势较低,雨季易发洪水,学校特地筑了一道泥墙将校园围起来,再从附近的小溪引水入园,因地制宜地建了一片湿地,同时,还在校园的一角,仿造热带雨林生态,种植了一小片丛林。学校在环保方面独具匠心的做法既美化了环境,又为学生了解环保和生态提供了便利,同时还为教师的教育教学提供了丰富的课程资源。在讲授有关环保方面的课程时,教师就会带着学生来到校园的不同环境中,身临其境,边观察边讲解,这种形象直观、生动有趣的体验式教学,深受学生喜爱,特别有利于他们自觉自愿地改变行为方式。

成功的教育结出了丰硕的成果。如今,在澳洲,环境意识和环保理念都已深入人心,并成为公众的自觉行为。在布里斯班,经常可见一些环保组织、学校、企业或志愿者,在公园、广场等公共场所举办环保宣传活动,普及有关法律和知识。民居一般都有前后花园,园内无不花团锦簇,公寓的阳台上也都长满各种绿色植物。在旅游景区,除了自然枯萎的花草树木,看不到人为的脏乱。如黄金海岸,绵延数十公里的沙滩,除了柔细匀净的白沙,不见任何杂物。我们出行时,尽管气温较高,巴士司机总要等我们上车后再开空调,原来澳洲不允许车上无人时点火,这样可以减少二氧化碳的排放。但最让我们感动的是,在我们的培训基地——昆士兰科技大学的草坪一隅,为了让一只小鸟安静孵卵,鸟窝周围被人们细心地围上了护栏。因为午休时间短,不少学生自带盒饭三三两两坐在草坪上就餐,过后都能自觉地带走垃圾。

育人先育心,而环境是陶冶心性最好的资源,通过教育保护环境,利用环境助力教育,教育与环境的良性互动,绘就了自然与人文交相辉映的如画风景,这应是我们的生态文明建设最需借鉴的他山之石吧。

印象之二

灵动如诗,是教育理念,也是教育实践。

什么是诗?"诗者,志之所之也,在心为志,发言为诗,情动于中而形于言",即为诗。诗以情动人,这一点与教育颇有相通之处。在澳大利亚,我们所了解到的教育的制度与体系,让我们深刻体会到教育的诗性。

作为曾经的英属殖民地,澳大利亚的教育基本承袭英国,同时吸收了其他国家的成功经验,建立了极为完备的教育体系。公立、私立,教会、非教会,年级制、非年级制,男校、女校等,多类别、多层次的学校,几乎满足了所有人对教育的不同需求。澳大利亚实行 12 年义务教育免费制度,积极推进融合教育和全纳教育,对家庭困难的学生和残障学生提供特别帮助,政府还建立了覆盖全国的远程教育网络,使那些偏远的土著居民也能享受受教育的权利。澳大利亚教育体系为其以人为本,全纳、融合的教育理念做了最好的诠释。

澳大利亚对教师的入职要求极高。政府颁布了《全国教师专业标准》,从教师的专业发展的 4 个等级(新任教师、熟练教师、娴熟教师和主导教师)和 3 项专业要素(专业知识、专业实践和专业发展)7 个方面明确了对教师的知识、技能和道德要求,为全国教师的专业发展提供了统一的基准。澳大利亚还有一套严格的学校考核与评估制度,从政府、学校(分对教师的评价和对学生的评价)和家长三个方面对学校进行多元评价。当地政府根据确定的《教育的办公标准》来考核,他们会根据学校规模不同,派 5—7 名观察员经常来学校监督,并打分,1 分为最低,7 分为最高。学生学业成绩必须 80%以上达标。凡考核不合格的学校,当年会被勒令停止招生或解散,不合格的教师会被解聘,而对不合格学生主要是弥补,学校没有留级的规定。不难看出,其评价制度的最大特点就是将学校的教育质量与其生存直接挂钩。因此,澳大利亚的学校,虽然竞争的压力不大,但每所学校都会致力于特色建设,让每位学生快乐地生活和学习,享受每一天。严谨而科学的专业标准和考核评估制度,犹如对仗工整合辄押韵的古典格律诗,一字一句极尽讲究,一丝不苟。

“以人为本,尊重个性,崇尚科学,遵循规律”,兼具浪漫与严谨的诗化教育,在澳洲不只是理念,更是有一整套制度和措施跟进并保障实施的教育实践,而这正是我们教育的欠缺之处。以扎实的行动推进教育回归原点和本真,让理念落地生根,教育的诗性才会有孕育和勃发的可能。

印象之三

舒缓如歌，是教育节奏，也是教育艺术。

澳大利亚地广人稀，生态绝佳，亦村亦城的环境，让崇尚自然的澳大利亚人既能尽享都市繁华，又可不失田园潇洒。朝九晚五，人们合着自然的节拍，日出而作，日落而息，颇得我国先哲天人合一思想的三昧。在这里，鲜见愁眉紧锁，行色匆匆，但见从容步履，灿烂笑容。就连徜徉在草地上、广场上的各种鸟类，也都那么的优哉游哉，胜似闲庭信步。不疾不徐的节奏、不低不昂的调性，就像一曲舒缓、悠扬而不失欢快的田园牧歌，这是澳大利亚人的生活主旋律，也是澳大利亚校园生活的主打歌。

澳大利亚的中小学几乎都是上午 9:00 上课，11:00 放学，下午 1:00 上课，3:00 放学，周末绝不补课，另外还有一年 70 天左右的 2—4 次综合假期。学生有充足的闲暇可以自由支配，去做自己喜欢的事。他们有的在校内参加社团活动；有的去图书馆阅读喜爱的书籍；有的去艺术馆欣赏或创作各种艺术作品；有的去社区做义工参加各种公益活动；有的去动物园、植物园或郊外亲近自然……在澳大利亚人看来，校园并非增长才干的唯一场所，课堂教学更不是获得知识的唯一途径。教育无处不在。澳大利亚的许多公共文化场所，如博物馆、艺术馆、图书馆、美术馆、科技馆等，都免费向中小学生开放，课余或节假日，经常可以看到教师带着学生，或是家长带着孩子，在那里参观、听讲座、查资料，甚至亲自动手创作、实验。在布里斯班的艺术馆，我们就看到很多小学生在工作人员的指导下，有的用两层宣纸夹着蔬菜叶子，再用硬板压出蔬菜汁作画；有的将纸铺在地上，像荡秋千一样推送吊在空中的水彩瓶子，洒水作画。每一幅画成，工作人员、家长及周围的小伙伴们都会大声喝彩。那些被郑重其事地装裱并挂在艺术馆墙上的作品，很多就是这些小朋友的手笔。考拉动物园的介绍通俗易懂、诙谐幽默，人们从中了解了考拉等动物的生活习性；在花园角植物园，每种植物前都有一块小牌，简明扼要地介绍它的种属、习性及功用，人们在欣赏自然景观的同时增长了科学知识……

澳大利亚基本实行小班化教学，一般每班不超过 30 人，有的班级仅 10 人左右。他们倡导分层教学，倡导学生为乐而学，要求学生发展自己喜欢的课程，带着兴趣去学习，不喜欢学的可以不学。他们普遍没有升学的压力。中学只有最后的一次学业水平考试;中学毕业后升大学的依据是中学最后的学业水平考试成绩和学生的社会公益活动积分。澳大利亚的中学里也有分科的现象,但学生学习成绩不达标,可以降级重读。澳大利亚的基础教育大都没有统一的教材,教师根据课程标准和学生的接受能力确定教学内容,一切以学生的掌握为原则,更多注重的是效果,而非效率,因此,学生的校园生活是自由而快乐的。

结　语

我们常说,教育是农业,而非工业,须依着孩子的天性,引导其自由、自在、自然地生长,不可急功近利,拔苗助长。但在这是个处处提速发展,高速发展的时代,我们走得太急,以致我们的灵魂跟不上我们的脚步。我们走得太快,以致忘了出发的初衷,忽略了沿途的风景。慢是一种生活态度,更是一种教育艺术。慢,才能积淀底蕴、涵养气度,慢是如歌的行板,舒缓中自成韵致。慢,对于急功近利的我们,是一贴清凉剂,败火散。我们不妨放慢脚步,慢一些,再慢一些,因为生活的滋味需要细细品尝,美丽的风景需要驻足欣赏,孩子的成长需要耐心等待。当步履从容,心灵淡定时,或许我们就真的能听见花开的声音,并能在百花丛中诗意地栖居。

负笈不畏远,万里赴英伦

杨绍国

山高水阔,万里之遥,负笈求学聚英伦;
参观考察,交流互动,中英文化存异同;
相聚短暂,友谊绵长,其乐融融倍珍重;
相片留影,异域回味,心底流淌记忆曲。

2016 年 6 月 24 日至 7 月 8 日,我有幸参加了为期 15 天的“盐城优秀教育人才高级研修班”,飞越万里赴英学习,通过文化参观、专题讲座、学校考察、交流互动等形式,对英国的文化和教育有了初步印象。

从伦敦到牛津,到曼彻斯特,到爱丁堡,再到剑桥,其实已穿越了英格兰和苏格兰的东部!快到爱丁堡时车窗外掠过山的英姿,近八百公里的旅途看到的是连绵不断的麦田和草场。无论是阳光明媚还是乌云笼罩,到处都是一片宁静、美丽;那么恬静地微笑着,抚慰着心绪,让人在不知不觉中沉静、安然!

我们参观的是一所有着 400 多年历史的民办学校,从幼儿园到高中,不同年龄阶段的学生在这里如此贴切地融合。教学楼的过道里摆放着孩子们的艺术作品,绘画、泥塑、剪纸、手抄报等,林林总总。这些作品没有优劣好坏之分,在老师的眼里,每个孩子的每件作品都是独一无二的珍品。教室的设计别具一格,非常温馨,每间功能教室都有与之相配套的教学设备、画册,如同进入了趣味乐园。教室的走廊有许多壁橱,用来存放学生的学习用品。所以,英国的孩子不像国内的孩子,用不着背着沉重的书包。

英国对老师的要求很高,不仅要工作认真负责、教学经验丰富、教学方法和手段灵活多样,更重要的是要知识面广、学识渊博,一名小学老师可能要教数学、地理、历史、生物等许多科目,这有别于国内的术业有专攻。学校里有多间会客室,老师可以利用课余时间单独义务地为学生补习或与学生交流。这让我充分感受到了英国老师敬业和奉献的精神。

在英国的课堂上,学生是绝对的主角,老师讲授的时间不会超过一半,大部分时间主要用于师生之间、生生之间的相互提问、共同探究。课堂上教师的任务主要是帮助学生发现问题,解决问题,通过讨论让学生进行思考。学生从教师那里获得信息后,通过自己的理解形成自己的看法,师生互动,逐步完善,形成灵活多样的思维方式。同时,教师还培养他们在学习中听取别人意见,接受别人观点的习惯,培养温文尔雅、彬彬有礼的绅士风范。

15 天的学习,除了接触到英国的教育,对当地的天气和文化同样印象深刻。英伦的雨,忽来忽去,时缓时急,落在额头,滴在心里,丝丝清凉,微微冷意!街道两旁随处可见古老的宫殿、教堂、博物馆、城堡,英国人的敬业、友善、文明、自由……短暂的英国之行,让我挥一挥衣袖,无法不带走一片云彩!

印象纽约

汤爱民

北京时间9月18日，我们盐城中小学校园文化建设专题研修班的30名同学从上海浦东国际机场乘东航的班机前往美国纽约，开启了为期15天的美国中小学校园文化研修之旅。飞行了近14个小时，我们终于抵达纽约肯尼迪国际机场，浑身就像散了架似的，迫切地想走下飞机舒展舒展筋骨、抖擞抖擞精神。却被告知，需要在机上继续等待30分钟左右(实际上等了近1小时)，因为机场没有停机位了。到达宾馆，已是纽约时间凌晨1点左右。

天明，我们乘游船远观哈德逊河两岸的自由女神像、高盛集团总部、新世贸大厦、哭岛、帝国大厦等知名建筑。工作人员要求我们拍照登船，许多人感到不解。苏教国际工作人员说，这是他们的“规矩”：拍照后，工作人员会把你的照片PS到哈德逊河景观照上。如果你需要，支付几十美元的费用就可以买走；如果你不需要，他们也不会强迫你要，拍的照片也不会被另作他用。天公作美，密织的细雨变成了零星的小雨，偶尔还会停下来，似乎在欢迎我们前来参观。我们一边听着游船广播的讲解，一边和同伴们狂拍两边的建筑，既自拍也互拍，一直拍到离开哈德逊河。雾气笼罩着曼哈顿上空，我们不能清晰地观赏到哈德逊河两岸的全貌，也看不清一些知名建筑的全景，但新世贸大厦、帝国大厦等著名高层建筑掩映在浓雾中，若隐若现，却带来了一种别样的景致，让我们恍若到了瑶琳仙境。

离开哈德逊河畔，车子缓慢行驶在百老汇大道(Broadway)上，前往时代广场(Timesquare)。百老汇大道为纽约市重要的南北向道路，南起巴特里公园(Battery Park)，由南向北纵贯曼哈顿岛。由于路的两旁分布着为数众多的剧院，是美国戏剧和音乐剧的重要发扬地，“百老汇”因此成为音乐剧的代名词。据说，现在也有不少地方“贴牌”使用“百老汇歌剧”这个称号。百老汇大道的人行道上有许多乞丐，他们坐在那里等待人们的捐助,和中国街道上的乞丐没什么两样,不同的是他们的钵子里装的是美元,中国乞丐钵子中装的是人民币。在靠近时代广场的地方,我们下车步行前往时代广场。这是广场吗?真的不敢相信。这绝不是我们中国意义上的广场,满是建筑,建筑上挂满了液晶大屏幕。不过,你可不能小瞧这些大屏幕。据说世界上最先进、质量最好的大屏幕一般都会首先用在这里。世界各地的厂商也都以能在这里登上广告为荣。我国新华社也在这里刊登广告。时代广场上随处可见装扮成奥特曼、蜘蛛侠等影视大片里的人偶,他们招揽游客合影,不过合影后你得付他们小费。据说,时代广场的客房每到下半年就会出现"洛阳纸贵"的现象,一房难求,许多有钱人提前半年甚至更早就在这租了房子,只为能够参与一年一度的跨年晚会。

午饭后,我们前往新世贸大厦。新世贸大厦建在老世贸大厦(双子楼)附近,共102层。在大厦负一楼,我们通过安检,乘电梯到达顶楼。电梯启动后,四壁立即呈现出哈德逊河畔的城市发展历程,一两分钟电梯就到了顶层。人在里面除了耳鸣之外没有其他什么不适的感觉。在顶楼,通过立体墙(不在同一平面的墙体)式的投影,再次观看了哈德逊河畔城市发展的历史沿革。下到第101层,透过360度落地窗,观看了曼哈顿全景。自由女神像与大厦隔着哈德逊河遥相呼应,河面上各种船只川流不息,一副盛世帝国的繁华景象。空中直升机一直在盘旋,不知道机上的人们在执行什么任务,也许是在欣赏哈德逊河两岸如画的风景吧。

来到距离新世贸大厦约20米远的原双子世贸大厦旧址。原址上已经建了两个"9·11"纪念池。两个纪念池由上部一个大正方体和下部一个小正方体组成,约有5—6米深,各占地约4 000平方米。大正方体顶部涌出的水流像瀑布一样垂直流入底部,再汇聚到小正方体顶部,最终垂直汇入池中央的深渊。据说,这寓意着双子塔拦腰被撞后垂直倒下的惨剧。池顶边缘是平铺的黑色大理石,大理石上刻满了"9·11"事件中遇难者的姓名。遇难者生日的当天,会有专门人员在他(她)那姓名上放上一朵小白花,以示纪念。我想这应该算是美国文明之一吧。

非常期待到达华尔街,感受全球金融中心的热闹繁华和挥斥方遒的氛围。然而,这里没有想象中的熙熙攘攘,只有间距不大的高楼大厦。据说其中一幢高楼是川普(美国当选总统)家的。他很"张狂",楼名就叫"川普大厦"。华盛顿像、华尔街证券交易所等其貌不扬,实在难以引起大家的兴趣。然而,街尾的一头金牛,却吸引大家争相与其合影,因为传说它会给人带来财气。合影的人,真正是来自五湖四海,原来喜欢“钱财”和拍照的不仅是咱中国人。

走马观花的游历,看到的、听到的或许多为表象,笔者只是努力客观地将旅美期间的所见、所闻与大家做一分享。

——后记

美国教育的“最重视”和“最不重视”

汤爱民

2016 年赴美研修期间，我们分别参访了美国的一些教会学校和公立中小学，感觉美国学校“最重视”体育教学，“最不重视”德育教育。

关于体育教学

导游 Jason Chang 与我们谈得比较多的话题就是美国人重视食品安全、关注医疗保健、注重生态环境，等等。在学校，与身体健康密切相关的体育教学成为最受重视的工作自然就不足为奇了。

美国中小学比较重视学生身体素质的提高，体育课上他们特别重视心肺功能的训练。当地时间上午 10:40，太阳火辣辣的，奥杜邦中学(Audubon Middle School)的体育课仍然在阳光下的水泥地上进行。休息时，学生们直接盘膝坐在操场水泥地上。Carver School 是一所包含幼儿园和小学的学校，依然十分重视体育教学。学校操场十分大，运动项目也比较多，满是进行各类运动的学生。后来通过吴仲和教授(美籍华人)的讲解才知道，体育是美国中小学 5 大核心课程之一，另外 4 门分别是语文、数学、社会科学和自然科学。

写到这，不由得想起一位在部队的友人曾经感慨：现在在山东这个特种兵兵源大省挑选特种兵苗子都越来越难了，身体素质跟不上。小时候，体育课是我们最喜欢的课之一，有点磕磕碰碰爸妈绝不会多问。爬树掏鸟窝，下河捕鱼摸虾更是我们童年常干的事，似乎父母从没担心过安全问题。人生，要耐得住打磨，扛得起挫折。家长，尊重教师的专业素养，拿出足够的信任和宽容，公正地看待孩子在校学习期间发生的磕磕碰碰，为教师科学合理的组织教学营造出良好的社会氛围；教师，精心研究学生体质，科学组织教学，让学生每天有足够的训练量，着力培育学生受用一生的运动好习惯。家校携手，铸造孩子们健康、美好的人生基石。我想，这应该也是今年国务院办公厅印发的《关于强化学校体育促进学生身心健康全面发展的意见》题中之意吧。

关于德育教育

德育教育或许是美国学校“最不重视”的工作了，他们甚至都“没有”德育。但恰恰是这不受重视的德育，反倒让我感觉他们是“最重视的”。

星条旗的无处不在，时刻提醒你这是在美利坚合众国。班级学生的小人像彰显着他们是学习在一起的一个集体。迟到学生接受严格的谈话教育，40%的高中生不能毕业（卡博博士语：主要来自非洲裔家庭），让你牢记什么叫规矩，什么叫法治。这里，不是没有德育，而是达到了德育的高阶：润物细无声的人性教育和民主法治的公民意识教育。

管理以约束为手段，教育以提升为手段；管理的核心是秩序，教育的核心是发展。我们很多时候所谓的德育，某种意义上只是一种管理，而不是一种教育。我们管学生卫生，管学生仪表，管学生谈恋爱，管学生的一切。我们怕这出问题，怕那出问题，问题却似乎永恒存在。

我从来没有“学生不需要管理”的意思，相反我始终认为学生常规管理是德育教育的重要组成部分，但它仅仅是德育的基础组成部分，是德育的低阶（初级阶段，不可逾越，但层次不高）。《国家中长期教育改革与发展规划纲要（2010～2020年）》指出，把促进学生成长成才作为学校一切工作的出发点和落脚点，培养德智体美全面发展的社会主义建设者和接班人。我们要瞄准这一目标，有针对性地、课程化地开展符合人性发展和当前民主法治要求的人性教育和公民意识教育活动。我以为这是当前学校德育教育的高阶，是所有中小学应当瞄准并身体力行的德育教育。

开展符合人性发展的教育，我们不用讳言当前社会存在的一些问题，适时适度对学生坦诚相告，科学引导，教会学生牢固树立社会主义核心价值观，明辨是非、正确抉择。这也是我对陶行知先生“千教万教教人求真，千学万学学做真人”的理解。开展民主法治的公民意识教育，我们需要尊崇《宪法》为代表的国家法律法规制度，教会学生“有法可依、有法必依、执法必严、违法必究”的法治精神，为“全面依法治国，建设法治国家”落地生根提供教育支撑。

走进异国校园，体验多元文化

——参观多伦多 John Polanyi 高中有感

陈　勇

7 月 20 日下午，Nancy 和 Tony 老师带领我们参观位于多伦多劳伦斯街上的 John Polanyi 高中。因是暑假，当地的学校基本都已放假，所以机会难得，我们激动不已，期待体验不同的校园文化。

乘坐校车半小时，我们顺利抵达目的地。校长 Mr. Flahat 介绍了学校的办学理念、办学特色和办学成绩之后，两位教师带领我们参观了整个校园。

校园虽说不大，但很多细节让人印象深刻：校名标识直接印刻在外墙面，简洁大方；学生的储物柜排满整个走廊，实用贴心；每间教室的装饰设计都是学生亲力亲为，个性十足；校园内的公共区域墙面都被学生的涂鸦作品覆盖，创意无限。当然，最打动我的是 John Polanyi 高中推行的基于项目的教学模式。基于项目的学习是一种新型教学模式，这种学习强调的是以学生为中心，突出小组合作学习，要求学生对现实生活中的真实性问题进行探究，以获得符合社会需要的知识和技能。

我是从以下三方面来了解这所多伦多高中的。

一、关注学生成长，夯实学习基础

多伦多是世界上文化最多元的城市之一，John Polanyi 高中的学生来自全球近 50 个国家，不少新生入学时都感到不适应，甚至恐慌。为解决这个问题，学校开创暑期新生过渡项目，一些老师和高年级学生会返校组织新生参加各种活动，帮助新同学适应新环境，建立新友谊。暑期关怀项目还照顾到那些平时在某些学科学习上有欠缺的同学，学校专门安排老师为这样的群体提供修复课程，以帮助他们顺利通过补考，减轻焦虑情绪，更为他们未来的学习打下坚实基础，信心满满地迎接新学期。

二、注重学生实践，培养劳动习惯

这次参观中的一个亮点就是学生农场项目。虽是中午 1 点左右，天气炎热，可还是看到不少学生在农场里，有的推车，有的整地，有的摘果，忙得不亦乐乎。经向校长打听，这个校园内的学生农场项目由园林专业社工和学生共同管理。学校从校外聘请一到两位园林专家进行指导，再聘请少部分学生为农场正式工，勤工俭学，学校支付薪水，其余的更多的同学为农场志愿者，所有的劳动时间都将记录到学生的成长记录中，自动折算成学生的社区志愿服务时间。参观过程中，学生不停地向我介绍他们的农产品品种丰富，新鲜健康，校内超市和校外农产品市场都有销售渠道，盈利将用于公益捐赠，骄傲之情溢于言表。

三、激发学生兴趣，提升学习能力

兴趣是最好的老师。John Polanyi 高中为学生提供科学、数学和机器人项目。任何对数学、物理、化学、生物、地球空间学或机器人学感兴趣的同学都可以自主提出申请，不需要参加入学测试或缴纳费用。学习过程也比较灵活，学生可以根据学习情况及时调整学术方向或者选择是否继续学习。高中毕业前夕，修满学分的学生可以收到相应的认证证书。为了更好地开设这些课程，John Polanyi 高中聘用专业教师对学生进行学术指导。比如，SMR 项目首席指导老师 Vernon Kee 是一名机械工程学本科毕业生，在一家汽车公司自动化装配车间担任多年项目经理。他负责讲授工程学并指导学生进行机器人制作，带队参加国内外各类比赛并斩获大奖，他本人也获得加拿大总理授予的“教育突出贡献奖”。John Polanyi 高中也是整个安大略省唯一一个对学生系统讲授开源电路板、可穿戴设备、VEX 机器人等前沿领域知识的学校。

参观时间虽短，但是却收获颇丰，其中有两方面对我影响较大。第一，不少教师主动牺牲自己的休息时间到校义务指导学生学习，陪学生一起运动甚至野营，教师真正成为学生成长的领路人。第二，学校实施的项目教学模式有助于培养学生社会责任感、创新精神和实践能力，真正促进了学生身心健康的全面发展。

英语阅读，原来可以这样

——雏雁培训有感

陈　勇

为期两个月的加拿大学习已经过半，细细思量，回味无穷。作为一名英语教师，第一次走进真正的英语环境，品味异国的文化，汲取英语教学的精华，感受不同外教的授课方式，真正感受到了学有所用。

英语阅读是英语教学的重中之重，它直接决定了学生能否在英语考试中取得高分，而如何让学生进行高效的阅读训练一直是我们探索的难题之一。Terry，一位知识渊博、课堂教学经验丰富的博士，让我感受到了如何通过合作性学习进行高效的英语阅读教学。

首先，划分小组，分配任务。Terry 推荐给我们一本比较有名气的本土作家的作品《Looking for X》。她按照教室里的位置让大家从 1—8 重复数，直接分成 6 组。将小说共 18 章内容平均分配给 6 个小组，即每组 3 章。

其次，重新组合，小组讨论。按照要求随机组合(要求：每个小组必须包含前一次分组成员，确保新成立的小组成员能够完整叙述小说内容)，小组成员统计每章生词，以不同方式描述章节内容，例如概述法、图画法等。

第三，实地考察，现场感受。在阅读并分享了小说后，Terry 通过任务布置的方式花费了两个小时带我们游走了小说主人公曾经生活的地方——Cabbage town。本人感觉这应该是大家最感兴趣的环节。当然，简单的参观不能加深我们对小说细节和路线的记忆。因此，Terry 老师对小说中提到的 7 个主要地点都布置了不同任务，然后以小组竞赛的方式分头行动，最后在统一地点集中。为了保证各小组独立完成任务，Terry 老师要求各小组必须在每个地点拍摄有小组成员参与的照片。

最后，总结展示，彰显个性。最后一个环节是最重要也是最精彩的环节。通过阅读和现场感悟，小组成员通过认真讨论，形成了各有特色的展示。其中第一组，以新闻播报的形式进行总结；第二组，通过真人表演的形式进行展示；第六组，将章节以漫画的形式进行讲述；而第七组抓住不同的建筑风格进行讲解。各小组的精心准备和精彩表现赢得了 Terry 的高度评价。

Terry 的教授方法让我对合作性学习在英语阅读教学的运用有了更深层次的思考。第一，独立阅读、独立思考是合作学习必要前提。合作前的分组必须考虑让小组每个成员有独立的任务要做。实践证明，这一环节是产生对合作学习的基础。只有经过独立阅读和思考，才能形成小组讨论内容的个人见解，才能及时发现新词，从而增大词汇量。第二，小组讨论与实践是合作性学习的第二环节，也是核心环节。小组成员将个人独立思考成果，转变为全组共同认识，相互交流，相互帮助，让每一个学生都有平等发展的机会，并能获得亲自参与研究探索的积极体验。小组成员在组内各抒已见，和同组成员交流，相互开阔思路，形成较全面的统一观点，从而提高学生发展问题，提出问题，解决问题的能力。第三，总结展示是自我表现的机会，因为组间同质，水平相当，在组际交流中，往往形成课堂教学的亮点和高潮；同时，组间交流，有助于激发学生灵感，推动学生的个性化发展。

拥抱太阳的光环，感受日食的魅力

——在卢旺达直击非洲日食

吴振奇

2016年全球唯一一次日环食，于北京时间9月1日下午2点至晚间7点42分，在非洲大陆上映。环食持续时间最长点位于坦桑尼亚和莫桑比克边境，环食持续时间3分零5秒。

虽然卢旺达并不是最佳观测点，只能观察到偏食，但丝毫不影响人们盎然的兴趣。能有幸在非洲遇见日食，我也怀着异常激动的心情直击这神奇的一幕。

8月31日下午，我们接到卢旺达政府官方通知，9月1日即将有日食，贴心地提醒人们注意保护好自己的眼睛。

当地时间9月1日上午8点，日食开始，天空变得昏黄，但卢旺达街道上依旧秩序井然，人们不时驻步，抬头欣赏这难得一见的天文奇观。

而此时，卢旺达的许多学校都在上着同一节直观生动的物理课。如：卢旺达大学教育学院主教楼的大教室内座无虚席，卢旺达国家天文台工作人员利用此次日食良好契机，开设科普讲座，讲解日食和月食形成原理，并给小学生们发放专业观测眼镜，实地观察日食的全过程，感受日食魅力的同时，也牢固地掌握了科学知识。

我在激动之余，也在思考：卢旺达今天的注重学生个体体验，通过观察获取知识的情境教学做得非常成功。教育家杜威也早就提出“在做中学”“教育即生活”等教育思想，然而反观中国当前教育，很多时候，往往出于种种原因诸如安全、经费、操作困难等考虑，剥夺了孩子们直接亲近自然，体悟生活，获取知识的权利。窃以为，这应该引起我国所有教育工作者的反思，教育切不可因噎废食！

卢旺达一瞥

吴振奇

这里有近乎无人的原始森林
有温暖的黄土路，闯世界的感觉满满，有没有
有森林公路贪吃谨慎的猴子
有人类的近亲、世界珍稀动物——山地大猩猩
有森林旁边茶园深处与世隔绝的五星级酒店，所有尘世的烦恼都云淡风轻
这里有镜面一样的深湖——基伍湖，吃吃 loca 烤鸡也是不错的
有基伍湖畔别致的木屋酒店，实木多得用不完
城市也能随时遇见双彩虹，是双彩虹，双彩虹，重要的事说三遍
夕阳天天见
晚霞常常有
记住，色彩艳丽诱人的蘑菇不能吃
有比利时殖民时期的教堂，纯粹而安静
首都——基加利之晨，都市感也有哦
山城基加利，夜景也是么么哒
这里也有流光溢彩，慵懒妩媚的酒吧
有 fashion show
有独一无二的手工艺品
有爱踢球的光脚 boy
有快乐的非洲式滚“铁环”
有原始率性热情的舞蹈
有已经逐渐淡化图西族和胡图族种族界限的卢旺达人
也有等待每一顿早餐的难民

告诉你一个真实的加拿大

王　军

儿子：

你好！来加拿大这个国家已经三天了。总体感觉这是个温情、率真、近乎悠闲的国度，国家环境优美，人民生活富足，市民待人彬彬有礼，文明程度很高。

但在这些悠长缓慢节奏的后面，也存在着东方文明角度所担忧的危机。

先告诉你为什么加拿大如此富足。

一是加拿大位于北美洲的北部，地域辽阔，森林和矿产资源十分丰富。加拿大国土面积990万平方公里，比中国的960万平方公里还大30万平方公里，是世界上面积仅次于俄罗斯的第二大国。这里有极为丰富的矿藏，是世界上除美国和俄罗斯以外最大的产矿国之一，现已探明的原油储量为80亿桶；由于向北一直延伸到北极，加国的森林覆盖面积占全国总面积的44%，更重要的领土面积中还有89万平方公里为淡水覆盖，加拿大水面多于陆地，除著名的五大湖外，其他大大小小的湖泊也不计其数，据估测，拥有全世界七分之一的淡水量，环境优美，空气清洁，非常适合人居。有人说，再过一百年，世界上的石油都采光了，加拿大人靠卖水也能养活自己，这种说法是有道理的。

更令人羡慕的是，拥有如此丰富资源的加拿大，人口只有区区3 700多万，是咱江苏的一半还不到，更不要说14亿的全中国了。他们大部分的人居住在加、美边界地带。中国俗话说“人少好过年”，上帝真是太厚待这里的人了。在爸爸发给你的照片中，你看到了许多带草坪的花园洋房，民居周围家家户户都种花，树木高大而丰富多样，鸟和小动物自由活动其间，极为和谐。然而这在中国已经是根本不可能的。中国人太多地太少，人均土地连加拿大的1%都不到，不允许所有人都住得如此宽松舒坦，富有生活情调。中国只有像日本一样，在一块有限的土地上，尽可能砌些高楼,以安置更多的人口。

二是除大量的集约化农场外,加拿大的工业也较发达,是西方七大工业国家之一。制造业、高科技产业、资源工业、初级制造业和农业是其国民经济的主要支柱。2009 年《福布斯》发布全球上市公司 2 000 强,加拿大有 69 家公司上榜,排名第五,次于法国。当然,加拿大以贸易立国,对外资、外贸依赖很大,经济上受美国影响较深,差不多是美国的小弟弟,需要美国的保护。它的发展速度也不够快,每年只是增长 1—2 个百分点,远远低于现在的中国。但是,它从不折腾,几乎一直向前走,从来不倒退,所以积少为多,也就了不起了。

三是加拿大有全世界最好的社会福利和保障。作为一个独立的国家,加拿大只有短短 148 年建国史,它的居民主要是欧洲原英国和法国的移民,承接老欧洲的制度和习俗,加国立法制度比较完整,公民教育程度较高,因此整个社会的文明相当发达。公民从出生到就医,生存几乎由国家全部包了下来,人们的心理负担极小。

但是,加拿大的危机也是显著的。

加拿大的主要城市有我现在访问的多伦多,听说还有讲法语的魁北克省蒙特利尔市、东部最靠近太平洋的温哥华,但总体都不大,远不如中国的和日本的城市动辄千万人口。其首都渥太华是个只有几十万人口的小城,是国家的政治、文化中心,很安静,很洁净。

昨天,我去了多伦多市中心,这是加国的第一大城市,也是加拿大的金融中心,人口 300 多万,其中 40 万是华人,移民城市的特征显著,我拍的照片大多是这个城市的;西海岸温哥华据说因为靠近太平洋,气候好,有钱人较多,中国的贪官出逃都喜欢躲在那,但身而为人却没有自由,金钱的意义有限。蒙特利尔曾经是加国的第一城市,1976 年因举办奥运会亏本,城市立法要求居民补交所谓的奥运税,商人们纷纷迁移到多伦多,现在沦为第二城市。也有人说,蒙特利尔的衰败其实是因为法裔居民闹独立,吓跑了人口。我们去看了,果然设施破败,经济凋敝,与三十前的恢弘不可同日而语了。

说到这里,你可能在羡慕之余,也会愤愤不平上帝的不公:干吗对这个国家的人这么好?可你知道,这块土地的主人原来不是现在居住在加拿大人的白人,而是印第安人。法英的探险者一百年前登上北美大陆后,采用欺骗加暴力的手段,从落后的土著印第安人手中抢来了这块宝地。他们用枪驱赶并杀死了这块土地上的大部分土著,侵占了这块富饶而广袤的领地。在加拿大温情脉脉的面纱背后,其实是血腥的建国史。当然,在责备人性的残酷之余,也要思考土著的愚昧与无能。到现在为止,那些残存的印第安人还在反现代文明,他们甚至不愿使用电力,说用电了离上帝太远,灵魂追不上。然而,灵魂追上上帝,故乡却是别人的,这样的固执不要也罢。一百年前的中国人曾经总结出"落后就要挨打"的道理,其实放在那里也是真理。

为争夺谁应该是北美这块抢来土地的新主人,英、法二国之间最后也发生战争。英国人打胜了,这个国家就成了英国的殖民地。到现在,英国还是这个加拿大国家名义上的主人,英女王象征性地在加拿大设立了一个总督府,她任命的总督是加国名义上的元首。总督府前的草坪绿草如茵,枫树成林,下面有来加国访问的各国元首植枫的铭文和碑台,这些树木可谓高大挺拔,气度非凡。让人吃惊的是现任女总督原是海地孤女,她当年被人从非洲带到这里,经过四十年的努力,这个不幸女孩居然成为加拿大的元首,简直不可想象。可在这样的国度,只要努力,什么都有可能。当然,英法战争中的战败国——法国最终也没有完全退出,他们聚居在魁北克省,说法语、挂省旗、不买中央政府的账。国家也认可了这个事实,由着他们。所以,现在这个国家的人几乎都能说两种以上语言,英语和法语都是国家的法定母语。政府重要的文件和法律,一般用这英法两种语言起草。

老欧洲人不光彩地从落后的印第安土著手中抢来了一块大得不得了的土地,现在文质彬彬地活着,并以此为豪。我担心的是加拿大人的懒散,躺在祖先抢来的资源丰富的土地上,长期不思进取。他们人均有两辆车,从出生、上学到就医全部由国家买单,退休后有不亚于在职的丰厚退休金,因此竞争毫不激烈,整天优哉游哉,开着自己的跑车满世界跑。作为老工业国,他们居然几乎找不到一个属于自己的世界品牌产品,生产的汽车是全世界最多的,但全是替美国三大汽车公司生产的。国家很富足,和世界各国都有接触,但几乎只跟美国一家进行贸易、做生意,这个国家把自己的前途放在美国人的手中,自然成了美国的跟屁虫。

加拿大人很友好,讲礼貌,更显著的是天真。加拿大人没有危机感,每一个公共场所都有坐在草坪上的人,他们看书、上网、打球、通电话,工作成了生活的附属。加拿大是个典型的移民国家,什么人都有,白人、黑人、黄人,还有一代又一代的混血，他们从70多个国家移居此地，分享这块土地上的荣光和富足，全国估计有一半左右的人口，原不是出生在这里的。加拿大的人口出生率太低，年轻人不肯生养孩子，国家为了补充人口，只好鼓励移民，还制定了《多元文化法》允许各式各样的人保留着自己原有的文化和习惯。我想，这些人在分享加拿大丰富资源的时候，将来会不会通过努力从老欧洲人手中抢去幸福？

漫步多伦多街头，这两天风越来越大了，秋意渐浓。感受到多伦多风寒的，更多是对环境的陌生。手头有一张多伦多的市区地图，英文版的，握着也不敢贸然去逛街。不是不想，只怕认不得回头的路，即使有出租车，语言不通，也说不清所在的“苏安国际”英文地址到底怎么念。事实上，由于该地大多数人家有车，多伦多的出租车很少，费用贵得惊人。

此时，好像有必要和你谈谈学习外语的重要了。“书到用时方恨少”，不出国门，不知道语言的重要性；出了国门，置身于一个繁华现代的都市，上知天文下知地理的你，外语却一窍不通，这时你恨不得抽自己几下，才能缓解自己的失望和困惑。没有语言的帮助，置身于异国他乡的英雄，某种程度如同蛟龙困滩、虎落平原，常常一筹莫展。在多伦多，外语是护照之外的另一张身份证。别人说得噼里啪啦，你一头雾水，却什么也不懂，只能说 sorry，这是怎样一种感觉？如同在国内不识字，无所适从。现在的世界已经是地球村了，一天之内就可以从地球的这一端飞到另一端。将来你们这一代会走到哪里，谁也不知道。这时候，外文就显得特别的重要，那是人的另一双翅膀：越洋飞机上每个座位后面都有小电视，然而所有的电影和电视全是英文的，听不懂你一筹莫展，干着急；去了超市，商品琳琅满目，但你不知道瓶子里装的到底是什么，问售货员，人家又不懂中文，说了一通话后你仍一脸茫然，只好耸耸肩说 sorry；坐公共汽车去市区，明明到站了，因为电子系统是英法两种文字报站名，你不知道说什么，只得不断地问这是哪里，人家不懂中文，说了一通话后，他仍然一脸茫然，只能耸耸肩说 sorry。你甚至有时担心，晚上能不能如期回到临时的宿舍。

到了国外，发现语言才是一辆“永远随身的车”。只要知道别人说什么，或者能用英语搞清自己在哪里，就永远迷不了路，就是自由的，可以到处走。可是现在，爸爸身边没有这个“车”，所以只能在附近转来转去，感受多伦多的风，又猛又凉，将心吹得如一枚缩在枝头的柿子。

在市区一家学校考察时，有个从上海移民过来的老师用中文和我交谈。她告诉爸爸，学英语如果不开口，就永远没进步。她们学校有40多个国家来的孩子，开始都说不好英语，然而当他们被迫用英语与周围的人打交道时，说着说着，就一切都明白了。所以，她建议你一定要多听外语磁带，多多背课文，如果可能，要尽量用英文和别人对话。只要坚持下去，任何语法单词全会迎刃而解的。我觉得她说得极有道理。

当然，由于没有外语的生活环境，国内学外语常常喜欢书写，不喜欢读，结果不仅听不懂真正的外国人说的是什么，自己讲的所谓英文，英国人也听不懂。这是国内学外语的失败，最终制约不少孩子的发展空间。

儿子，你还小，正是学好一切的黄金时代，可要好好抓紧。要听妈妈话！妈妈事太多，别让她太劳神。你最终会不属于爸爸、妈妈和我们现在的这个家，而是属于这个日益复杂的世界。在世界的大舞台上，你会扮演什么样角色，全凭你现在的努力和觉悟程度。

夜已经很深了，就说到这里吧。晚安，儿子！

书香篇

SHUXIANGPIAN

中国佛教中有大乘、小乘之别，一般以为，小乘偏于自度，大乘不仅自度，更要度人。教育当然不是宗教，但教育在成人之美的情怀上与宗教应该是一脉相通的。“今天我以学校为荣，明日学校以我为荣”，学校把自己办好、办优，成就更多的学生，不就等于成就自己？可见，教育中的人，无论是自度，还是度人，都是需要些道法功力的，没有情怀，无以度人。没有能力，不能成人之美，甚至可能误人子弟。

从思想到理想

——读朱永新教育书影录《教育的情愫》

王 军

一

读过朱永新先生很多的作品，看到《教育的情愫》这本别致的著作，眼前还是异样的一亮。

这是一本装帧精致的书影录。书中，朱永新先生通过355个页码、23万字、408幅图，系统地收录、影印了自己半生所撰写、合著、主编、译著的全部教育著作，并撰文详细介绍了33本专著、22本合著、5本译著、54本编著的写作经过及出版故事。朱先生博闻精思，专业勤奋，著作不仅深受读者之喜爱，也备受国内外出版界之青睐，先后有《朱永新教育文集》(10卷)、《朱永新教育文集》(10卷，韩文版)、《朱永新中国教育文集》(3卷，日文版)、《朱永新教育作品》(16卷)、《朱永新教育作品》(16卷，英文版)相继问世，其中出版情缘及相关修订情况，他也在书中一一作了说明。

“郁郁乎文哉”，120多部(套)论著密密融汇在一本书里，全景式呈现，那是怎样一种学术的繁茂！朱学勤先生曾说“思想史从来是也只能是文字记载的历史”，无疑，这本教育书影录，全纳再现了朱永新先生半生对学术、教育、社会及人生诸领域痴情不更、上下求索的过程，也深刻写照了他的博学、勤奋、执著、勇毅。我们生活的年代，“有用崇拜”已日渐泛滥，此时，所谓“著作等身”的成语可以不必重复了，“思想盛宴”的高调也可以让时光慢慢去窖酿，但这本书的发行，对研究朱永新，甚至质疑“新教育实验”的人，现实意义是不可忽略的，它可以观照到朱永新先生学术堂奥的整体风貌,了解他思想发展的全部历程。

当然,朱永新先生并不以著述丰厚而自矜。他在《教育的情愫》序言中强调“自己没有那种‘沉甸甸’的感觉,倒是有一种‘慌张张’的惶恐”。他出这本“教育书影录”,旨在“想借这个机会整理与反思一下自己的教育学术道路”(《序》),“写这本书,是个梳理的过程”(《后记》),“想让自己放慢点脚步,等一等奔跑中落下的灵魂”。

一位有“灵魂”的学者!这正是许多人读朱永新常有的感觉。没有英雄的年代,大写的“人”,有“灵魂”的人,就是时代的脊梁。

作为一名官员,几十年来,无论身在什么岗位,从事什么工作,朱永新先生都对自己念兹在兹的教育一往情深、矢志不移。职位越来越高,学者本色不变,依旧“割舍不下学术的情结”,为“在两条战线有成就”,他常常需要“付出双倍的努力”。勤勉,或许是他最显著的学术风格。但与一般学者大相径庭的是,朱永新先生又是“一个耻于著作等身而对社会毫无触动的人”。十多年来,他以一己之力创办“教育在线”网站,身体力行“新教育”,发起并领导了当前中国最大的一个民间教育改革运动,他提出的“新教育实验”被中国教育学会副会长陶西平先生评价为,“推动了中国的教育行动的研究,推动了一种中国的教育风格的研究,它是一条鲇鱼,必将搅动中国教育这一缸水”!

“蜂蝶纷纷过墙去,却疑春色在邻家。”谈到灵魂,此处不得不提及书中反复出现的“感谢”!

人生天地间,感谢天,感谢地,感谢父母,写一本书,在后记中感谢一下师长、朋友、责编以及曾经帮助过自己的人,本也寻常。可笔者细读《教育的情愫》,发现作者感谢的人多达数百人,朱先生的“感谢”像一股股清亮的水流,又似一串串透明的冰糖葫芦,温暖了许多人的“辛劳”与“疲惫”。开始,笔者以为是作者人缘好、朋友多,加之“这是一本关于书的书”,书后面故事长,所以才有一个个要感谢的人。可读着读着,眼睛慢慢潮润:从著名国学大师南怀瑾,到曾帮助自己打印整理原书序言后记的博士生余国志,作者感谢的对象不分长幼、贵贱、远近,凡滴水之恩,总不忘涌泉以谢。新阅读研究所的朱寅年先生、著名儿童文学作家新教育义工童喜喜因多次帮助作者审稿,因而在书中被感谢达 10 次之多。更为难得的是,“草不谢荣于春风,木不怨落于秋天”,作者对友人的感谢毫无客套的成分,自然如风行水上,真诚、由衷，没有功利之心。

从应试教育丛林中艰难杀出的“新教育实验”，在不少人的怀疑中蹒跚起步，又在持续的争议中奋勇前进，可谓一次教育长征，而且还是一次教育思想的长征。筚路蓝缕的路上，不断有认同者加盟进来，也不断有畏难者黯然暂去，但只要参与过，朱永新先生就引以为同道，从不忘记。朱学勤先生说：“所谓思想史的长河，只不过是一条狭长的小溪。在这条小溪的两边，是望不见尽头的无字黑暗。一代思想者失踪，迷失在思想史这一边或者那一边的黑暗里，不会引起思想史长河的一声叹息。它连一个涟漪都不会泛起，不动声色地、熟视无睹地继续向前滑淌。”“新教育实验”这条河却不是这样，它纳新、念旧，充满温情。在介绍《走在新教育路上》时，朱永新深情写道：“这本书是新教育实验的纪实性文字，记录了我十四年间经历的新教育的人与事。书中的一些人物，有的已经暂时离开了新教育队伍，或者从过去的主角变成了今天的配角，但是新教育会永远记住他们。”他还说，“我知道，如果是自己一个人走，即使有再大的困难，再大的风险，我也可以不在乎。但是，现在我们是集体的行走，是一批优秀的年轻教师与我们一起行走，我必须对这个团队负责。”（《走在教育的路上》）

透过这些文字细节，读者或许能明白，朱永新先生之所以有那么多教育理想的草根追随者，不惟时势使然，还因为有先生人格力量的存在。

二

“朱永新教育书影录”所介绍到的每一本书，作者是按照先文集，后专著、合著，最后主编、译著进行分类的，同类书按出版时间排序、由近及远，加以介绍。读者由上而下翻阅，时而如顺流上溯，寻找源头；时而又如拾阶而下，漫观风景，只是阅读中经常会遭遇一个词——“修订”。

是的，《教育的情愫》所“影录”的朱永新作品，不是每一本书都新著，不少作品常常是修订于前面的著作：如 2010 年人民大学出版社出版的《朱永新教育作品》（16 卷），大多是 2004 年人民教育出版社《朱永新教育文集》（10 卷）的修订；2004 年人民教育出版社出版的《新教育之梦》是此前多种版本《我的教育理想》的修订；2004 年才逐渐完善的《中国古代教育思想史》《中国近现代教育思想史》《中国当代教育思想史》，是作者 1992 年苏大时期出版的《中华教育思想研究》一书的修订……

修订，修订，修订。

后面的文集或著作，建立在前面出版的基础之上，作者需要一一加以严谨的说明，“修订”就成了书中常见的熟词。但，请读者千万别误以为“修订”就是简单的再版、复制，更不可忽略这些“修订”后面所蕴含的精神的生长与演进！正是这一次又一次、环环相扣的“修订”，形成一组文化的、学术的、哲学的台阶，从而清晰勾勒出朱永新先生思想不断演进的方向，思维不断转换的轨迹，学术不断拓展的历程。

“修订”其实也是一种学术研究的方法与路径。从最初填补当时国内“迄今尚无一本系统介绍我国教育科学成就的专著”空白的《中华教育思想研究——中国教育科学的成就与贡献》一书，到后期慢慢完善的《中国古代教育思想史》《中国近现代教育思想史》《中国当代教育思想史》，朱永新先生对中国教育史的研究越来越丰富、越来越全面，综述也越来越中肯。正是因为原书内容不断得到增补与调整，相关数据不断得到补充与完善，错误引文不断得到明晰与更正，论断不断找到新依据，评价不断吸收新成果，作者对中国教育史的梳理与把握才更为精准、科学。这种学术深耕的做法，对一些动辄开挖新渠、浅尝即止的学者而言，应该有所启迪。

捧读《教育的情愫》，有心的读者不难发现，朱永新先生最大的修订其实不是学术，而是对教育的理解及教育研究路径的选择。循着这条轨道，深入思考，我们或许就能回应“一个普通的灵魂到底可以走多远”的哲学命题！

曾经的朱永新先生是个纯粹的学者，大学三年级时，他即被选拔为未来的教育心理学教师，送往上海师范大学师从燕国材老师学习进修，后来还东渡扶桑学习了解异域心理学的发展情况及趋势。作为“这个学科最年轻的拓荒者”，他“全程参与了中国心理学的学科建设工作”，著有《教育心理学论稿》《心灵的轨迹——中国本土心理学论稿》等，如果没有后来的从政，他的人生之路将走得极为可测，“标新立异，自圆其说”、成国内一流心理学专家，应该是他朴素的人生梦想；一著扛鼎、藏之名山，是年轻的苏州大学教务长朱永新先生最大的学术追求。

以苏州市人民政府副市长的身份介入复杂的社会管理工作后，官员朱永新意识到，“出书”“增补空白”这些学界孜孜以求的目标，对于现实教育状况的改善，意义其实有限。“改革”“改变”才应该是时代，更是教育最迫切的关键词。他在多本书中都提及管理大师约瑟夫·熊彼特在人生弥留之际说的一句话：“到了这样的年龄，我才知道仅仅凭借自己的著作流芳百世是不够的，除非你能改变人们的生活，否则就没有任何重大的意义。”他发现，让自己的学术研究成为改变一个时代尤其是教育现状的蓝图或利器，研究才最有价值。新世纪初，他写出了后来畅销国内外的另类教育名著《我的教育理想》，开启了人生的新时代。这本书的出版，也拉开了一场民间教育改革运动的新序幕。

从心理学、教育学、高校管理研究到教育行政管理、城市管理研究，从体制内教育决策的领导者到民间教育改革运动的发起人，朱永新一步一步走出自己的象牙之塔。饱读“朱永新教育书影录”，笔者以为，从一个纯粹的教育理论的研究者，转向为一个现实教育的改变者，其中推手除了行政的力量，应该还与朱永新先生对中国教育现状日益深入的了解有关，与他和广大一线教育工作者交流的扩大有关，与网络时代信息流通渠道不断拓展有关。但根本的推手，不在外面，而在他内心与生俱来的教育情怀！全国人大常委会副委员长、中国民主促进会中央委员会原主席许嘉璐先生曾深情赞誉他：“没有最博大的挚爱，是难以创造性地把事情做得出色的。”

担任苏州市副市长后的朱永新，写作方向慢慢从纯粹的教育研究浸润到教育观察、教育评论、教育对话、教育建议、教育实验等领域上来，他立志“以问题意识为导向，通过考察教育制度的演变，梳理导致问题产生的制度根源，探究解决中国教育现实问题的路径”。(《重启教育改革》)针对朱永新的转型，不少传统学者不以为然。在整理这本“教育书影录”的时候，朱永新先生自己也坦率地承认，“这些年来的学术道路，总觉得有些‘杂’、有些‘浅’，总是随着自己工作的变动而寻找新的学术方向”，但他并不后悔，仍坚持“让学术为自己工作服务”，而且努力从更高的层面、以更为具体的教育实践推进教育领域深度的改革。作为现任民进中央副主席，他代表民进中央参与全国政协的工作，既不忘记教育研究，更不肯充当花瓶，而是积极参政、议政，他说过一句学界至今还未完全重视的话：“人大的会议，不是秀场，更不是商场，而应该是战场。”担任五年全国人大常委，又正担任着全国政协副秘书长，他比一般人更清楚，中国政治层面的政策制定及表述，对教育实际现状的改善，意义多么重大。“这里，是民生之战。这里的一行字、几句话，或许就会左右一个人的生活，甚至彻底改变一个人的命运。”朱永新先生充分利用既有的政治平台和学术影响，认真思考，勤奋笔耕；其在全国人大、政协期间出席会议、调研、发言、建议等生活的内容，被结集出版为《我在政协这五年》《我在人大这五年》等著作。书中，他以一个民主党派成员的视角，见证了中国民主政治的进程，呼吁更多的力量参与、关心、理解一线教育的改革。要当好官员，又要做好学者，成本自然是巨大的，每天清晨，当别人还在酣眠之时，他已经坐在案头读书或写作，他说自己“最重要的思考与写作都发生在清晨。”

三

读《教育的情愫》，书读一半，人却常常发了呆，总想到清华“四大导师”、蔡元培、胡适、吴宓、李济、傅斯年、梁思永等名字。

因为新近还在静夜披阅岳南先生 6 卷本的《南渡北归》，一个个抖落烟尘的大师以及那一段被匆忙遗忘的沧桑辉煌，不断让笔者思索：什么才是知识分子真正的使命？烽火照京都，往事难回首。那一段岁月里，面对外侮内乱，政府手忙脚乱，老大帝国跌跌撞撞，而那一拨“五四”文化先驱以及海外学成归来的学人，精神是何等的昂扬，灵魂毫无委顿之状，他们高举“独立之精神，自由之思想”的大旗，坚持自己的文化阵地，在民族最暗黑的黎明发出璀璨的光芒，一种渊停岳峙的风范，相信随着时间的流逝，后世仰之弥高！今天，我们还有具备这种超拔文化自觉的学人？记得《南方人物周刊》曾在推出“影响中国”的“知识分子 50 人”时，采用以下标准评判公共知识分子：一是具有学术背景和专业素质的知识者；二是对社会进言并参与公共事务的行动者；三是具有批判精神和道义担当的理想者。静观朱永新先生的踏实“行走”，早就超拔在这三者之上了。

近十年来，朱永新先生研究他心爱的心理学、教育学理论已经很少了。“行动，就会有改变！”他主要的心思聚焦于一个又一个教育行动：如火如荼推进“新教育实验”，利用一切业余时间到全国宣传和传播崭新的教育理念，用书信的方式与困惑的一线教师谈心，通过网络为应试教育中焦躁的中国父母撰写“新父母晨诵”系列短文……翻检他近几年出版的著作，除一些外译的文集外，几乎都和新教育直接相关。《致教师》是 50 封与一线教师交流信件的结集，《新教育年度主报告》是他每年为新教育年度研讨会所做演讲的结晶，《教育的诗意》是他为新教育朋友写的序跋录，《教育的方向》是他与教育在线网友交流及利用网络了解民意的记录……

北宋张载说过几句极有分量的话：“为天地立心，为生民立命，为往圣继绝学，为万世开太平。”这就是著名的“横渠四句”。道统流传，知易行难，程朱以降，能扛起其中任何一句的人其实屈指可数。王国维、梁启超、陈寅恪辈，都是我们今天称作“大师”的人，其作为恐怕也未必能够当得起“为往圣继绝学”的任务。但我们自古就有富于雄心壮志的人在，历代都有人奋不顾身为“横渠四句”这样的人生理想作注。

上世纪 20 年代，晏阳初先生在国内开展平民教育的本土实践，梁漱溟先生在山东进行乡村教育实验，陶行知先生在晓庄学校倡导生活教育，这些心系生民、以教育拯救自己国家的儒者、学者、实践者，不仅丰富了中国民主教育的基本内涵，而且开创了一个平民知识分子参与社会理想建设的宏大时代。一百年后的今天，集教师、学者、官员于一身的朱永新，在既没有行政号召，也没有财团支撑的背景下，“周一至周五为政府打工，周日为理想打工”，领导了一场波及国内 29 个省，涉及 3 000 所学校、近 300 多万名师生的民间教育改革运动。他立足国内教育实际，脚步所至即是思想长跑落脚点、心中命题之所在，从教师个体成长到集体携手前行，以一脉挥之不去的教育情愫感染无数的教育志士；在一个信念匮乏的时代，他以自己一步一个脚印的“行走”，使一份有着灵魂与良知的文化自觉，弥漫在市井之上、街道之上、乡村之上，直至力透每一个有生命的角落……

浮华时代，“横渠四句”或许已经难以企及，但践行“横渠四句”的队伍中，肯定少不了朱永新和他团队的背影。

《教育的情愫》，是朱永新个人的教育书影录，也是当前对教育现状的实践性反思，对人性做出的深情追问，更是新教育行动从孕育到落地生根、发芽结果的草根群体记忆。该书帮助我们重温、回望走过的路和曾经的彷徨，寻找未来的路径，也时时在提醒我们：不能选择好走的路，只能走好选择的路，因为这世上本没有路。

不同的时代,流不同的眼泪

王 军

全新别克 GL8 豪华商务车,三星大器 B7732 双网双待手机,瑞士美度表,汉王电纸书,东方时尚珍材天成联邦家私,《南风窗》政经杂志,还有“得意之时红岁相伴”……

太多的消费狂潮已经冲击得世界找不着北,不少年轻人只恨拼爹无门,卖身不着。在一片所谓日本很淡定、世界很浮躁的聒噪声中,懒散捧起读毕已有一段时间的《巨流河》,意外获得许多的沉静和深思。

“风云有鸟路,江汉限无梁。”

所谓沟通，原不是人们想象的那么复杂。

《巨流河》系台湾文学、教育界前辈齐邦媛女士回顾自己一生历程的传记作品，书稿记述了她从东北流亡到关内、西南，然后又在台湾落地生根的历历往事。可远隔海峡，穿越百年，我们仿佛依然能够听到历史沉重的心跳。

一

老实说，和口味太重的《大江大海 1949》比起来，我更相信齐邦媛《巨流河》所讲述的那一段历史。这不是说龙应台不够诚实，曾将自己本不清楚仅凭道听途说的二手资料及个案当作客观的历史予以述说。龙应台的人文情怀和民主精神无可挑剔，龙的述说"不但超越了意识形态，甚至超越了国度和民族，用有一双充满人道主义温情的手，抚摸着一个个具体的人"。只是，当叙述者将自己太多的感性注入历史文学之中的时候，其立论的立场难免遭人质疑。

龙应台问："被围城饿死，被炮轰死，被砍头活埋，被原子弹熔化而死，这些死法，哪一种更体面，哪一种更人道?"

无疑，上述任何一种死法都谈不上"体面"和"人道"，这种问法后面所传达的怨愤，对于长期接受一种教育的大陆人而言，也显得相当尖锐。可今天的我们已能接受这种表达，没人会为此向龙说出"你在为谁说话"这类强蛮的语言。龙是个学者，是当前华界最具道德良知的学者之一，其对人性暴虐的呵斥以及对历史深处孑民的悲哀，绝非"妇人之仁"，能让人肃然起敬。

然而，历史真相是非常复杂的。不要说远在数百年前的历朝历代，即使新近叙利亚的"化武"真相，我也不愿、不敢相信任何"报道"和"声明"。60 多年前发生在中国的那场大变局到底是怎么回事，谁应该就大历史的车轮说出那声"对不起"，龙应台的结论也许下得太早了。龙的采访手记和史料运用不能说不真实，但还不够全面，除了台湾方面的外，至少还应该听听其他人的声音。就历史的表达感性太多，对于历史的思考就会显得肤浅。

网民说："应台，我们可不可以把岁月交给风，把往事交给云，把比喻交给诗人，把修辞交给小说，把自恋交给自传，只把历史事实留给《大江大海》。"其言，可鉴。

比照一下，亲历那个时代的 80 岁老人齐邦媛就显得更为朴实、中肯。同是国民党人的后代，齐邦媛不谈意识形态，也不说仁义道德，只讲自己的耳闻目睹。25

万字的传记充满了自强不息的坚韧和“弦歌不辍”的昂扬，一个离乱中的女子，没有怨恨，没有沮丧，可谓难得。从东北流亡至关内、西南，又从大陆流亡到台湾，她个人的成长一直和家国的命运如影随形，她记下了现代中国种种转折的不得已、知识分子的颠沛流离，以及女性献身学术的困顿和勇气。她以这种最内敛的方式来处理那些催人泪下的史料和史实，不仅表现出人性的深情和节制，而且表达了对政治复杂性的尊重和无奈。

和龙的犀利相比，齐的文字看似温婉，倒更具包容的力量。

当然，这丝毫不影响龙的可敬和伟大。《巨流河》只是“一本惆怅的书”，而《大江大海 1949》是一本战斗的书。

在这个经济压倒一切的时代，作为一个敢为“人”的尊严和苦难而战斗的人，龙应台同样赢得了尊敬。

二

“一九四三春风远，别母校何日重归来……”

读《巨流河》，当然不会不提及朱光潜先生。

央视名记柴静在写朱光潜先生时，引用过齐邦媛记忆中的素材：

> 有天讲到华兹华斯的《玛格丽特的悲苦》，写到一个女人，儿子七年没有音讯，说中国古诗有相近的话：“风云有鸟路，江汉限无梁”，竟然语带哽咽，稍停顿又念下去，念到最后两句，“If any chance to have a sigh, They pity me, and not my grief.（如果有人为我叹息，他是怜悯我，而不是我的悲苦）”他取下眼镜，眼泪流下双颊，突然把书阖上，快步走出教室，留下满室愕然，无人开口说话。

时局的艰困，大师们上课时“一字不提”。但不提，不等于没投射到心灵深处。

颓废感伤的浪漫主义者对时代的困顿，往往以满腹牢骚表达自己，如同今天的愤青。异种入侵的 1945 年以前，以朱光潜为代表的一代中国学人却把对国家前途及自身命运的忧思转移到学术的精研中、对学生的关爱上。

空袭之下的学校一迁再迁，敌人如鬼似魅地跟随，但民国的联考始终未断。偏借乐山一隅破庙中的武大师生一切都像平常一样。战火中的武大，教务长朱光潜，名满天下，还特意找到齐邦媛这个一年级的新生，让她从哲学系转到外文系，他说“现在武大转到这么僻远的地方，哲学系有一些课开不出来，我看到你的作文，你太多愁善感，似乎不适于哲学，你如果转入外文系，我可以做你的导师，有问题可以随时问我”。

这样的先生，实在是太少了。

由此想到我们当前的教育。

文化是民族的魂。大学最重要的文化是对学术的尊重和创新，而不是自身的地位和利益。龙应台在《大江大海 1949》中批评共产党人为了建设新安江水电站，将千年古城淳安沉没于水底，害得她和母亲为寻找安葬祖先的山头，悲苦地转辗于千岛湖一个又一个小岛，心同失怙。其实，她最要批判的是大陆的大学以及其代表的教育。所谓的“大学之大”，除了暴发户式的大楼大厦外，何处更觅得一个真正可以称得上大师的学人？

这些年，应试教育大行其道，未见执国内高校牛耳的清华、北大为之做过什么有益的事情。私心不揣浅陋，曾替清华、北大想过，中国基础教育如此糟蹋自己，作为下游的高校，即使不为民族的前途担心，真的毫不在乎生源的核心素养？然而作为国内“一流”高校的清华、北大并未担心这些形而下的问题，抢状元做得比谁都无耻。这其中的逻辑可能是“熊来了，我只要跑得比其他高校快就行了”。

悲夫！圈内热议的“北约”“华约”，不是美谈，是公开的丑闻。

当然，高校或许也有高校的苦衷。复旦大学杨玉良校长在《大学的责任》一文中说：

> 在大学里面，学术为魂是经常被提及的，但有一点我要说，学术不是讲民主的，很多人经常说错话，说“学术民主”，这不完全对，因为学术上面的正确与否不是靠少数服从多数来解决的，历史上不论哪个学科在学术上永远是真理掌握在少数人的手里。所以学术是谈自由的，学术是为思想而奠基的。

——说得多好，学术不是讲民主的，学术是谈自由的。

> 有时候我们喜欢用“改革”这个词语，但不是什么事情都必须要改的，什么事情都需要大改的，更多的事情实际上是需要我们去坚守或者回

归的。

——当前中国以改革为动力，但改革也需要讲道理。工具理性大行其道，以大学作为社会良心的价值天平岂能不倾翻？

大学做事，想清楚的时候就坚决干。如果还没想清楚，并且这件事情暂时还不着急，就不要急着干。如果事情还没想清楚，这件事情又很着急，我们就小心翼翼地干，边干边看，摸着石头过河。

——只是我们一时闹不清楚，现在的大学校长到底把哪些事情想清楚了。陈寅恪如果活在当下，没有文凭，也没有著述，即使有胡适这样的大儒推荐，有大学校长敢聘他做教授？化学和物理只考 25 分的清华新生钱三强闻得日本入侵东北，当即要求从历史系转物理系，今天还有人敢同意他转系（不准收费的）？

毕竟，说几句漂亮话容易，解决具体问题才是关键。

熊培云一直强调，知识分子安身立命不外乎三样东西：知识、独立和公共精神。当前社会之所以有“犬儒”之说，就是在精神越来越蜗居的时代，参与推进美好人生、社会进步与人类福祉的知识分子愈来愈少。

三

一个 54 岁的下岗工人说了一句震惊中外的话：“对待知识分子的态度，标志着一个民族的文明程度；而对待工人农民的态度，则考验着一个民族的良心。”

眼下，国内的矛盾不少。过去，我们在解决类似问题的时候，习惯说“发展中产生的问题，用发展的办法予以解决”。其实就是做大 GDP 这块蛋糕，从而提高国民的整体生活水平。然而，现在国内人均 GDP 达到 4 481 美元，社会的不平衡心态越发的严重了，“如何把蛋糕分得更好”替代“如何把蛋糕做大”严峻地摆上决策者的案头。

假如龙应台女士有幸成为决策者中的一员，不知她会如何分蛋糕。对 60 年前的那场内斗，是选择民主还是选择独裁？是选择农村还是选择城市？是选择南京还是选择延安？是选择战还是选择不战？基于对社会底层个体命运的深切同情，龙旗帜鲜明地站在了“杀人”的对立面。她认为战争根本没有所谓胜利者和失败者，一切都是“兴，百姓苦；亡，百姓苦”。然而，当社会蓄积的对立和仇恨必须得到释放的时候，争斗的双方就没有第三种选择，更无人顾及到女人或者母亲的想法。历史的审判中最值得追究的是“谁打响了第一枪”！

战争不是简单的拒绝就能消弭的。美国继粗暴地改变了伊拉克、南联盟、利比亚的命运后，又将巡航导弹毫不迟疑地倾泻到叙利亚的领土之上，阿萨德除了战斗，还有选择么？

对社会文明进步的热切期盼、对弱势群体的深切悲悯、对人类共同命运的深切关注，极有可能会让今天的龙女士在社会巨大的差异和不平衡面前，作出类似“均贫富”的基本选择。国人历来“不患寡而患不均”，只是，这个太平天国时期就曾明确提出过的口号及主张，真的能解决人性固有的缺陷吗？“端起碗来吃肉，放下筷子骂娘”，说的不仅是当前贫富严重不均的中国，放眼所谓文明之邦的欧美，又何尝不是如此。

在利益被强调成为唯一法则之时，所谓的“和谐”根本无法成立和实现！

浸渍于文学之美、不爱过问政治的年轻台湾大学生齐邦媛，踏入社会成为台湾编译馆教科书组主任，为了摆脱政治对教育的粗暴包办，面对众目所视、众手所指的“部定本”高中国文教科书改编，她首先想到的是要“让每一个正在成长学生的心灵得到陶冶与启发”。为此她积极行动：一方面听取学术精英的意见以求支持，一方面又寻求当局高层的保护。父亲齐世英（东北知名人士，国民党立委）揶揄她“当了芝麻大的官，却惹上天天上报的麻烦”，她也不懈怠，为她题写书名的台静农先生忍不住勉励道：“敢这么编国文教材，有骨气。”然而，在“知识分子与国家机器艰难的抗争”中，她贴身领略到了权力、政治的厉害、力量与可怕。

国是抉择，远非小小教科书改编风波所能比拟，左边是天堂，右边可能就是炼狱，慎言慎行啊！

四

今天读《巨流河》的意义和价值，当然不是让我们了解一个人、一个家族甚至一个民族的苦难过去和现在，而在于发现历史的真实。

齐邦媛写道：“国内时局仍在低潮，前线国军真可说是在浴血守土。”电视上热播的《中国远征军》证实此言不虚。从谴责国民党消极抗日、积极反共到坦承国军血战台儿庄，历史拐了一个弯，国军曾于正面战场迎战日军的真相浮出海面。

后来在历次运动中被整而死去的人，如果有灵得知这一切，不知作何感想？

75 岁的齐邦媛坐在当年的兄长、恋人、朋友“碑前小小的石座上许久”。生活之书早已翻过无数页，张大飞也已经离去 50 年，可“温馨如他令我难忘的温和声音”仍在耳边。作为陈纳德飞虎队一员的中国空军上尉、东北流亡学生张大飞抱着“楚虽三户，亡秦必楚”的信念，投笔从戎，与国家为伴，与蓝天为伴，与牺牲为伴。他和他的战友曾为这个国家和民族恨过、爱过、战斗过、伤感过，直到生命的最后。他们都是一些有信仰、有道义、有柔情的英雄。然而由于种种历史的恩怨，他们一度为政治的尘埃所蒙蔽。

钱穆先生在《国史大纲》的开篇说：“（任何一个人）对其本国历史略有所知者，尤必附随一种对其本国以往历史之温情与敬意。”只是，“国家机器所操纵的历史何尝顾及于此”！

如花少女垂垂老矣。苍颜齐邦媛盘桓在少年时熟悉的玄武湖畔，如此写道：“此时将尽日落，湖水灰黯，树色也渐难辨，童年往事全隐于暮色之中。”这种情境，或许能让人想起朱光潜先生喜欢的名句“曲终人不见，江上数峰青”。但以无数人的牺牲和埋没为背景的“静穆”之美，大多数人欣赏不起。鲁迅批判了这种高蹈的“美丽”。

可是，让亲人和孩子领略生活中的安宁与幸福，而不是仇恨，正是英雄想用青春和生命去热切争取的。“拼将十万头颅血，须把乾坤力挽回”，不就是想让自己的女人和孩子能永远自由地呼吸：不但衣食无忧，且能在“非诚勿扰”的舞台上作秀、露肩，不满的时候上街，失落的时候哭一场；让所有的国人，高贵的卑贱的，粗俗的优雅的，无私的自私的，都能够在阳光下坦然地走动、生息、繁衍……

五

“美育者，应用美学之理论于教育，以陶养感情为目的者也。”美育不仅可以“陶冶活泼敏锐之性灵”，且能“养成高尚纯洁之人格”。为此，民国教育总长蔡元培毕生倡导美育，把美育看作改革教育、改造社会的重要手段，看作培养创新人才、争取美好未来的重要手段。

读《巨流河》，我们也能从善花的梢头看到了美的力量。

哈佛大学王德威在《如此悲伤，如此愉悦，如此独特》一文中，如此表达齐邦媛在文学里找到了回应历史暴虐与无常的方法：“在一般回忆录里，我们很难看到像

《巨流河》的许多篇章那样，将历史和文学做出如此绵密诚恳的交会。齐邦媛以书写自己的生命来见证文学无所不在的力量。”

古往今来，厕身于艺术，安身立命于乱世或困蹇者，如秋来鸿雁数不胜数。诗能“以铿锵有致的声音维护住生命应有的秩序与尊严”。即使风雨如磐，即使衣食无着，困厄中仍对艺术和美保留着一点基本的向往，哪怕出于玩味，也是一种救赎，是人之不幸为人之后对自身最后的一点支援。

当然，相背的故事也足够让人黯然伤怀。

“礼失而求诸野”。越是在物欲横流、强权霸道、礼崩乐坏之时，越是在身世浮沉、王榭云散、劳燕分飞之际，越要看到美的力量。这是蔡元培所希望的，也是鲁迅所希望的。肯让艺术陪伴艰难的人生走一程，是每个人的幸运。

魔幻其实不荒诞

——重读《百年孤独》

王　军

报悉，哥伦比亚作家加夫列尔·加西亚·马尔克斯患老年痴呆症，已经认不清自己的家人了。不知他的宿敌略萨听到这个消息后，心情如何。

再捧起《百年孤独》，我的注意力开始从一度歆羡不已的魔幻现实主义笔法，聚焦至作品中那些出没于神话、传说、幻想与历史中的人的命运。那些像我们兄弟姐妹般的人啊……除自动升天的俏姑娘雷梅黛丝外，几乎没有一个人能够摆脱命运给予的绝望、冷漠和疏远感。他们来来去去，站满历史的两岸，看似愚昧、落后、保守，却又自强不息，敢爱敢恨，无视礼俗，奋力抗争，直至在狂暴的飓风中彻底消失。

“生年不满百，常怀千岁忧。”在我们浩繁的民族进程史中，好像也有过这么一群“行行重行行”的人，他们悄悄地来，无声无息地离去，让你感叹生命无常，更感慨命运多舛，《古诗十九首》记下了他们精神的行迹。

可是，当我们再度从布恩地亚家族那些不断取名奥雷良诺和阿卡迪奥的子孙中间穿行时，仍会强烈地感受到“无数抽象的诗歌和风干的历史永远不能带来的”生命之痛！我们甚至无法不像乌苏拉一样向也许根本不存在的上帝发问：“是不是真的以为人的身体是铁打的，忍受得了那么多的痛苦和折磨！”

百年小镇马孔多，没心没肺大沼泽，无边的情欲与幻想，周而复始的死亡——它们一度并持续建构我们熟悉的欢乐和忧伤。有人说，本书最大的特点是“变幻想为现实而又不失其真”。哪里是幻想呢，一切本来就是真的，只不过将生活用貌似虚构的面目呈现而已。

“小说，被认为是一个民族的秘史。”当然，今天我们无法证实书中书写的一切究竟是故事,还是一个民族的历史。即便天假其便,借助高科技,我们也捞起沼泽地中古盔甲,当年霍塞·阿卡迪奥·布恩地亚曾用磁铁从河底找到的那副古盔甲,我也不敢保证里面一定还会浪漫再现“一绺女人的头发”。但是,我坚信,加西亚·马尔克斯所述说的“故事”,不仅不独属于美洲,甚至也不完全属于古代。历史习惯辛苦而孤独地重演:战争、斗鸡、淫荡的生活和胡思乱想的事业……

一、奥雷良诺老了

首先看出这点的是他的亲密战友赫里奈多·马尔克斯上校。这个曾经三次脱险、五次伤愈康复、身经百战而安然无恙但险些死于自己上司之手的老人,了解到突然来访的老上级奥雷良诺终于想要重新发动一场他们曾经盼望甚久的全面的战争时,不禁深感同情。

“哎,奥雷良诺,”他叹息说,“我知道你已经老了,可是我现在发现,你比你的外表还要老得多啊!”

何谓英雄迟暮?我想,这就是。

奥雷良诺上校,这个马孔多小镇最杰出的人物,发动了32次武装起义,虽然32次都失败了;这个没有理由地爱上镇长家未成年女儿、居然甘心等待她11年的银匠,成为叱咤风云的上校后,跟17个女人生了17个儿子,遗憾的是一夜间他们一个接一个地都被杀掉,最大的当时还不到35岁;这个“让自己和其他人之间始终用三米距离隔开来”的自由派领袖,凭勇气和直感躲过了14次暗杀、73次埋伏和1次行刑队的枪决。作为战士,他可谓目标明确,斗志昂扬。他领导着自己小镇的“江东子弟”20年来持续抗击政府的围攻,最终迫使政府提出有利于起义者的和平条件。

当然,因为停战的不可抗拒,这个不得不解甲归田的忍者,在“走过荣誉和怀念荣誉”之后,为“挽回曾经失去的威望”“告慰孜孜以求的梦想的破灭”,向自己的心脏开了枪,但上帝不允许他死,他在穿胸而过的枪伤下活了下来。

在松散的和平的时光中,这颗小镇最耀眼的巨星不可抗拒地黯淡了。当他在国家卫队保护和监控之下,待在自己作坊周而复始制作他的小金鱼时,他的曾经骁勇的战士们为了军人的终身养老金正与“政府日常的凌辱”进行着一场无形的可悲的战争:最终这些放下武器的人,将血迹斑斑、沾满尘土的军旗盖在棺材上,离开了他们的上校和这个肮脏的世界。万事不管的上校,在父亲死亡的橡树下,当着家里女眷的面肆意小便!

完全赋闲的奥雷良诺上校以为人们已经完全忘却他,他的政治敌人们却一点也并没有忘记他曾经的倨傲,他们一个接一个地枪杀了他17个儿子。这个绝望的人,最终明白了缴械的可悲,他到处哀求,卑躬屈膝地筹措军费,以期“重新牵动造反的锁链”,铲除由外国入侵者支撑的腐败堕落、臭名昭著的政府,可时间不再站在他这一边了。

他只好“给自己的内心也上了门闩”,让前额“靠上了栗树的树干”平静地死去。

奥雷良诺·布恩地亚上校的悲剧意义远不限于他从一个安分守己的银匠成为一个不近人情的战争机器,“战争毁灭了他的人生”,更可怕的是“他慢慢失去了对亲人和生活的爱”。

他年迈的母亲眼瞎以后忽然明白这个儿子的可怜:“(这个家族中最最伟大的人)其实从来就没有爱过谁,包括他的妻子雷梅黛丝和在他的一生中曾同他睡过一夜的无数女人,更不要说他的孩子们了。”

母亲乌苏拉看出了这一点,竟“一下子勾起了对儿子应有的全部同情”。

我们历史上这样“下夕烟”的英雄,有吗?

二、爱情简直成了瘟疫

布恩地亚家族的男人“都披着一层密不透风的护甲,对亲切的情感毫无反应”,而这个家庭的女人却在欲望的摧残下,常常表现出惊人而不可思议的高贵。

瘟疫的产生是从乌苏拉发现两个女儿成年了需要改建房屋开始的。

雷蓓卡和阿玛兰塔同时爱上了意大利人钢琴调音师皮埃特罗·克雷斯庇:一次预定的日子,雷蓓卡因没有等到情郎的书信,绝望得发疯,一把一把地吞吃泥土;阿玛兰塔发现姐姐雷蓓卡对皮埃特罗·克雷斯庇的痴情,“突然发起高烧来了”,她的心因单恋而被刺痛。这种刺痛种下了她一生的冷漠和温柔:当随流而来的雷蓓卡最终选择阿卡迪奥·霍塞而放弃皮埃特罗·克雷斯庇时,毒死年轻而纯洁嫂子雷梅黛丝的阿玛兰塔断然拒绝皮埃特罗·克雷斯庇的求爱,并最终让其为自己切脉自杀。

老处女阿玛兰塔知道自己一生中的爱情其实只有一次。和侄子奥雷良诺·霍塞暧昧的不伦之恋因良心的警醒而被自己扼弑之后,唯一引起阿玛兰塔注意的就是哥哥的战友——马孔多小镇新的行政长官赫里奈多·马尔克斯上校。她也希望自己能为他重燃年轻时对皮埃特罗·克雷斯庇的那种热情。赫里奈多·马尔克斯上校即将为政府枪毙时,她闭门痛哭,非常难受。可死里逃生的赫里奈多·马尔克斯上校正式向她求婚进时,她一口回绝:“我跟谁都不结婚,特别不会跟你。你是那样爱奥雷良诺,因为你无法跟他成亲,才来跟我结婚。”

女性不可理喻的逻辑在阿玛兰塔身上得到无限的表现。

她的铁石心肠使母亲也胆寒。“然而,在最近的一次观察中乌苏拉却发现,阿玛兰塔其实是世上从未有过的最为温柔的女人。”因为她对皮埃特罗·克雷斯庇一切不合情理的折磨,并非出于报复;她那使赫里奈多·马尔克斯上校终生失望的缓慢折磨,也不像人们认为的那样出于她的一腔辛酸。“所有这一切都是她那强烈的爱情与不可战胜的怯弱之间的殊死搏斗,而最后却是那种恐惧占了上风。”

这使母亲重新念起被遗忘的另一个女儿雷蓓卡来:“只有这个从没有吃过她的奶,而只吃地上的泥土与壁上石灰的女人,这个内心焦躁、情欲外露的女子才是家族之中唯一具有非凡勇气的人。”

没有比较,就没有性格。应该说,本书鲜明的层次性就是在如此大量的异质比较中丰富起来的。

即使到了暮年,年迈的阿玛兰塔唯一的愿望仍是“不要给她比雷蓓卡先死的惩罚”。她怀着强烈的仇恨为雷蓓卡织裹尸布,“以致最后自己不仅成为一位殡葬专家,而且很有造诣”。

为此,死神吩咐她在四月十六日开始织她自己的裹尸布。死神告诫说,在完成裹尸布的那天傍晚,她将没有悲痛、没有恐惧,也没有苦楚地离开人世。也算天佑慈怀之人了！为爱情和恐惧折磨一生的阿玛兰塔的内心终于摆脱所有的痛苦,“对自己的命运完全的认了”。

作为一个女人,她的谢幕不可能是剧情的结束。新的故事在这个世界上会继续起程,只是女主角换成了她的侄孙女梅梅。

三、真正的先知

谈论《百年孤独》，说到它的作者加西亚·马尔克斯，也说到了穿梭在厅堂和浴室里的各种人和魂灵，此时，如果不提到霍塞·阿卡迪奥·布恩地亚这个小镇神话的源头，好像有点说不过去了。

最近，有人出书重新解读神话，说“考古已经大量证实，所谓神话其实原来就是历史”。此说深得我心。如果说世上曾有过所谓的先知，那么小镇马孔多的传奇开拓者霍塞·阿卡迪奥·布恩地亚应当算一个，他年迈后的妻子乌苏拉和吉普赛朋友墨尔基阿德斯也是。

霍塞·阿卡迪奥·布恩地亚让我想起陈忠实名作《白鹿原》上的农民白嘉轩。然而，霍塞·阿卡迪奥·布恩地亚的形象显然更真实，更有活力，更加靠近真理的源头。只有他这样的伟大的拓荒者，才能、才敢带领族人在沼泽的边缘建立起村庄，才能、才敢一心沉溺于自己对于科学的研究而让妇女维持家庭的日常营生，才能、才敢一言不发在关键时候站出来驱逐政府任命的镇长，才能、才敢即使在栗树下像个国王一样坚持自己一生的操守。

霍塞·阿卡迪奥·布恩地亚身上对科学的狂热，让他超越了固执和狭隘，永远走在通向文明的大道上。足不出户，他的想象力仍然超出大自然的智慧，比奇迹和魔术走得更远。通过观象仪观测星辰的移动，这个对科学一无所知的人居然说出人类几百年才弄清的科学结论：“地球是个圆的，像一个橘子一样。”

他德高望重，但一点也不保守，对一切充满着永恒赤子般的热情。他尝试制造激光武器、研究炼金术、寻找传说中的大海、和鬼魂对话，总之对于他而言，一切都可以努力，世界上没有什么事是不能做的。为此，他疯了，被绑在院里的栗树之下整整半个世纪。作者却深情写道：“当年迈的、备受日晒雨淋之苦的大汉霍塞·阿卡迪奥·布恩地亚开始呼吸的时候，房间的空气中弥漫着一种嫩蘑菇、棒棒花和野外的陈腐而浓烈的怪味道。”

害怕近亲结对的妻子生出蜥蜴孩子，年轻的霍塞·阿卡迪奥·布恩地亚结婚一年妻子仍是个处女。然而，当“流言”因鲜血得到洗刷后，这个年轻的男人朝老婆挥舞着标枪命令道：“把这个贞节裤脱掉，要是你应该生蜥蜴，我们就养蜥蜴，可就是不能因为你的过错叫村里再死人。”

这话说得，够爷们！

可以这样说，没有霍塞·阿卡迪奥·布恩地亚这样的父亲，根本不可能有银匠奥雷良诺上校、患了绝症还要为女儿筹措学费的奥雷良诺第二、爱一个女人敢于无视其男人的家族羊皮书研究者。

霍塞·阿卡迪奥·布恩地亚永远知道自己在做什么，应该做什么。他对命运的进攻从来不走样，从不虚假而缓慢，他对人生和社会的思考从不漫不经心，他专注而认真地做着自己的事，一切都是章法的自然延伸和人情的自然表达，如河流流淌。

“悲凉之雾遍被华林”，这个永远的王者，即使被亲人终身绑在一棵树上也没有任何怨尤。

因为霍塞·阿卡迪奥·布恩地亚的坚强、成熟和崇高，和他始终厮守的妻子乌苏拉“永生”也就自然有了位置、开了天眼和智慧。暮年乌苏拉眼瞎后对人性的理解和洞察、对自己人生的顿悟与思考、对亲人的宽容与同情，是霍塞·阿卡迪奥·布恩地亚性格的发展和延伸，他们都被一种天使之光照耀着。

加夫列尔·加西亚·马尔克斯患了老年痴呆症，他可能已经记不得他自己曾写过什么，但写作早就成为历史。谁能说清他的文字其实只是创作，而不是一种记录！

思想者的盛筵

——重读《九三年》

王　军

重读《九三年》,才逐渐明白为何在尊称雨果为“天才”的同时,还称他为“思想家”。

“读任何文学作品,本质上其实都是在体验自己的内心。”十九世纪文学的天空,群星璀璨。身为积极浪漫主义文学运动的代表作家,雨果一度被人们称为“法兰西的莎士比亚”。其实,就对政治本质的体察和现实人生的关怀而言,雨果对人类前途的信念及对革命的感受比莎士比亚更能引起后世的共鸣。

进入雨果的文字或文学世界,特别容易找到自己,又特别地无法自已,《巴黎圣母院》是这样,《悲惨思想》是这样,写于流亡途中的最后一部长篇小说《九三年》更是这样。

“九三年进行的是欧洲反对法兰西,法兰西反对巴黎的战争。革命意味着什么呢? 它是法兰西对欧洲、巴黎对法兰西的胜利。九三年这个恐怖时刻之所以伟大,原因就在此处。”

小说以大革命时期法国布列塔尼地区的旺代叛乱为题材,通过叙述一支共和国军队与叛军作战的故事,描绘了一幅反映 1793 年法国国内战争的壮丽图画。然而,我以为,作品的重点并不在描述战争。作品由“海上”“巴黎”“旺代”三部分组成。对于当时革命中心“巴黎”街景和共和国决策机构内部争执的描述,大部分读者一般直接大段大段越过,太多陌生的地名人名、大段的场景白描、太抽象的政治口号、太冗繁的咖啡馆争执,年轻不能理解,也不想理解。殊不知,这正是作品的精华之一,它对历史场景的再现,对当时各政治派别及其主张的概述,清晰地披露了雨果对暴风骤雨式大革命的冷静反思。

> 这里既是无比的丑恶，也有无比的崇高，这里的英雄不胜枚举，这里的懦夫俯拾皆是，有山中兽，也有水中蛇，所有那些如今已成过眼云烟的斗士当时麇集于此，你推我搡，互相谩骂，彼此威胁，不舍昼夜地行进着他们的斗争。

革命与反革命，进步与愚昧，信仰与暴力，国王与资产阶级，美与丑，爱与恨，是与非……时代的大舞台上，任何时候都有对立的灵魂在舞蹈，如此复杂，如此尖锐，又如此迷人！所以，雨果感叹："历史的悲剧注定由巨人们拉幕，由侏儒结束"，"一个侏儒的笑比一个巨人的笑更可怕"！

推翻国王之后，新的权力机构"国民公会"出现了，"首先要解决的问题是把它放在什么地方"，雨果说："一切思想都必须有包容它们的外形，一切原则也必须有它们借以藏身的所在，一座教堂就是一个被四壁包容的上帝，每一种信条都给它找一间庙宇。"自然，作为一种思想要表达，小说家需要为他的作品选择一个灌注着自己情感和思想的主人公。当时共和国海岸部队远征军司令，一个"战场上很坚定，可是事后却很软弱"的旧贵族郭文就成了雨果心中思想与道德的化身。

郭文这个形象的塑造，倾注了雨果晚年对革命的全部思考。凶恶的敌人德·朗特纳克侯爵为三个火中的孩子"自愿地、主动地、甘心地离开了森林、黑暗、安全和自由，勇敢地返回可怕的危险之中"；他不顾被火吞没的危险冲入火中，接着又迎着敌人走下丧命长梯。这个凶残的保王党人"曾在他自己的生命与别人的生命中作选择。在这场壮丽的抉择中，他挑选了自己的死亡。人们将作出什么反应呢"？他的敌手革命军司令郭文抓住了他一直想抓的敌人，却陷入了自己良心的审判：

> 接受他的脑袋。这就是对英雄行为的回报！以一种野蛮的行为回报一种高尚的行为！革命会有这种底色！这对共和国而言是怎样一种低贬！在刽子手感到羞辱的这个死刑面前，这个令革命心惊胆战的人将露出微笑，而共和国将面红耳赤！

坚信"在绝对正确的革命之上，还有一个绝对正确的人道主义"的郭文最终选择释放叛乱者德·朗特纳克侯爵，从而将自己送上了革命的断头台。然而，他一点不后悔。是的，"正义的钟声已经敲响，革命已经逮住了这个人民公敌，他再也无法上战场了，再也无法斗争，再也无法为非作歹了。旺代不缺兵员，他是唯一的大脑；他一结束，内战就结束了。在许许多多的屠杀和杀戮以后，这个杀人者终于被关在这里，现在该他死了”。可是，革命不是“把国王杀掉，把贵族杀光，把教士杀光，破坏，毁灭，屠杀，践踏一切，践踏古老的道德，践踏王座，踢倒圣坛，粉碎上帝，而且在上面跳舞欢歌”，如果真是这样，我们“宁愿要一个智慧的地狱，也不要一个愚昧的天堂”。

土牢夜会西穆尔登，郭文深情而平静仰望自己心目中“理想的共和国”：

> 我希望人的每一个属性都是文明的象征、进步的模式。我主张思想上的自由、心灵上的平等、灵魂上的博爱。再不要桎梏了！人生来不是为了戴锁链，而是为了展翅飞翔；人不要再当爬行动物了，我希望幼虫变成昆虫，蚯蚓变成活的花朵，飞起来。我希望……

这是郭文的理想，也是雨果的理想，也是人类梦寐以求的理想。人类一切活动的终极目的不是模仿自然，而是超越所谓的“丛林法则”，让文明“把人带向蔚蓝的天空”。

放走敌酋的学生郭文无憾走上老师为他设置的断头台。“在一个贵族的头颅，灌输进了人民的灵魂”的远征军委员、司令官老师西穆尔登，恪守了他对共和国的承诺，不能允许一个贵族革命者对另一个贵族叛乱者仁慈，他下令对郭文执行死刑，可是他终究无法抵御内心的悲伤，“紧接着断头女的声音之后，响起一声枪响”，他自杀了。

作品的悲剧升至高潮。

“九三年”只是一个象征，一个暴风的象征，一群被理想左右的人带领另一批觉醒的人，把欧洲昏昏欲睡的绝对王权之梦狠狠地粉碎。可革命为此付出的代价却极为惨烈，不啻郭文和西穆尔登，国民公会表决判处国王死刑的时候，“罗伯斯比尔的生命还有十八个月，丹东的生命还有十五个月，马拉的生命还有五个月零三个星期”……

郭文与保王党人德·朗特纳克侯爵，身为祖孙，却又分属不同的营垒，他们的斗争是殊死的、不可调和的。可对于这场战争，雨果没有简单地用“正义“与”非正义“来脸谱化地加以区分，他让保王派的人与革命军都以上帝的名义充分说话，将他们都塑造成英雄，甚至是高尚的人，这就使朗德纳克与郭文的对决显得冷峻、庄严而富于血气。大历史的车轮下，“保卫国王与保卫共和国实际上是同一种事业，它们都受到激情的推动，也都不可避免地将个人纳入一种历史的呼声与判决中去”。

雨果笔下，九三年尽管血腥、残酷，仍不失为一个大时代。

普遍的道德是社会的基础，普遍的良心是法律的基础。

波澜壮阔的法国大革命“化为历史的烟尘随风而逝”，她颁布的 11201 条法令(其中三分之一是关于政治的，三分之二是有关人本身的)给后世以巨大的影响，更给现实以若多的警醒。当数个世纪急风暴雨式的革命浪潮，在全球一片暖洋洋的暧昧中日甚一日褪去光环之际，我们重新思考革命与反革命、文明与野蛮、斗争与和解，内心难免五味杂陈。“所谓的战争需要、国家利益等等无情老人的偏见，在孩子眼睛里其实毫无价值，初入人世者没有作过恶，他就是正义，他就是真理，他就是纯洁。”

大革命走“绝不宽大”之路，坚持“暴君不死，人民就没有自由”，甚至说“我憎恨流血，可是一个国王的血并不是人血”，殊不知没有了皇帝不等于就有所谓的平等与自由。肮脏的资本权贵如今在街头大腹便便、横冲直撞，良知倒一天天自惭形秽畏葸不前，那些当年高呼“一个国王的脑袋掉下来，不应该比一般人的脑袋掉下来弄出更大的声响”的英雄们，今天何在？讽刺是如今的王室文物般珍贵，所有的国王都德高望重、行为世范，他们再不会被轻易砍掉脑袋，倒是为楼宇和权力所弄倒的干部前仆后继，雪落无声。

“只要有墨水，就会有污点”，信然！

善待自己要从善待他人开始

——读储昌楼《教育点亮人生》

王 军

朱永新老师称储昌楼是新教育的“一盏灯”，不仅点亮了昆山市千灯小学，照亮了当地，而且给更多行走在“新教育”之路上的同仁以光明、以信心、以希望、以标杆。研读这本《教育点亮人生》，我觉得，昌楼兄也点亮了自己。

从老家海安到苏南昆山，从一线教学到教育局教科员、教研员工作，应该说，储昌楼的人生原本已经非常精彩。可是他不知足，不肯固守自己，主动请命到农村去，“打造最有新教育基因的样板学校”，这种对既往成就不断突破与超越的胆识，既令人钦佩，也令人诧异！

虽然朱永新说过，“对于中国教育而言，最需要的是行动与建设，只有行动与建设，才是真正深刻而富有颠覆性的批判与重构”。实际上，现在的校长做不了多少事，以“颠覆性的批判与重构”实现人生价值的自我点亮并不容易。在劣币驱逐良币的不良教育生态，许多曾经踌躇满志的先行者下了马、卸了鞍，退出了江湖。储昌楼的可贵就体现在这里：他承诺，“一年我会让学校项目有模有样，三年我会让学校经看耐看”。三年千小圆梦，一千多个日日夜夜，他用“心”做教育，用“信”做教育，用“行”做教育，拓展了学校的事业发展规模，创新了千小的“好雅”文化，开设了有力量的“六艺”课堂，更了不起的是更新了一大批乡村教师的精神图谱。他在昆山千灯小学创立的“文化立校、课程育人”经验得到广泛好评，他用自己对当前教育现状的实践性反思、对人性做出的深情追问，让新教育行动发芽结果。他重新实现了自己，善待了自己。

“谁将声震人间，必将长久深自缄默；谁将点燃闪电，必将长久如云漂泊。”现在，各大媒体都盛赞千灯小学的校园特色文化，有心的读者如果细读《教育点亮人生》一书，则不难发现，真正为储昌楼一腔浓烈的“教育为人生”情怀奠基的，并不全是高深的理念与卓越天才，更是孜孜汲汲的“以校为家”和无怨无悔的“两鬓染白”。

我们的教育之所以伟大，并不全是教育直接关乎国计民生，而是教育人点亮自己的前提，首先是点亮别人。校长要干成事，不出事，必须时时刻刻将“成人之美”放在灵魂深处，落实于教育的细枝末节。

在《请善待学生》一文中，储昌楼用“善待自己要从善待他人开始”这句话与他的老师们共勉。他说，“学校天地，学生第一，学生利益最大”，对学生，老师要永远种桃种李种春风，因为“种瓜得瓜，种豆得豆，种善得善。你对他人的善心善行，终有一天会开花结果，让你品尝到种善的美味”。正是基于这种朴素的人文主义，储昌楼也是如此关心他的“小伙伴们”的。担任校长的每一天，他都要给老师们写一封信，谈自己的办学思路，谈学校的发展愿景，谈课程研发学校文化。他的“储老师每天一谈”是他与老师们对话的一个重要平台，更是他善待教师的精神窗口。“因为看见，所以相信”。正是通过这个窗口，老师的心与学校管理层才紧紧地联系到一起。昆山市千灯小学这所农村学校承办 2016 江苏省小学特色文化建设研讨会，全程秩序井然，无一差错，令众多来宾惊诧。储昌楼则笑言，“因为相信，所以看见”，这一切是必然的，只是学校“美雅文化”追求的基本组成部分而已。

“储老师每天一谈”也是他思考学校管理的重要成果，《教育点亮人生》就是由这些“谈”汇成的。

“天下大事，必作于细”，即使办好一所小小的学校，也不例外。作为学校发展的良好样本之一，《教育点亮人生》为我们提供了学校从宏观设计、特色培植、文化重塑，到内部管理、队伍建设的诸多可借鉴经验，其“小处不可随便”的管理风格更令人印象深刻。本人忝列校长队伍，也长期习惯巡查校园以发现问题，但学习昌楼校长《巡查真是个好制度》一文后，深感所谓管理的精细化仍可再精心、精致一点。“昨天上午我就查出了六个问题：1. 孕育楼二楼走廊发现烟蒂 2 个；2. 博育楼一楼西楼梯口发现烟蒂 2 个；3. 走廊卫生和门窗卫生整体上比较脏，特别是博育楼四年级和孕育楼一、二年级需要注意；4. 博育楼三楼走廊有一块瓷砖脱落；5. 善育楼二楼与行政楼通道，厕所上方一侧瓷砖脱落；6. 善育楼一楼与行政楼之间男厕所钢化玻璃上有扫帚、砖头、磁带盒子等杂物。下午再次巡查时，第 1、2、3 个问题得到解决,问题4、5、6仍然存在,有的问题比较复杂,需要各部门协调解决。"这里的实录看似琐碎与冗长,但教育的真义无不是以细节加以体现的。

刘瑜女士谈"担当",曾有这样的句子:"中国的进步不是靠一帮勇敢者去触碰勇气的上限,而是靠普通人一起一点点抬高勇气的下限。"教育的过程其实是一群不一定完美的人引领着另一个(或另一群)不完美的人追求完美的过程。储昌楼改变千灯小学,新教育实验改变30个省(市、自治区)3000所学校300万师生的教育生活,无数的朱永新、储昌楼们一起奋斗,我们眺望的理想高地,应该不远。

苦涩的味道是甜蜜

余荣芹

我的模糊记忆要从我的土墙老屋说起。

两间土坯小屋，外挂一土灶，设施简陋，一条桌、一方椅、两张凳子，西厢房内一张床，那时我四妹五妹还没出生，一家五口就挤在那张“啊吱——啊吱——”的床上。

我的记忆是苦涩的

我七岁就会生火做饭，那时家里没有柴草，填进灶膛的是一种叫“蒎”的东西，生火很难，每次都是弄得我灰头土脸，眼圈发红，它才升腾起星星火苗。那时还用一种叫风箱的玩意儿，要想“蒎”烧得旺，还得使劲地推拉风箱的轴。到了收棉花季节，棉花入仓，棉花秆就可以当柴草生火了。烧那玩意儿成了我们的奢望，这东西又脆又干又耐烧，入了灶膛，蓝色的火苗舔着锅底，既不要手忙脚乱，又不会留下很多草灰，我们还会偷偷溜出去玩耍一会。

记得我家门前有一块田地，每到春天，一片黄花草，在阳光下的照耀下，发出油油的绿色，这是做施肥用的，但成了我们家餐桌上可口的下饭菜。临近中午，挎着篮子，一把一把地拽着黄花草的嫩头，轻轻地放进篮子，这时任由春风拂着脸庞，心里想着桌上有菜了，生活就有了盼头。那时我家桌上常年不见荤腥的，但鲹鱼小虾是不断的。我父亲是个农民，揽泥是父辈们的技术活，一到春天，父亲很早就撑着水泥船到大河里揽泥了，每每中午回来，船头上总有活蹦乱跳的小鱼小虾，有时船上二头仓里还有更大的惊喜：巴掌大的鲫鱼、草绳捆住脚的螃蟹。

生在农村的丫头不知道是生性就野，还是饿怕了，只要能吃的东西都要放在嘴里嚼一嚼。大堤上的茅草针、蒎上的秸秆、拔节的青菜薹，曾一度地光顾我的“草肠子”。那时最开心的是收稻季节，扬场后的碎末要烧成稻灰，我们几个年长的小鬼趁火星还旺时，把公家还长在土里的山芋刨出来藏在灰堆里，过了些时辰，约莫熟了，用树枝小心翼翼地拨出来，一掰两开，香气扑鼻。往往这时是舍不得吃的，用褂边一兜带回家，和妹妹分着吃。冬天天冷，妈妈有时会用稻糠生一盆火，给我们取暖。我们就拿了家里的生蚕豆放在稻糠上，等蚕豆皮裂开了，用筷子一个一个夹出来，往往放在口袋里焐了好几天还舍不得吃呢。

我的童年是快乐的

我虚八岁，到了上学的年龄，妈妈用一块旧布缝了一个书包，斜挂在我的肩头上，我就跟着我堂姐去上学了。起初不知道上学的规矩，第一天上课时，我就爬到学桌上，瞪着眼望着老师，老师拿了一根竹枝教鞭就敲在我的头上。我当时也没感觉痛，直到第二天早上，妈妈给我梳头，我才喊“疼”，妈妈一看，我头上被敲的位置都起了一个疙瘩了。从我堂姐那知道情况后，妈妈并没有找那位老师，妈妈说：“上学比不了家里，要守规矩。”我似懂非懂，但从那以后，就再也没有被老师惩罚过。

说起我们的学校，可能算不上正规学校。这所学校在我们生产队西头，只有一间房子，十几张长条桌，还坐了两个年级的学生。一年级上课，二年级的学生就写作业；二年级学生上课，一年级学生就写作业，就语文和算术两本书，一个老师。上课时的情形记得不清楚了，但下课的场景还是历历在目。老师一宣布下课，男女生都往厕所跑。那个时候，就一个茅房，不分男女，先到先上，有时候缸边上坐了好几个学生，一个个撅着屁股，甩着小短腿，也没有发现谁红了脸。上完厕所，男同学就靠着墙根一字排开，然后自然分成两组，使出吃奶的劲用肩头往中间挤，挤出一个，这个再跑到队尾，重新加入战斗。往往上课了，也没有分出个胜负。女同学们就玩“跳房子”“踢毽子”，还有“瓦蛋子”。“跳房子”“踢毽子”都是脚上功夫，“瓦蛋子”可是玩的手上功夫。鹌鹑蛋大小的石子，大小相差无几，共五个，这五颗石子就在手心手面上上下翻飞，能玩出很多花样。上课了，这五个石子就跑进了衣兜里，长年累月，衣服最先坏的必定是这口袋。

白天疯玩，夜里睡觉就特别沉了，记得有一次夜里做梦，被几个小伙伴追赶，第二天爬起来一看，就身穿的裤子屁股头被我蹭了一个洞。夜里被父亲叫起来小解，我经常坐在凳子上抱住桌腿不知要干什么的事常常发生。印象特别深的是有一次夜里被父亲喊起来，我围着桌子转了三圈才在父亲的大声训斥中回过神来。

我的孩提生活是充实的

我小学三年级就到正规学校去读书了，而我家也由两间土坯换成三间瓦房了。记得那时都是走着上学，中午回来必定要从渠道的两边找一些猪草带回家，慰问一下我家的猪猪们。我父亲母亲由于要干农活，妹妹们都由我接送到奶奶家，由奶奶照看。我四妹平时很乖巧，偶尔我也会把四妹偷偷带到学校，藏在桌子底下，夏天会在地上平放一件衣服，让妹妹躺在上面睡上一觉。下午放学了，老师才发现教室里多了一个小小学生。我的同学也挺照顾我妹妹的，有好东西吃也会分享一点给我的妹妹。

暑假是我们最开心的时候。钓鱼、拾泥螺、编蒲扇，我样样在行；粘知了、网蜻蜓、捉萤火虫，没有我不会的。那时候河里的水很清很清，清得能看见河底的水草，河面就像一面镜子，照出了两岸婀娜的杨柳。中午的小河就成了我们避暑的乐园，我们趁长辈们午睡了就抬了一个大澡桶，偷偷地滑下河，一玩就是几个钟头，等肚子有了饿意才尽兴上岸，这时澡桶里躺着一只只肥美的河蚌。我们站在太阳下晒干了衣服，才带着战利品回到家里。

我家屋后有一只牛棚，牛棚里养了两头牛。每天下午我们都要骑到它们背上捉吸血的牛虻，手指半曲，形成拱状，看准牛虻，用力打去，牛虻就被击昏，扯去牛虻的羽翅，装到瓶子里，带回家去，倒在地上，我家的一群小鸡争先恐后，扑棱着翅膀，一啄一个，不一会儿，一瓶子牛虻就成了鸡肚子里的美味佳肴了。捉牛虻也有不顺当的时候，全凭牛当天的脾气。有时牛也有脾气，我们怎么也近不了它的身子。它鼓着铃铛大的牛眼，鼻子里喷着粗气，还不时甩动它的那对牛角，我们不得不对它举起白旗作罢，只是苦了我家的鸡儿们。说起鸡儿们，我又想到一件好玩的事。立夏以后，每家都要捉上几十只雏鸡放养，鹅黄的绒毛，红红的尖嘴，煞是可爱。同时它们也成了会偷腥的猫的猎物，有时从一只野猫的嘴里抢下早已吓昏的小鸡，我们就学着大人的样，用一只瓢倒扣在鸡身上，用筷子不停地敲击瓢面，小鸡竟能活了过来。小鸡喜欢围着人的腿转，一不留神，一脚下去会无意踩伤他们。针对这种腿折的伤情，上面的办法毫无用处了，只能用瓜子仁喂它们。一粒一粒的瓜子去壳后，塞进它们的嘴里，等二十天左右，它们就能恢复如初，大奔大跑了。

我的初中生活是紧张而又清苦的

上了初中，课业负担加重了，那些“跳房子”“瓦蛋子”渐渐离我远去。中学离我家较远，徒步要走半个小时。上学路上，我手心里攥着英语单词手抄本，一路小跑背着单词，学校到了，我单词也背上了。中午回家，要煮饭，要浇菜水，菜水浇完了，又到了上学的时间，只好匆匆喝了一碗早上剩下来的稀饭，又往学校赶去。有一次，没等灶膛里的火完全熄灭，我就去河边担水浇菜了，一担水刚上肩，妹妹着急慌忙地告诉我，家里起火了。我甩掉担子就往厨房奔去，拎起一桶水往火苗上倒去，还好，火没有蔓延下来，现在想想都心有余悸。

到了初三，父亲为了我能集中精力学习，就早晚住在学校，中午回家，这样我就成了半读生。有时作业多，中午不想回去吃饭，早上就把食堂的粥盛一瓷缸放在宿舍，中午别的学生到食堂里吃饭，我就在宿舍里喝我的稀饭。有一年冬天为了保温，我把我的一缸子粥放在棉被里，被不知情的同室友弄翻了，结果一顿饭没吃成，还把被子弄成了粥被子，我哭笑不得。

那个年头，我们学校还没有电灯，学生晚上学习都用罩子灯，我记得当时火油十分紧张，我们几个同学就团在一盏灯下，还把灯芯捻得小小的，玻璃罩上还蒙上一张方白纸，用来聚光。一张草稿纸要被我重复利用三次才丢掉。

岁月已经过去了三十几个年头，当我把这些故事讲给我学生听时，他们在像听天方夜谭。这也不奇怪，这些离他们太遥远了，那个时候我也没觉得日子苦，现在却成了我甜蜜的回忆。

青黛瓦　黄菜花　红粉忆

余荣芹

一年一度的油菜花开得正盛。

一座青砖黛瓦的小屋依旧静静地蹲在一片黄灿灿的油菜花中，像个安详的老人。

那老屋承载了我很多沉重的记忆，有的艰涩，有的温馨。

依稀记得我十岁那年，一座三间大瓦房经过爸妈十年的奋斗终于落成了，这成了全家人的喜事，特别是我老父亲常在午后黄昏抽着烟眯着眼绕着屋子转上几圈，我知道他是把这屋子当子女一样呵护着。

爸妈是农民，一辈子面朝黄土背朝天，爸妈挥动着镰刀在初夏蒸笼般的麦田里收割金黄饱满的麦子的画面永恒定格在我灵魂深处。寒冬时节爸妈带着我们姊妹五个在麦田里给麦苗灌肥的情景成了我记忆的珍品。一把锹头，一捧化肥，五双脚成了绿油油的麦田里唯美的画面。

后来我到县城读了师范，每逢周六就骑着老式自行车从建湖往家赶，四十里的地，一路的牵挂，当看到青砖黛瓦的小屋上的一缕炊烟时，路途上的劳累顿时化为乌有，餐桌上的笑声是我送给家人最好的礼物。

如今这座老屋已经经历了三十六个春秋的洗礼，我们姊妹五个也相继出了嫁，最小的五妹也在上海落了家，她把爸妈接到上海说是替她照看孩子，其实我们大家都清楚，爸妈累了大半辈子，也该享享清福了。这座老屋也就闲置了好几个年头了。清明时节油菜花开了，一大片一大片的。爸爸得知老屋由于年代久远有几片瓦被风吹落了，就立即坐车回家，又是搅泥，又是买沙，忙活了两天，终于修复如初，这不，小长假，他又要回家一趟，看看老房子，收拾收拾。我估摸着，父亲收拾的不是简单的老屋，他收拾的是一段难以割舍的老屋情吧。

五月三号参加大洋湾野炊的事就暂且搁浅了，我要陪老父亲去探望他的老屋，那里也有我粉色的回忆。

我的读书故事

高一(3)班　曹艺菲

有什么能比乘一叶轻舟在浩瀚的大海中漂行更让人心驰神往、浑然忘俗呢！那小舟便是书，它带着我漂过知识的海洋、智慧的溪流，驶向诱人的港湾、神秘的小岛、未知的远方。

我随它来到了火星，看到了火星那一望无际的沙漠；我随它来到了三国时期，魏、蜀、吴三国的兴衰过程在我的脑海中久久不能忘怀；我随它来到了恐龙时代，霸王龙威武的身姿映入了我的眼帘……

书给我无穷无尽的快乐和知识。记得有一次，妈妈给我买了一本《海底两万里》，那可是我心仪已久的著作，妈妈一给我，我就爱不释手，“躲”进书房孜孜不倦地“啃读”起来。我看着看着着迷了，似乎自己与“林肯号”战舰一起寻找“怪物”，又似乎与凡尔纳一起胆战心惊地来到“鹦鹉螺号”……

不知不觉，已经到了中午，虽然肚子直唱“空城计”，但我还是强忍着，与故事中的人物一起遨游在那神秘的大海里。一阵夹杂着咸气的海风好像在向我吹来，我顿时感到心旷神怡。

读书的时光往往都是美好的，使人心灵净化，身心放松，完全沉浸在书的世界中，同时，还会使你懂得许多的人生哲理。

从《冬夜读书示子聿》的“纸上得来终觉浅，绝知此事要躬行”，到《长歌行》的“少壮不努力，老大徒伤悲”，读书激励我们要珍惜时间，努力学习。从朱熹的“等闲识得春风面，万紫千红总是春”到岑参的“忽如一夜春风来，千树万树梨花开”，每一首诗都描述了大自然的美景，让我们身临其境。现在的我懂事了，慢慢地读懂了一些名著，如《巴黎圣母院》《鲁宾逊漂流记》等。我从中学到了很多知识，懂得了很多道理，悟到了一些做人的真谛，理解了许多人之常情，这些“甘甜”真是沁人心脾，受益终生。

书是丰富多彩的，书是无穷无尽的，书是人类进步的阶梯，书不但给予了我知识，而且陶冶了我的情操。总之，读书给我们带来了幸福。

（指导教师：张恋丽）

追梦路上

高一(7)班　饶一新

亲爱的老师、同学们:

大家好!我是饶一新。我将为大家带来演讲——追梦路上。

也许你们并不知道,我是一名来自足球班的学生。所谓足球生,便是以足球为特长,是名副其实的体育运动生。过早地接触运动,加上艰辛的足球训练,虽然我们因此练就了傲比常人的健康体质,却也因此丢弃了普通学生可以拥有的优异的学习成绩,转而去角逐球场上的输赢。没有谁对谁错,有的,只是一失一得。

一晃十六年,光阴如云如雾如沙般从我指尖流过,我浑浑噩噩,甚是迷茫。我看不清未来,看不清路在何方。

我不是没有梦想。回首去望,我也曾在儿时扬言要考北大、入清华;我也曾与友人执手相看未来;我也曾在誓师大会上吼出豪言壮志。然而,夜回梦醒,这些竟都只是回忆。

我懊恼不堪,与我同为巾帼之辈的李清照尚有"生当作人杰,死亦为鬼雄"的雄心壮志,为何我却偏安于燕雀而不思鸿鹄,是无能为力,还是不思进取?

儿童时,足球是一种游戏,一脚进门便是赢,一脚被进便是输;小学时,足球是一种乐趣,闲下心来便踢一场小比赛,踢累了便停下来歇一歇;初中时,足球成为一种竞技,它需要我们用汗水去换取荣誉,一天天奔跑,一天天训练,一天天习惯了汗与血的味道。那时,足球承载了我的梦。我一度庆幸足球选择了我,也一度因艰辛、伤痛等外界因素而后悔为什么选择了足球。一次次跌倒,一次次咬牙坚持,我们告诉自己,自己选的路,跪着也要走完。

然而,我们的付出却不为常人所懂。那时,我们是学校的异类。

除去足球成绩不说,我们是学校拖平均分的累赘,是老师眼中的弃儿,是无可救药的差生，是同学口中的混混。每每走进校园，便要接受那些戴着有色眼镜的目光。或羡慕、或嫉妒、或嘲讽、或轻蔑。普通生说："那是足球班的，他们二节课下都不上课了。"普通生说："听说他们班及格的人数才是我们班不及格的人数。"普通生说："你看他们好黑啊，女生腿还那么粗。"普通生又说："离他们远一点，是混混，惹不起。"每每这些流言蜚语在我耳边缠绕，我的心便犹如刀割。踢足球怎么了？皮肤黑怎么了？腿粗怎么了？成绩差又怎么了？我想反驳，然而他们说的并没有错，名誉是自己挣的，没有谁得天独厚。

现如今，来到了这里(注：盐城市盐阜中学)，虽没有了四百米的大操场，没有了千名之争的年级榜，没有了气势磅礴的少先湖、共青山，也没有了能容纳千人的大礼堂，但是，这里有学校与老师们那颗真诚对我们的心，便足够了。

鲁迅先生说："这世上本没有路，走的人多了，也便成了路。"我便是要用我的汗水与鲜血去将那梦想的树苗灌溉成大树，用我的双脚去踏平那布满荆棘的梦想之路。

谢谢大家！

（指导教师：夏雪锦）

那一刻,我笑了

高一(1)班　曾炜岚

无边的暮霭勾勒不出阳光灿烂的鲜艳,倦归的鸟儿展翼向风,迷惘的我默默地踩着树影回家。

突然,一瓣残花落到我的肩上,顺着我的身子滚落到车轮下,我被这一点点苍凉牵动了心弦,竟下了车推着前行。不远处有一棵不高的花树,它正竭尽全力地开放着最后的花朵,同时那些曾经美丽的粉色小花,也抵不住西风的呼唤"零落成泥碾作尘"。我扶着车子瑟瑟地走向那棵树,冥冥中似乎觉得那无名的花树正传递着一些关于生命的讯息,这是我所迷惘的。

冷不丁,又是一片花瓣悄悄打落在我的左颊,继而卧倒在我的脚边。我直觉地发现这残瓣上清晰地刻着一个"秋"字。曾经热烈奔放,曾经生趣盎然,在这花期已尽的时刻只能化作生命的碎片。我不禁沉沉哀叹:为何花有凋零时?我心中莫名划过一阵激动与难过,好像正在抬手与放手之间肆意地丢弃着什么,而丢弃的是令我又心痛又畅快的东西。

正在这时,我猛然发现那无名的花树上密密地结着一层青绿色的小果子。我不知道那叫什么,有什么作用,可第一眼,我就喜爱上了那青巧油亮的小东西。哦,那繁花的盛开与零落正是为了孕育这小小的果实啊!刹那间,我的心明亮起来,那一刻,我笑了。真正的精髓只有在你经历了喧哗和寂寞之后,才悠悠显现出来。当然,这种喧哗是需要你用勤奋、韧性和执着来完善和度过的,而这种寂寞更需要你用耐心和积极充实。

花开固然美,花落却更美。我明白了花儿飘落的伟大,所以要把生命的花瓣一片一片洒在通往成功的道路上。

因为明白,所以那一刻,我笑了。

(指导教师:朱英)

幸福的感觉

高一(1)班　韦晨

“你,你怎么可以把我的试卷画成这样!”我涨红了脸怒吼着。

他似乎并没有察觉到我的怒火,变本加厉地涂抹着,甚至旁若无人地换了一支笔。我生气了,伸手夺过他的“杰作”,上面沾满了各种颜色以及他的口水。我顺手把他从我的椅子上拽下来。他手中还紧握着我的修正带。“啪”的一声,我打飞了他手中的修正带,任由它在我身后四分五裂。他“哇”的一声哭了起来。我顿时头皮发麻,正准备脚底抹油、溜之大吉的时候,奶奶来了!我迎来的是不分青红皂白的一顿臭骂。

你应该猜到他是谁了吧!嗯,没错!他就是我最“讨厌”的弟弟!本来我打小就是家里的“皇上”,连爸妈对我都是“惟命是从”。一切转变都是从他出生开始的,零食减半,压岁钱减半,甚至爸妈的宠爱也减半……这些还不够,我还得照顾他。我打开电视准备看会儿电视剧,他不知道从哪里蹿出来,“姐姐,我也想看电视”。一副可怜兮兮的模样,不知道的还以为我欺负他了呢。我把电视让给他看后,就去打开了电脑,刚打开几分钟,他又蹭到我身边说了想玩电脑,我天真地以为只要把电脑让给他,他就不粘着我了。所以我抱出一袋零食,边吃边玩手机。突然,手边一空,我转头一看,零食全没了,见鬼了!我刚准备起身,一只手扯住了我,“姐姐,我想玩你手机”!

直到有一天,爸妈有事去了,奶奶也回老家了,家里只剩下了我和他。爸妈千叮咛万嘱咐,一定要照顾好他。我无奈地同意了。

放学回到家,我发现他已经到家了;躺在沙发上睡得正欢,我蹑手蹑脚地从卧室里拿出一条毛毯给他盖上就去写作业了。我写了很久,终于攻克了最后一座“堡垒”,疲惫地伸了个懒腰,抬头一看,时针已经指向了十点,我的肚子也唱起了“空城计”。突然间闻到了一股鸡蛋和葱花的香味,我不是饿昏头了吧！味道似乎越来越浓了。有那么一瞬间,我甚至以为爸爸妈妈回来了。我走进厨房,看到他正站在小板凳上做蛋炒饭呢！两个完整的鸡蛋、长短不齐的葱花,还有撒得到处都是的白米饭,我冲过去,一把将他抱下来,关掉煤气灶。“干吗啊你！要不要命了！谁让你自己做饭的!”我连珠炮似的质问他。他似乎又要哭,“我只是看姐姐还没吃饭,所以想……”他的眼泪像断了线的珠子一样滑落。我却只觉得心里暖暖的。我虽然还有些后怕,却还是很感动,抬起手摸摸他的头,笑了,“姐姐并没有怪你,但是以后可不能做这么危险的事情呀”！他似懂非懂地点了点头,随即破涕为笑。

空气里洋溢着幸福的味道……

（指导教师:朱英）

陪　　伴

初三(1)班　江可欣

母亲在外地工作,从小到大陪伴着我的是外公外婆。幼时的陪伴给我留下了温暖的回忆,可如今他们的陪伴却总引起我的反感……

快中考了,晚上放学的时间比以往延迟不少。外公外婆害怕我在回家路上冻着,还怕我遇到坏人,拿出了自己的积蓄买了一辆电动三轮车,每天放学都来接我。然而我对这辆车却没什么好感。每次放学,坐在车中,看着同学们骑着炫酷的山地自行车在回家路上嬉戏,我都十分羡慕,而我这辆"乱入"的三轮车,却像怪物一样总与身边青春活泼的光景格格不入。我对外婆说:"以后不用你来接我了,我自己可以回家。"

于是第二天,还未放学,我的心就蠢蠢欲动。我期待着放学后能与同学们一起谈论、打闹,骑着自行车接受小学生们羡慕的目光,但还是担心外婆的出现会打破我的幻想。放学,看到校门口没有那辆三轮车的踪影,我如释重负。于是我也加入了那个曾经叫我羡慕的小团队,骑着车欢笑打闹着在小道上行进。寒风凛冽,灌进我的袖口,刺痛我的脸颊,可我一点也不觉得冷,只觉得与同伴在一起的时光温暖着我的心。

大家陆续相互道别,我也独自一人踏上回家的路。一路上我情不自禁哼着愉快的小调,留恋着刚刚的光景,心中甚是愉悦,真好!然而,就在我转弯往后回看时,却看到了一个熟悉的身影……

外婆仍然穿着她那已经有几十年岁的旧棉袄,骑着一辆破自行车,随着每一次踩踏都发出"咯吱……咯吱……"的声响,而她就像在风中挣扎的枯叶,摇摇晃晃地骑着车,银白色的发丝在风中凌乱。

可我的心充满了愤怒。我猛地把车骑得飞快,到家后把自己关在了房间里。

为什么他们总是不放心我,总是不信任我！还要欺骗我！我明明不需要他们的陪伴啊！我这么想着,留下了委屈的泪水……

我听到了钥匙转动锁轴的声音。外婆没有打开我的房门,只听见她在厨房发出的声响。“砰!”一声瓷碗落地破碎刺耳的声音。我急忙推门来到厨房,只见外婆弯着腰收拾地上已经洒出的鱼汤面。“唉,人老啦,不中用啦……”外婆叹息着。我终于注意到外婆那已经被冻得通红的脸和双手,一条有着关节炎的腿别扭地弯曲着,被风吹乱的银发如此稀疏,鞋也没有来得及换……

我急忙上前帮着收拾残局,眼泪潸然而下。

外婆陪伴着我度过了无数个放学的夜晚,度过了无数个欢笑着谈论着的回家路程。曾几何时,她却已经这般虚弱。现如今外婆放学不会再来接我,但她那份深厚的爱,仍旧陪伴在我的身边,比放学路上与同伴的嬉戏更温暖,更深刻……

（指导老师:刘春花）

文化槛外人

高三(5)班　还殿鹏

“槛外人”是曹雪芹在《石头记》中给妙玉的称谓，以喻妙玉不通世俗。而今，不通文化的人不在少数，“文化槛外人”已然泛滥。

故宫博物院建院90周年之际，为表庆贺，主办方向大众推出18场展览。这是一场文化盛宴，它极大程度地为大众走近中华古典文化提供了条件。不得不说，中华文化据此可以大范围地推广。但是，在另一方面，故宫这一文化殿堂，如斯开放程度，不免引入不少“文化槛外人”的拜访。这是一场文化的追忆之旅，旅人不具一定的资格，如何能与文同行？何谈文化的普及？不如说是对中国传统文化的亵渎。

走近文化，是一次心灵的触碰，定不是“阴阳相吸”的科学原理。它是感性的交织，理性的缠绵。因此，不具一定文化内涵的“旅人”如何能读懂故宫？

疏狂之士刘文典曾说：“世上真正懂《庄子》的两个半人而已。一个是庄子本人，一个是我刘文典，另外半个，大伙去争罢。”大伙儿从这句话中，只看到刘文典的狂，可是，在他狂的背后又有什么？是更多的文化认同感与归属感。刘文典离世距今已有数十载的光阴，如今，我们依旧能看到他的论述，这不也证明了他在文化上的过人之处吗？并不是自古狂人皆留名，他是有资本的。至少，刘文典跨过了文化的门槛，他更该狂的在于他乃文化槛内人。

文化的推广与传播，必定是要有门槛的。因为一定的条件，才会让人们懂得珍视，文化是文化人的事。文化的普及，是有条件地普及，文化是给予人心灵的涵养，而不是茶余饭后的谈资，更不是人前人后的卖弄，如此，文化槛外人该何去何从？

“我本该放弃，可我从未停止过痴缠。”木心如是说道。是啊，文化是文化人的事，可我一介槛外人，就该被文化抛弃吗？不，这不是我的抉择，我未该停止痴缠，文化给我设置了门槛,我想我该跃过去,是的,我要跃过它。

文化槛外人,妙玉不该成为你的榜样。妙玉遁世,而你当入世,文化门槛,定要逾越。我为文化,文化为我。

（指导教师:王丽丽）

